O ASNO
DE OURO

Dados Internacionais de Catalogação na Publicação (CIP)
(Câmara Brasileira do Livro, SP, Brasil)

Franz, Marie-Louise von
 O asno de ouro : o romance de Lúcio Apuleio na perspectiva da psicologia analítica junguiana / Marie-Louise von Franz ; tradução de Inácio Cunha. – Petrópolis, RJ : Vozes, 2014. – (Coleção Reflexões Junguianas)

 Título original : Der Goldene Esel des Apuleius in tiefenpsychologischer Sicht.
 Bibliografia.

 2ª reimpressão, 2024.

 ISBN 978-85-326-4818-1

 1. Apuleio. O asno de ouro. 2. Arquétipo (Psicologia) 3. Psicanálise 4. Psicologia junguiana I. Título.

14-05553 CDD-150.1954

Índices para catálogo sistemático:
1. Psicologia junguiana 150.1954

Marie-Louise von Franz

O ASNO DE OURO

O romance de
Lúcio Apuleio na
perspectiva da
psicologia analítica
junguiana

Tradução de Inácio Cunha

Petrópolis

© 1974 Stiftung für Jung'sche Psychologie.

Tradução do original em alemão intitulado:
Der Goldene Esel des Apuleius in tiefenpsychologischer Sicht

Direitos de publicação em língua portuguesa.
2014, Editora Vozes Ltda.
Rua Frei Luís, 100
25689-900 Petrópolis, RJ
www.vozes.com.br
Brasil

Todos os direitos reservados. Nenhuma parte desta obra poderá ser reproduzida ou transmitida por qualquer forma e/ou quaisquer meios (eletrônico ou mecânico, incluindo fotocópia e gravação) ou arquivada em qualquer sistema ou banco de dados sem permissão escrita da editora.

CONSELHO EDITORIAL

Diretor
Volney J. Berkenbrock

Editores
Aline dos Santos Carneiro
Edrian Josué Pasini
Marilac Loraine Oleniki
Welder Lancieri Marchini

Conselheiros
Elói Dionísio Piva
Francisco Morás
Gilberto Gonçalves Garcia
Ludovico Garmus
Teobaldo Heidemann

Secretário executivo
Leonardo A.R.T. dos Santos

PRODUÇÃO EDITORIAL

Aline L.R. de Barros
Marcelo Telles
Mirela de Oliveira
Otaviano M. Cunha
Rafael de Oliveira
Samuel Rezende
Vanessa Luz
Verônica M. Guedes

Conselho de projetos editoriais
Isabelle Theodora R.S. Martins
Luísa Ramos M. Lorenzi
Natália França
Priscilla A.F. Alves

Editoração: Andréa Dornelas Moreira de Carvalho
Diagramação: Alex M. da Silva
Capa: Omar Santos
Ilustração de capa: Mandala produzida por uma paciente de Jung e reproduzida por ele em *Os arquétipos e o inconsciente*, vol. 9/1 da Obra Completa. 5 ed. Petrópolis: Vozes, 2007, p. 341, nota 182.

ISBN 978-85-326-4818-1 (Brasil)
ISBN 3-908116-66-X (Alemanha)

Este livro foi composto e impresso pela Editora Vozes Ltda.

Sumário

Prefácio, 7
Nota da tradução, 9
Introdução, 11
I. A vida de Apuleio e sua visão filosófica, 19
II. Os dois companheiros e a estória de Aristômenes, 36
III. Lúcio reencontra Birrena, Fótis e os odres de couro de cabra, 54
IV. O asno, 79
V. Amor e Psiquê, 107
VI. Continuação do conto Amor e Psiquê, 141
VII. Os trabalhos de Psiquê, 168
VIII. A sombra ctônica, 191
IX. O asno a serviço de vários senhores, 216
X. Lúcio retorna a si, 236
XI. A deusa Ísis, 258
XII. A matéria e o vaso místico, 288

Prefácio

O leitor brasileiro tem, diante de si, outra pérola da Psicologia Analítica Junguiana que nos oferece Marie-Louise von Franz. Trata-se de uma investigação das profundezas da psicologia do masculino a partir das aventuras, percalços, descaminhos e redenção de um jovem romano nascido no norte da África no século II d.C.

Lúcio, o herói do romance, ruma, do alto de seu cavalo branco, para uma jornada em busca da saciação da sua curiosidade de conhecer os "mistérios e segredos" do mundo mágico das mulheres. Carrega consigo, contudo, uma disposição intelectual, distante, lasciva e descompromissada para com a tarefa. Querendo apossar-se das artes mágicas a que não faz juz, acaba ele próprio sendo enfeitiçado e transformado num asno. Sob essa forma, percorre uma coletânea de infortúnios e humilhações, passando por diversas situações de perigo e ameaças à sua integridade física e moral. Ao chegar ao limite de sua desumanização na condição de asno, Lúcio se percebe rendido e à mercê da disposição auspiciosa do arquétipo da grande Mãe, personificado na imagem da deusa Ísis.

Marie-Louise von Franz penetra, assim, nas entrelinhas do processo de descenso do homem ao limite da sua sombra animalesca, sua tragédia e ocasional aprendizado, até o vir a termos com a realidade inarredável, mas eventualmente redentora da função feminina no seu psiquismo, ou seja, a *anima*. Nesta obra o leitor poderá saborear a dinâmica dos processos psicológicos do homem e a urdidura das funções psíquicas e dos arquétipos na construção de uma personalidade humana integrada e imbuída de sentido existencial.

Inácio Cunha, Ph.D.
Analista junguiano

Nota da tradução

O texto aqui apresentado é resultante de uma série de sete cursos ministrados, em inglês, no ano de 1966, por Marie-Louise von Franz, no Instituto C.G. Jung de Zurique. O material foi inicialmente compilado e publicado pela primeira vez em 1970, em inglês, pela editora Spring. Em 1978, as notas deste curso foram revisadas pela autora junto à tradutora francesa e publicadas, no idioma francês, pela editora *La fontaine de Pierre*. No ano de 1980, foi publicada, em alemão, esta versão do texto francês, pela Insel Verlag.

O trabalho de tradução para o português é o resultado da comparação das versões publicadas em outros idiomas: o texto originariamente surgido na edição em inglês de 1970 e a 4ª edição da versão francesa publicada em 2008 que foram contrastados com a última versão revisada para o alemão de 2004. Considerou-se importante para o leitor da língua portuguesa deixar registradas e preservadas algumas (nem todas!) diferenças observadas entre as três versões da obra. Isto se deveu ao fato de que a versão original em inglês é bastante fiel à expressão oral da Dra. Marie-Louise e isso permite que o leitor compartilhe da espontaneidade da autora. O texto em francês, devido às revisões e correções a que foi submetido com o crivo da autora, passou a ser a versão padrão a partir da qual novas traduções para outros idiomas fossem feitas. A utilização da versão em alemão foi necessária quando se observaram algumas expressões ou comentários que não eram tão claros ou que necessitavam de melhor elucidação quando vertidos para o português. Desse modo, o leitor da língua portuguesa tem diante de si, uma versão robusta e minuciosa da Interpretação do Conto de Apuleio - *O asno de ouro*.

O texto original de Apuleio bem como os nomes próprios aqui vertidos tiveram como base a tradução para o português de Ruth Guimarães, com autorização da Ed. Ouro.

Belo Horizonte, abril de 2014.

Introdução

O famoso romance de Apuleio de Madaura que será discutido a seguir tem sido objeto de considerações bastante contraditórias ao longo do tempo. As razões disso, acreditamos, são várias: algumas são inerentes às fontes e à própria composição da obra, enquanto outras se referem à personalidade do autor.

O texto, escrito em latim do século II d.C., traz alguma confusão aos estudiosos, pois a forma como foi produzido contempla dois planos: ele narra uma estória principal, a de Lúcio e suas metamorfoses, que é intercalada no seu curso principal por relatos incidentais que, de uma perspectiva superficial e puramente racional, não guardam muita similaridade com as aventuras costumeiras dos heróis. O que sabemos acerca das fontes desse romance explica e confirma essa impressão de dualidade já que esta não é uma criação puramente personalística. O autor se inspirou num texto grego perdido que teria servido de modelo tanto para uma obra atribuída a *Lucius de Pátras* quanto para um certo pseudo Lucien que escreveram sobre *O asno*. Havia, na verdade, uma coleção de romances, também desaparecidos, que serviram de inspiração para vários autores deste gênero e que supomos pertencer ao mesmo estilo de Decamerão ou dos Contos de Canterbury.

Essas coleções não continham nem o conto "Amor e Psiquê" nem o texto acerca da iniciação aos mistérios de Ísis que finaliza o livro de Apuleio[1]. Ele, muito provavelmente, alterou as estórias originais para adequá-las ao novo contexto e, assim, pode-se dizer que toda a concepção e simbolismo do livro são novos e se constituem numa composição própria de Apuleio.

Do ponto de vista literário, o estilo é cheio de maneirismos e complicado jogo de palavras. Se não tivéssemos conhecimento do pano de fundo cultural, poderíamos pensar que a linguagem utilizada é típica de uma pessoa neurótica. Mas, na verdade, o texto foi escrito ao estilo da época, dito "milésio"[2], que Apuleio veio a conhecer durante sua formação. Para alguns, o livro contém certos traços quixotescos mesclados com ocultismo. A composição literária é severamente criticada uma vez que o autor, em vez de introduzir de maneira lógica uma estória incidental, se apraz em fazê-lo dizendo: "[...] isto me lembra uma estória picante [...]" ou algo parecido com isso. Este tipo de composição, um tanto quanto dissoluta, dá a impressão de um certo *abaissement du niveau mental* (redução da função mental). É provável que Apuleio, por ser um escritor e conferencista de sucesso, tenha composto o romance de maneira apressada e sem grandes reflexões. Essa condição favorece uma maior participação do inconsciente e

---

1. Para mais detalhes da bibliografia, cf. HEM, R. "Das Märchen von Amor und Psyche" [reed. em BINDER, G. & MERKELBACH, R. "Amor und Psyche". *Wege der Forschung*. Vol. CXXVI. Darmstadt: [s.e.], 1968, p. 188ss. Cf. tb. REITZENSTEIN, R. "Das Märchen von Amor und Psyche bei Apuleius". Ibid., p. 88ss.

2. Relativo à região Jônica, na Antiguidade [N.T.]. Para essa forma literária cf. LACAGNINI, B. *Il significato ed il valore del Romanzo di Apuleio*. Pise: [s.e.], 1927.

justifica a forma criativa tão significativa[3] e talvez explique, em parte, a dualidade na criação do texto.

Este romance, como dito, suscitou ao longo do tempo uma grande quantidade de comentários cujo espectro vai do mais alto apreço ao mais completo desprezo. De acordo com alguns autores, ele se reduz a uma compilação sofrível de anedotas já conhecidas e interconectadas de forma capenga. Quanto à organização da escrita, sua intenção teria sido apenas satirizar e promover um divertimento fácil. Entre os que expressaram uma opinião favorável, Karl Kérényi, que dedicou grande parte de seus estudos ao belo conto Amor e Psiquê[4], teve o mérito de reconhecer o profundo valor religioso do texto. Reinhold Merkelbach demonstra, por meio de exemplos, o que se encontra escondido por detrás da simbologia deste enredo, ou seja, a iniciação final de Lúcio/Apuleio nos mistérios de Ísis[5]. Entretanto, é uma pena que Merkelbach não tenha considerado a estória Amor e Psiquê e seu caráter medicinal que conecta a ambos, próprio do culto e da tradição dos mistérios egípcios, sem os quais o livro não deve ser analisado no seu conjunto. Agora, o que sei desse tipo de literatura me permite pensar que não é legítimo nem possível interpretar, no seu sentido mais profundo, as passagens de modo isolado; ou seja, o romance é um todo!

Em algumas traduções antigas, grande parte dos conteúdos eróticos foi omitida. Mas nas versões mais modernas, ao

---

3. John Gwyn Griffiths propõe esta mesma hipótese que o leitor pode verificar em *Apuleius of Madura – The Isis Book*. Lovaina: Brill, 1975.

4. KÉRÉNYI, K. *Die griechisch-orientalische Romanliteratur in religionsgeschichtlicher Beleuchtung*. Tübingen: [s.e.], 1927.

5. MERKELBACH, R. *Roman und Mysterium in der Antike*. Munique/Berlim: Beck, 1962.

contrário, as passagens sexuais são mantidas de forma significativa enquanto que os mistérios iniciáticos são suprimidos. Estes últimos são considerados como aditivos místicos inúteis que tornam a leitura do livro maçante e que, acredita-se, não correspondem ao espírito do restante da obra. Alguns estudiosos mais eruditos tentam provar que o último capítulo, referente à iniciação aos mistérios de Ísis, foi escrito por outro autor, ou mesmo por Apuleio, porém num momento posterior de sua vida[6].

Aqui tocamos na questão problemática básica imposta pelo texto, porque a tentação de truncar um aspecto ou outro acaba sendo uma desculpa pelo fato de que ele reflete certa dissociação psíquica. Parece que não se pode admitir que o conflito entre as pulsões instintivas e suas formas espirituais pertença ao temperamento religioso do homem primitivo presente em nós. E essa era a essência dos problemas religiosos à época de Apuleio. Um dos grandes méritos do autor foi evitar, nesta obra, aproximar-se dessa falha psíquica sem sacrificar nenhum dos temas do conflito, ou seja, nem o erótico nem o místico. E é por isso que, na nossa interpretação, tentaremos seguir a mesma linha proposta pelo autor.

Há outra dificuldade que se apresenta à maioria dos que analisam esta obra: por ignorar a psicologia do inconsciente, supõe-se que Apuleio tenha introduzido, conscientemente, todas as alusões simbólicas presentes no romance, o que, como já disse, me parece pouco provável. Estou convencida de que Apuleio tenha meditado por um longo tempo acerca delas e que muitas das ideias simbólicas tenham sido perpassadas intencionalmente. Entretanto, outras escoaram de sua

---

6. Cf. GRIFFITHS, J.G. *Apuleius of Madaura*. Op. cit., p. 13-14.

pena sem que ele tivesse uma noção completa do quão elas se conformavam ao seu propósito. Conquanto Apuleio tenha aduzido conscientemente à sua narrativa alguns episódios simbólicos, deveríamos tratá-los como alegorias, na acepção platônica do termo, posto que encerram um profundo significado filosófico sob sua forma pictórica superficial[7]. Merkelbach fortalece essa tese ao salientar que Apuleio atribuiu nomes significativos à quase totalidade de seus personagens. Também assim o foi a escolha proposital de fazer com que Lúcio se transformasse em asno, já que é uma alusão ao fato de que Seth, o inimigo de Ísis e Osíris, é normalmente representado sob a forma desse animal. Estar na vida como asno significa, portanto, como diz Merkelbach, suportar "viver sem Ísis".

Mas, a despeito de Apuleio ter introduzido propositadamente alguns elementos simbólicos na narrativa, não se deve inferir que ele tenha escrito esta obra apenas sob os auspícios da sua consciência. A participação do inconsciente neste livro é tanto mais provável uma vez que revela uma experiência profunda de conversão religiosa. Como o nome indica, a conversão significa uma modificação súbita e radical da personalidade, como foi o caso, entre outros, de São Paulo e Santo Agostinho[8]. Mas essas transformações não são tão bruscas como parecem, pois graças à psicologia profunda podemos perceber que elas já vinham sendo preparadas. Nós próprios, nas observações diárias de nossa prática analítica, percebemos o surgimento de temas simbólicos em sonhos que tendem a se concretizar apenas depois de alguns meses ou mesmo muitos anos mais tarde. No caso de certas dissocia-

---

7. Cf. HENRICH, G. "Zur Geschichte der Psyche". *Preussische Jahrbücher*, vol. 90, 1897, p. 390-417.

8. Cf. At 9,1-19 e SANTO AGOSTINHO. *Confissões*.

ções psíquicas neuróticas, é mesmo comum que o indivíduo tenha duas vidas: uma consciente, na superfície, e outra que se desenvolve secretamente em um nível mais profundo, no inconsciente. A conversão corresponde a um momento em que ambas se encontram. A *metamorfose* ou *O asno de ouro* são um enredo sobre o duplo desenvolvimento, consciente e inconsciente, de Apuleio no sentido de unificação de sua "conversão".

Do ponto de vista da psicologia individual, o destino de Lúcio é o de um homem que padece de um *complexo materno negativo*[9], complexo que se apresenta aqui na sua caracterização clássica. Entretanto, o aspecto positivo do complexo também aparece na estória, e isso se deve ao princípio de que um indivíduo que vive na vida consciente o aspecto negativo do complexo, no inconsciente ele se manifesta na sua forma positiva, e vice-versa. Parece que Apuleio tivera uma relação positiva com sua mãe, mas, durante o desenvolvimento do romance, é a outra face do problema que se expressa. Sabemos que, na realidade, ele desposara uma senhora cerca de vinte anos mais velha que ele, e com a qual viveu feliz até sua morte. Assim, pode-se dizer que ele, na verdade, nunca se viu completamente separado da mãe.

Mas, como demonstra Jung, a mãe também simboliza, num nível mais profundo, todo o inconsciente do homem. Assim, quando ela surge ao final do romance na sua forma arquetípica da grande deusa-mãe Ísis, ela é uma personificação do cosmo interior que transcende em muito os limites da

---

9. Os primeiros contatos da criança com sua mãe influencia sua estrutura psíquica e também suas relações com o mundo. Quando tal contato é harmonioso, Jung se refere a essa questão como *complexo materno positivo*, e *complexo materno negativo*, caso contrário.

personalidade consciente. Este é um mundo a que Jung denominou "realidade psíquica". Visto desse ângulo, o romance de Apuleio se equipara a obras literárias do porte de *Fausto* ou da *Divina comédia*. A obra é uma descrição dos processos psíquicos urdidos nas profundezas do inconsciente coletivo, ou seja, processos evolutivos, alguns dos quais apenas começando a alcançar a superfície da consciência coletiva até que sejam, eventualmente, reconhecidos nesta nossa era. Seu trabalho lida, em particular, com o problema da *encarnação do princípio feminino*[10] e de sua "recognição" no universo patriarcal cristão. É por isso que estou convicta de que o romance de Apuleio apresenta ainda um grande apelo para o homem moderno.

---

10. JUNG, C.G. *Resposta a Jó*. Petrópolis: Vozes, Petrópolis, 2012, § 627 [Obras Completas, vol. 11/4. Daqui em diante JUNG, C.G. OC, 11/4].

I. A vida de Apuleio e sua visão filosófica

C.G. Jung sempre demonstrou grande apreço pela obra *O asno de ouro* de Apuleio e me sugeriu, várias vezes, que fizesse um estudo sobre ela. Devo dizer que no início não estava bem certa de como abordar o material. Parti do princípio de que todos os elementos da obra eram absolutamente essenciais e indissociáveis e que, graças ao instrumental fornecido pela psicologia junguiana, uma interpretação coerente seria possível. Entretanto, eu não sabia como chegar lá.

A fim de descobrir a composição da obra, registrei inicialmente o que o herói, Lúcio, experimentou ele próprio, ou seja, a sua transformação em asno e todos os infortúnios decorrentes até o momento final de sua salvação. Os contos incidentais que aparecem no texto eu os deixei de lado provisoriamente para que eu pudesse obter um fluxo mais coerente. Tracei então uma linha horizontal e escrevi acima dela as aventuras que aconteceram com Lúcio e, abaixo, as estórias episódicas. Entre essas duas categorias, desenhei diagonais conectando-as e obtive assim o seguinte esquema:

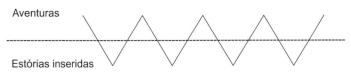

Essa representação me levou a formular uma segunda hipótese: não seria a relação entre as estórias inseridas e a aventura principal de Lúcio análoga à que existe no indivíduo no que tange a sua vida concreta e seus sonhos? Temos, por exemplo, uma vida diurna em que toda sorte de acontecimentos bons e ruins nos acometem e, à noite, alguém chega e nos conta uma estória. O problema é tentar descobrir como ambas se articulam. Por que, diria então, não poderíamos tratar essas estórias incidentais anexas como se fossem sonhos intercalados numa outra estória? Creio que, com poucas exceções, elas poderiam ser consideradas sob esse ponto de vista.

Antes de penetrar mais profundamente na compreensão desta obra, é bom que discutamos o que se tem de conhecimento acerca do autor. No que diz respeito à vida de Apuleio há uma considerável quantidade de material legendário e muito poucos elementos que podem ser verificados historicamente. Ele era filho de um alto oficial romano, tendo nascido por volta do ano 125 d.C., em Madaura, numa pequena cidade da Argélia, na província de Constantine. Uma descrição que ele próprio nos dá de si mesmo revela que ele era loiro e de pele clara. Isso nos faz conjecturar que ele talvez tivesse alguma ascendência germânica devido à presença de algum invasor que tenha alcançado o norte da África. Após estudar em Atenas, realizar várias viagens e permanecer por um curto período de tempo em Roma, ele trabalhou como advogado e eventualmente retornou à África. Em Madaura viveu o apogeu de sua carreira, naquela atmosfera do século II d.C. À época de seu nascimento as epístolas de São Paulo já haviam sido escritas, mas os evangelhos provavelmente ainda não. O cristianismo era conhecido por ele mais como uma das inomináveis e bizarras seitas locais que existiam tão diversamente no Império Romano daquele tempo. O ensinamento cristão certamente não fazia parte de sua vida[11]. Do lado materno, ele reivindica um parentesco com Plutarco, mas alguns sugerem que isso seja uma lenda que ele próprio se entretinha devido à sua admiração pela escola filosófica neoplatônica, da qual era representante. Mas àquela época já não existia o que denominaríamos uma filosofia platônica pura, mas uma mistura também de pitagóricos, estoicos e outros elementos. Apuleio possuía uma mente brilhante e era muito bem-dotado em diferentes áreas do conhecimento como, aliás, era usual entre a elite intelectual do Império Romano ao estilo sofista. Ele tentou se distinguir em várias disciplinas, tendo escrito sobre ciências naturais, filosofia, poesia, romance e teatro. Ele também foi um advogado célebre. A polivalência nas formas de expressão era o ideal do homem intelectual daquele tempo e, em parte, explica a enorme variedade de estilos que encontramos na estória. Lá se distinguem estilos que vão do dramático à mais simples ingenuidade ou ao extremo do maneirismo, e do vulgar à mais alta elação espiritual.

O único documento biográfico que temos referente à sua pessoa vem de um processo judicial em que fora implicado no ano de 158 d.C. Por isso, é possível saber que ele veio a se casar muito tarde. Os únicos poemas de amor que foram preservados são poemas homoeróticos direcionados a jovens rapazes. Ele tinha, provavelmente, como a maioria dos romanos àquela época, uma tendência bissexual, se é que no início de sua juventude ele não teria sido completamente homossexual. Durante uma viagem que Apuleio fez com um amigo

---

11. Cf. LANCEL, S. "Curiosités et préoccupations spirituelles chez Apulée". *Histoire des religions* – "Rome". T. 160, 1961, p. 25. Para mais detalhes cf. GRIFFITHS, J.G. *Apuleius of Madaura*. Op. cit., p. 5, 408ss.

e companheiro de estudos, Ponciano, a Oea, em Trípoli, ele adoece. Naquele tempo, adoecer numa viagem não era tão simples. Não se podia simplesmente solicitar um médico ou ir a um hospital "mais próximo" e, assim, Ponciano levou-o até a casa de uma viúva rica que o acolheu, de nome Aemilia Pudentilla. Ela e Lúcio se apaixonaram e se casaram. Ela já estava próxima dos cinquenta anos e ele, trinta. Esse foi, em certos aspectos, um casamento de mãe e filho.

Já fazia quatorze anos que a mulher se encontrava viúva, embora seu antigo sogro insistisse que ela se casasse novamente. Mas mesmo assim ela permaneceu solteira por todo esse tempo. Apuleio então aparece e se hospeda doente em sua casa, e ela cuida dele. O romance se inicia e ele a desposa. Isso suscita uma grande preocupação entre os membros da família em relação ao destino que seria dado à sua fortuna quando ela morresse. Junto ao segundo filho do seu casamento anterior (deixo fora os detalhes que carecem de autenticidade), eles acusam Apuleio de haver usado de magia para conquistá-la. Mas como Jung uma vez comentou comigo: "Isto não carecia de magia!" Apuleio tinha, obviamente, como se poderá verificar no decorrer da estória, um enorme complexo materno, já que se apaixonar por uma mulher mais velha, mesmo que rica e bonita, era algo inteiramente contrário à natureza. No Império Romano, o uso de magia implicava pena capital e, portanto, ele agora se encontrava em maus lençóis. Como também se verá na estória, ele era apaixonadamente interessado pelo que hoje nomeamos por fenômenos parapsicológicos, de forma que ele não podia negar seu profundo engajamento e conhecimento fluente neste assunto. Seria, portanto, muito difícil que ele pudesse fazer uma defesa sólida contra as acusações. Ainda temos disponível na sua

Apologia, ou seja, sua defesa no tribunal, em que, tomando a ofensiva, defende a pureza de suas intenções ao contrair o matrimônio, com uma eloquência desdenhosa e agressiva, e consegue refutar, elegantemente, o ponto nevrálgico da acusação: a magia. Graças, portanto, à sua brilhante autodefesa, ele ganha o processo em 158-159.

Esse acontecimento nos fornece uma boa quantidade de informações acerca de sua vida privada. Ele não teve filhos próprios, mas parece que seu casamento foi muito feliz. Sua esposa se tornou sua colaboradora intelectual, tendo ela própria escrito partes de seus sermões e discursos, e o acompanhava em viagens, igualmente proferindo conferências. Ele tratava seus enteados, os filhos do primeiro casamento de sua mulher, com bastante generosidade e, mesmo antes de o processo se instalar, ele já tinha garantido que os filhos fossem os herdeiros da mãe. Esse foi o ponto fundamental de sua defesa, pois ele pôde provar no tribunal que, sem conhecimento prévio da futura acusação, ele jamais imaginara tomar posse daquela fortuna. A acusação foi então completamente minada.

Mais tarde Apuleio ocupou diferentes postos oficiais junto à administração religiosa romana – como *sacerdos provinciae* –, tendo sido, por certo tempo, sacerdote de Asclépio em Cartago. Esses postos eram puramente administrativos àquela época. A remuneração nesses cargos era muito boa, mas tinha muito pouca relação com o que, do ponto de vista junguiano, chamaríamos religião. Ele era bastante admirado por ser um conferencista bem-sucedido e recebeu vários prêmios. É provavelmente na metade de sua vida e após sua *Apologia* que ele escreveu sobre sua iniciação no culto de Ísis; uma parte absolutamente autêntica de sua autobiografia que conclui seu romance.

Quando li pela primeira vez este romance em latim, fiquei enfastiada pelos maneirismos, a ironia, o estilo tão floreado, o excesso de adjetivos, características que os franceses designariam como *faire de l'esprit* ou *épater les bourgeois*[12]. Mas, como dito, não podemos, contudo, tirar conclusões definitivas acerca de sua psicologia, considerando que ele fora necessariamente influenciado pelo estilo próprio do período em que viveu.

Se nos perguntássemos o que esse tipo de escrita revela no plano psicológico, seríamos obrigados a dizer que é uma linguagem típica de um indivíduo cuja personalidade é dissociada. Sempre que alguém se encontra dissociado, separado de suas emoções primitivas e espontâneas e mais profundas, há uma perda na faculdade de se expressar de modo mais simples. Assim, a comunicação é substituída por toda sorte de maneirismos rebuscados, frases complicadas e excesso de estrangeirismos. Pode-se dizer que Apuleio compartilhava do caráter intelectual e espiritual do século II d.C. e que este problema impregnara toda a época.

Apuleio vivia uma condição que podemos ainda observar entre os europeus modernos. Ele era membro de uma família romana que assentou no norte da África, cuja segunda geração passou a apresentar certos traços a que se refere à expressão inglesa *going black*. Quando nos encontramos em países onde as formas mais primitivas de vida e comportamento são melhor preservados dentro do próprio contexto natural do que em nós, as camadas mais instintivas da personalidade e os impulsos originais são reforçados. Caso não tomemos

---

12. Expressões francesas que poderiam ser traduzidas como "bancar o espirituoso" e "chocar os burgueses" [N.T.].

consciência desse fato e não o assimilemos, certamente se desenvolverá uma dissociação na personalidade. Isso pode ser observado, por exemplo, entre os ingleses que vivem há muito tempo na África. Eles conseguem manter seus hábitos maravilhosamente bem preservados e, mesmo na mata, eles se vestem com paletó de terno e vestido decotado para o jantar, leem jornais ingleses ainda que rodeados por mosquitos, serpentes e panteras. Mas isso não é o bastante, pois a personalidade autóctone se insinua em qualquer um que passar um bom período naquele continente. Se visitarmos essas famílias, descobrimos que elas mantêm o estilo dos *brancos* no que concerne aos hábitos, mas os pequenos traços de descuido do africano também aparecem. Há uma série de detalhes em que a típica autodisciplina própria da civilização branca aparece corroída. A mentalidade primitiva invade e, uma vez que não é aceita ou percebida conscientemente, intervém de maneira negativa.

Isso, na verdade, são sintomas de uma perturbação mais profunda, pois há um ligeiro *"abaissement du niveau mental"*[13] acompanhado por um acentuado reforço das camadas mais primitivas da personalidade. Se essa condição pudesse ser vista e aceita conscientemente, poder-se-ia se dizer que a personalidade foi enriquecida, pois, para o homem que vive nessas condições, é fundamental que ele entre em sintonia com o homem arcaico que o habita internamente. Entre a segunda geração de romanos que invadiram os países do norte da África, essa situação também se repetiu. Apuleio cresceu numa pequena cidade argelina cuja atmosfera não tinha nada

---

13. Expressão francesa empregada por Pierre Janet que designa um estado de atenção consciente reduzido que permite a manifestação dos conteúdos do inconsciente.

de europeu, o que, em parte, explica a estranha dissociação presente em sua personalidade. Nele isso fica caracterizado ainda mais fortemente do que em outros romances daquele tempo já que, como veremos, ele tinha um inconsciente africano... um inconsciente puramente norte-africano e uma consciência romana. Uma parte dele vive a África, a África do Norte, mais precisamente o Egito que se revela como sendo a forma maior de civilização africana daquele tempo. Em outra parte dele mesmo, ele é um filósofo intelectual romano. Essas são suas origens. Uma vez que o indivíduo não consegue ou não pode expressar suas emoções mais fortes, ele perde sua capacidade de se autoexpressar naturalmente, pois a emoção é o maior simplificador e unificador da linguagem. Isso explica o estilo floreado de Apuleio que nos deixa com a sensação de que ele ainda não foi tocado emotivamente por seu material. Na realidade ele foi tocado, mas tenta se manter afastado. Sua atitude é ambivalente, pois, apesar de parecer ter sido atingido por alguma coisa, ele tenta conscientemente dominar sua emoção à custa de ironia.

É interessante que, ao se investigar indivíduos do século II d.C., é possível verificar um paralelismo em relação ao homem moderno. Podemos observar essas atitudes análogas que se traduzem em dissociação por meio dos jornais e artigos que tratam de assuntos parapsicológicos, de magia ou ocultismo. Os autores se mostram fascinados ou tocados de alguma forma pelo assunto, mas, ao mesmo tempo – em parte por necessidade de exibir um brilhantismo peculiar e, por outra, devido a algum receio –, agem de maneira desdenhosa e superior ao material, implicando que, naturalmente, eles não creem em tais coisas. Poderíamos dizer que é típico da consciência racional temer os fenômenos ocultos e, portanto, tentar desmerecê-los de forma irônica ou por arroubos de iluminação psicológica.

Para minha grande surpresa, conheço pessoas primitivas que, demonstrando uma crença profunda na magia e em espíritos além de vê-los e entabular conversações, apresentam também o mesmo estilo. Tínhamos na minha família uma funcionária doméstica proveniente de uma família rural bastante arcaica que possuía dons parapsicológicos e podia comunicar-se com espíritos. Ela falava com eles, os exorcizava e fazia toda sorte de coisas com eles. Ela nos contava as estórias mais admiráveis. Mas, de repente, ela percebia que talvez tivesse ido longe demais e então dizia: "Você sabe, espíritos não existem, é tudo uma piada!" Mas na manhã seguinte ela reiniciava a comunicação com eles. Essa contradição me surpreendeu bastante na minha infância. Mas então vim a saber dos xamãs siberianos, que são particularmente familiares com os fenômenos parapsicológicos e que têm experiências vívidas de tais assuntos ocultos e, portanto, sabem mais sobre eles do que qualquer outra pessoa. Entretanto, eles próprios têm um comportamento bastante similar no momento em que estão reunidos com seus companheiros. Quando eles se encontram, eles fazem troça do assunto como se tudo não passasse de truque e trapaça.

Estamos diante, portanto, de uma reação ambivalente: de um lado, o medo, uma vez que esse material toca um domínio perigoso e que tentamos refutar para que o ego seja preservado e o indivíduo mantenha a cabeça fora d'água; por outro lado, a curiosidade, a atração e a fascinação. Nós veremos que Apuleio tinha esse mesmo problema que constitui, na verdade, outro aspecto da dissociação de sua personalidade. Num aspecto ele era completamente fascinado pelas questões ocultas parapsicológicas e, por outro, ela tinha uma reação que poderia ser interpretada como um distanciamento intelectual motivado por um medo bastante compreensível.

Para nos inteirarmos melhor acerca do que permeava os bastidores dos eventos históricos é necessário que penetremos mais profundamente no espírito daqueles tempos em que Apuleio teve o infortúnio de ter nascido. Veremos que aquela foi uma época que muito se assemelha à nossa. Roma se apresentava, do ponto de vista da política externa, no apogeu de seu poder, mas o impulso religioso original e toda a coesão moral do Império encontravam-se numa total decadência. De modo mais drástico, poderíamos dizer que Apuleio nasceu, na realidade, num corpo em decomposição de uma civilização em que os valores espirituais feneciam. Dentro, contudo, deste mesmo cadáver, num lugar e num momento onde ninguém esperava – Nazaré –, um processo de renovação já estava a caminho e se espalhava, secreta e sub-repticiamente, no meio de pessoas simples e, principalmente, entre os escravos.

Se quisermos ter uma impressão do que pensavam as camadas mais cultas, indivíduos privilegiados e educados do Império Romano acerca do cristianismo àquela época, basta ler uma carta que Plínio o Jovem escreveu ao Imperador Trajano no ano de 119 d.C., esse é o documento mais original que se tem desse período. Quando Plínio se tornou administrador da Bitínia, enviaram-lhe anonimamente uma lista de pessoas que supostamente pertenciam a uma nova seita, os cristãos, acusando-os de colocarem em risco a segurança do Estado. Ele escreveu uma carta a Trajano informando-lhe que havia detido essas pessoas e, devido ao fato de que era proibido torturar cidadãos romanos, ele assim o fizera a duas escravas que pertenciam a essa seita. Mas, disse ele, não conseguira nada desta *prava superstitio* (superstição defectiva ou deformada) que o fizesse pensar que representassem algum perigo político, já que seus costumes eram completamente inofensivos. Essas pessoas tinham o hábito de se reunirem aos domingos, que eles diziam ser o "Dia do Senhor", entoavam determinadas canções, recitavam certas orações e, após, compartilhavam uma ceia. Entretanto, devido ao fato de que essas reuniões pudessem evolver para locais de complô político, ele interditou os jantares dominicais. Afora isso, ele não estava interessado nesse bando de heréticos malucos. A investigação teve, contudo, o resultado desejado, pois o mercado de carne melhorou novamente. Os comerciantes de carne e açougueiros receavam que, se o cristianismo continuasse a se difundir, não haveria mais comércio para sacrifício, mas agora os negócios haviam se recuperado!

A expressão *prava superstitio* ilustra bem como os homens cultos daquela época se sentiam em relação a esse movimento nascente. Ela também revela a linha de interesse principal entre aqueles que procuravam por uma renovação religiosa. O que então florescia eram os cultos a Mitras, Dioniso e os mistérios egípcios associados a Serápis e a Ísis, por meio dos quais os fiéis encontram alguma forma de alento interior. Mas somente uma parcela pequena da população eventualmente se iniciava nos cultos secretos de mistérios. A maior parte das pessoas já não acreditava em praticamente mais nada. Na verdade, eles aderiram a um tipo de filosofia niilista ou racionalista, sendo que as camadas mais pobres da população regrediram para um estado original de magia, superstição, astrologia, vidências, quiromancias e demais métodos primitivos de relação com o inconsciente.

Apuleio primeiramente se educou em Cartago e depois em Atenas onde estudou os clássicos e se tornou um dos adeptos de Plutarco. Ele se articulou para obter admissão em tanto quantos cultos de mistérios lhe fosse possível e, graças ao seu meio familiar, isso lhe foi viabilizado. Provavelmente ele foi iniciado nos mistérios eleusinos, visitou a caverna de Trofônio e, mais tarde, viajou à Ásia Menor em busca de outros cultos, provavelmente os mitraicos.

Entre as diferentes obras de Apuleio, somente sua *Apologia*, algumas pequenas notas filosóficas e este romance foram preservados na sua totalidade[14]. Graças a Deus os conteúdos pornográficos de *O asno de ouro* se tornaram a leitura favorita dos pobres monges menores e noviços dos mosteiros da Idade Média, que obtiveram todo conteúdo proibido dali. Eles copiaram tudo e, graças a esse hábito e para nossa felicidade, o livro foi preservado até hoje. Se isso não tivesse acontecido, o livro teria se perdido como os outros, mas em praticamente todas as bibliotecas dos mosteiros havia algumas cópias do manuscrito mantidas em segredo.

Para uma melhor compreensão do nosso romance é necessário estudar brevemente as ideias filosóficas conscientes do autor, em particular o que concerne sua teoria acerca da alma humana. Seguindo de perto o ponto de vista de Plutarco (*De genio Socratis*), Lúcio apresenta seu próprio título: *De deo Socratis*. Trata-se de uma teoria extremamente interessante cuja essência é a seguinte.

---

14. Possuímos igualmente fragmentos de outras obras de Apuleio e excertos de suas conferências mais famosas. *Florides* (trad. para o francês de P. Vallete). *Opuscules et fragments philosophiques*. Paris: Belles-Lettres, s.d. [trad. de Beajeu].

Os deuses olímpicos, nos quais se devia crer àquela época, diz ele, encontravam-se muito distantes para se ocuparem dos humanos, sob qualquer ponto de vista emocional. Ocasionalmente, eles olhavam aqui para baixo e, caso as coisas estivessem bem mal, enviavam algum raio, mas, fora isso, eles não se metiam com as questões humanas. Os homens não podiam, assim, compartilhar com os deuses olímpicos seus sofrimentos nem o que se poderia chamar emoções e sentimentos, ou as pequenas mazelas da vida cotidiana. Essa intermediação era feita pelos *daimones*, os demônios, na acepção positiva da palavra. Esses *daimones* serviram mais tarde como modelo arquetípico para o que, no cristianismo, veio a se denominar anjos. Eles levavam as preces dos humanos aos deuses olímpicos e intervinham nos dois sentidos como mensageiros.

Diferente dos deuses do Olimpo, os *daimones* eventualmente se implicavam do ponto de vista emocional. Eles podiam demonstrar pena ou raiva e estavam, por assim dizer, concernidos com as questões humanas, além de poderem vir a ser influenciados. Por meio de magia ou orações podia-se exercer sobre eles um impacto positivo ou negativo. Mas, além disso, cada indivíduo tinha seu *idios daimon* – seu demônio particular. O termo demônio nos conduz a uma associação negativa (imprópria ao nosso contexto que se estabeleceu mais tardiamente). Apuleio traduziu de forma bastante adequada a palavra grega *daimon* para o latim *genius*. Esse gênio poderia ser considerado um tipo de espírito protetor. Do ponto de vista junguiano, expressaríamos este conceito como uma forma pré-consciente da individualidade – ego pré-consciente e um Self pré-consciente, o núcleo da personalidade total. Em Roma, por exemplo, no dia do aniversário, oferecia-se sacrifício para o próprio gênio para se garantir um novo ano favorável.

O gênio fazia da pessoa um ser *genial*. A raiz da palavra também está evidentemente relacionada a *gênero* – sexo – de forma que ele tornava um homem ou uma mulher sexualmente potente capaz de agir de maneira fecunda tanto física quanto espiritualmente. Ele trazia perspicácia, levava o bom humor, fazia com que o indivíduo irradiasse vitalidade e se sentisse feliz em vários domínios, ou seja, que fosse criativamente genial. Nosso uso específico da palavra "gênio" é bastante restrito. Nós, de alguma maneira, a castramos e a reduzimos a uma significação bem pobre. As mulheres, por sua vez, teriam um núcleo feminino, uma *Juno*, em vez de *genius*[15].

Se cada um de nós cultivasse seu próprio *daimon*, gênio ou juno, conduzindo sua vida de maneira adequada tanto moral quanto religiosamente, então, segundo Apuleio, este *daimon* se desenvolveria numa figura positiva após a morte: o *Lar*. Os Lares, assim como os Penates, são deuses guardiães da residência. O que permanece do ser humano após sua morte se torna um Lar, o gênio protetor da habitação. O filho do falecido asperge vinho em libação aos Lares que habitam nas pequenas estátuas dos deuses domésticos que são geralmente mantidos na parte superior da residência. Com isso espera-se que eles aumentem a fertilidade da família e protejam a casa contra danos causados por fogo ou água. Como se fossem um tipo de espírito ancestral positivo, eles protegem os descendentes que vivem naquele lugar. Entretanto, de acordo com Apuleio, se um indivíduo negligencia seu *idios daimon*, após a morte ele se transforma em *Larva*, um espírito maléfico que

---

15. NIETZSCHE, J.C. *The Genius Figure in Antiquity and the Middle Ages*. Nova York/Londres: Columbia University Press, 1975, cap. I. Cf. REGEN, F. *Apuleius Philosophus Platonicus*. Berlim/Nova York: W. de Gryter, 1971. O autor apresenta todo o material sem levar Apuleio muito a sério.

acorda e perturba as pessoas durante a noite. Sob essa condição ele traz doenças e possessão, e necessita ser exorcizado, já que as almas dos mortos que não encontram repouso se tornam destrutivas para os vivos.

Nessas crenças se perpetuam as mais antigas ideias arquetípicas da humanidade. A ideia do espírito ancestral que se torna o espírito da habitação pode ser vista, por exemplo, entre várias tribos africanas cujos membros conservam os crânios de seus ancestrais na cabana desempenhando o papel de gênios protetores. A ideia de que a maneira com que se conduz a vida determina se o espírito será positivo ou negativo é mais especificamente romana, mas existe também em certas tribos mais arcaicas. Na parte oeste da Nigéria esse pensamento também permeia a população. Entretanto, um comportamento positivo ou negativo de um espírito ancestral não depende apenas de como a pessoa tenha se comportado de acordo com as normas vigentes durante sua vida, já que, de modo geral, um indivíduo bom se torna um espírito bom, e um indivíduo mal se torna um espírito igualmente mal. Dessa forma, existem certos problemas do ponto de vista dos tabus. Se, por exemplo, um gato ou qualquer outro animal impuro salta sobre o cadáver de um homem bom antes que tenha sido enterrado, este homem pode se transformar em um espírito maligno. Para Apuleio, ao contrário, está inteiramente na dependência da conduta moral e religiosa do indivíduo se o *daimon* evoluirá para um Lar ou para uma Larva. Ele mesmo assegura que certas personalidades religiosas excepcionais, como Sócrates e Asclépio, cultivaram seus *daimones* interiores a um tal nível durante suas vidas, de modo que eles se tornaram um aspecto operante e autônomo deles próprios. Sabemos que Sócrates, durante sua vida, manteve uma íntima relação com sua personalidade superior, ou seja, aquilo que após sua morte permaneceria vivo como sendo sua "alma". Os *daimones* daqueles cuja personalidade inconsciente mais elevada tenha, em vida, sido ativada e estimulada na sua potencialidade sobrevivem, após a morte, como uma espécie de deidade coletiva local. Não apenas os poucos descendentes oravam para o Lar durante o culto ao ancestral, mas muitas outras pessoas também juntavam suas preces e dirigiam seus pedidos de ajuda, de forma que eles acabavam se tornando espíritos protetores da comunidade.

Há inúmeros paralelos com essa situação. Quem já visitou o Egito ou outros países muçulmanos deve ter visto aqueles pequenos e belos túmulos dos xeiques. Em vez de enterrar os homens particularmente pios em cemitérios comuns, eles construíam pequenas capelas funerárias no deserto onde outras pessoas, além dos parentes, pudessem visitar e rezar. O culto aos Lares, como praticado em Roma, foi o germe ou o ponto de partida para o culto aos santos da Igreja Católica, já que este último tem parcialmente na sua raiz a adoração pós-morte do *genius* de uma personalidade religiosa excepcional. O culto originado ao redor dos túmulos dos mártires, embora não tenha se tornado parte do dogma até os séculos XI e XII, continuou a se desenvolver ininterruptamente desde a Antiguidade até o Cristianismo.

Essa teoria filosófica de Apuleio ainda não fora examinada mais profundamente já que, com poucas exceções, também nunca foi levada em conta com muita seriedade. Os estudos literários sobre o autor adotam mais uma postura desdenhosa, como se as dele fossem apenas uma reedição das ideias neoplatônicas e de Plutarco. Parece-me que a forma com que ele as apresenta significa mais do que isso. Do meu ponto de vista, suas ideias não são simples crenças externas ou teorias, mas correspondem mais ou menos ao que ele acreditava na realidade e na consciência. Para os que podem lê-lo à luz da psicologia profunda, ela fornece um cenário bastante significativo. Do ponto de vista da psicologia junguiana, poderíamos dizer que essa é uma representação de como naquele tempo o indivíduo se relacionava com o Self. Por "Self" Jung entendia a totalidade consciente e inconsciente da psique – uma espécie de *núcleo*, um imo central regulador do psiquismo que não é de forma alguma idêntico ao seu eu consciente. Certos místicos, por terem experienciado esse núcleo, reconhecem essa realidade interior, mas ela é mais frequentemente projetada numa figura externa de uma divindade ou de um *daimon* protetor. Na parte final do presente romance, vemos o *daimon*, ou o símbolo do Self sob a forma de Osíris, prefigurado na imagem de *Eros*. Osíris era, naturalmente, para os egípcios, um deus "externo", mas, num certo sentido, ele também vivia em cada indivíduo, como uma "alma" que sobrevivia à morte. De acordo com Plutarco, Osíris era um *daimon*. Para todas as civilizações primitivas o inconsciente era considerado uma entidade externa, seja uma alma invisível que nos acompanha, ou projetada num talismã ou saquinho medicinal, ou em quaisquer outras formas do gênero. Em Roma, a ideia era a de um *genius* protetor. Os gnósticos assim o referiam como um *prosphyes psyche*, uma "alma" ligada mais intimamente ao homem. Mas é, sobretudo, nos cultos de mistério da Antiguidade tardia que começamos progressivamente a compreender que se trata de um elemento individual e de ordem puramente psíquica.

II Os dois companheiros e a estória de Aristômenes

No início do livro, o jovem Lúcio decide ir à Tessália, país onde, segundo somos informados, origina sua família do lado materno. Ele cavalga um cavalo branco com a única intenção de investigar o universo da feitiçaria, uma vez que a Tessália, considerando toda a tradição antiga, era a região onde viviam as grandes feiticeiras e, portanto, *o local* da magia negra e dos fenômenos ocultos. No seu caminho, ele encontra dois viajantes que discutem acaloradamente sobre um caso que um deles, Aristômenes, comerciante de queijos e mel, conta. Essa é a primeira estória inserida, em que este mercador relata os estranhos eventos por que passou junto a seu amigo Sócrates. Parece que o acompanhante de viagem de Aristômenes é um racionalista cabeça-dura que rejeita essas superstições *tolas* que lhe são relatadas acerca destas velhas. Nosso herói, Lúcio, que se junta à discussão, solicita que o caso seja repetido e, a seguir, propõe ainda um terceiro ponto de vista. Aristômenes acredita piamente na realidade dos fatos que narra, já que fora ele próprio quem os havia experimentado pessoalmente. Seu companheiro faz troça deles com argumentos racionais, e Lúcio, estando pronto a acreditar na estória, deleita-se esteticamente com a narrativa, como se esta fosse uma simples diversão, evadindo, contudo, a questão da veracidade do que se discutia.

Apuleio guarda em si próprio todos os três aspectos destas personalidades. Nele habita esse homem primitivo que não duvida dos fenômenos ocultos e os vive de forma ingênua. Mas, devido à sua disciplina filosófica, ele é igualmente um racionalista, de modo que os assuntos também lhe parecem absurdos. Quanto a Lúcio, ele provavelmente personifica uma atitude mais ou menos consciente original de Apuleio que considera tudo simplesmente um divertimento o que, portanto, permite-lhe distanciar-se da situação. Veremos ao longo da estória, como há muito já se demonstrou, que a escolha dos nomes próprios é intencional. O nome Aristômenes, que significa o melhor, o homem mais valente, é naturalmente uma ironia já que o personagem na estória não se comporta de modo algum como um herói. Mas também não é por acaso que esse nome assim tão positivo seja atribuído a um homem que crê nessas coisas.

O romance foi redigido na primeira pessoa, e o personagem Lúcio[16] é quem introduz o espinhoso problema da relação entre o herói e o autor do livro. Qual ligação havia entre Goethe e Fausto? Algumas pessoas, sem refletir de forma adequada, concluem precipitadamente que o herói representa o complexo do ego e mais ou menos o próprio autor. Assim Goethe não seria nem Mefistófeles nem Gretchen, mas Fausto. Já sua sombra seria Wagner, enquanto Mefistófeles encarnaria uma parte de sua personalidade pagã não realizada. Num

---

16. Alguns críticos modernos discutem a possibilidade de que Lúcio possa ser o primeiro nome de Apuleio, como era a tradição.

certo sentido isso é verdade, mas em outro não. O herói de um romance ou de uma estória representa apenas uma parte da personalidade consciente do autor. Independentemente do que na verdade tenha sido sua personalidade, Goethe não era um cientista abstrato perdido sob o pó acadêmico, local do início de Fausto. Poderíamos dizer que Fausto representaria alguns traços de Goethe e não a totalidade de seu ego. E assim também deve-se conceber em relação a Lúcio-Apuleio. Lúcio provavelmente representa um aspecto juvenil do autor que deseja se aventurar à procura da verdade.

No início do romance, Lúcio está a caminho da terra natal de sua mãe, a Tessália. Ele é um rapaz alegre, de coração leve, normalmente interessado em mulheres de maneira um tanto quanto dom-juanesca. Ele é curioso em relação à magia, mas de forma mais intelectual, sem intenção de se aprofundar muito no assunto. Sabemos que Apuleio era um filósofo que queria iniciar-se nos mistérios religiosos, que ele tinha um complexo materno e uma personalidade intelectual de aspirações espirituais. Portanto, considero Lúcio como o aspecto juvenil e extrovertido de Apuleio. Não o classificaria, contudo, com sua sombra, mas aquela parte de Apuleio que deseja viver. Mesmo em nosso ego podemos dissociar uma parte imaginária de nós mesmos. Fazemos isso, por exemplo, quando fantasiamos dizendo: "Se eu tivesse umas férias agora, iria para Grécia, Istambul etc." Nós não poderíamos nomear isso como sendo nossa sombra, já que usamos uma parte consciente do ego para imaginar algo que não podemos fazer no momento. Usualmente os introvertidos colocam esses aspectos extrovertidos nesses tipos de devaneios. Um homem idoso, por exemplo, fantasia o que ele faria se fosse jovem. Ele cria uma personalidade imaginária que incorpora certas partes do complexo do ego, já que o jovem que vive nele quer lançar-se à vida. Apuleio provavelmente ficou agarrado na barra das saias de sua mãe e permaneceu lá por um bom tempo, sendo que seu desejo de aventurar-se não fora o suficiente para ser vivido e, provavelmente, isto é o que foi alocado em Lúcio. Ele se caracteriza como grego pois os romanos se orgulham de seu sangue grego e até iam à Grécia a fim de se educarem. Não obstante, do lado de sua mãe, Lúcio era originariamente da Tessália.

Assim, pleno de espírito aventureiro, e montado em seu cavalo branco como um deus solar, livre das forças ctônicas, mas conduzido pelas energias mais luminosas, Lúcio se dirige ao país de sua mãe. Como Fausto, ele se dirige para onde seu complexo materno está projetado, onde ele sente que as coisas ocultas estejam acontecendo. Ele está fascinado pela magia negra e pelo aspecto obscuro da realidade da qual ele ignora quase tudo.

Lúcio é um nome significativo. Sua raiz latina quer dizer *lux*, luz (que aliás bem se conforma com o nome de sua amiga Fótis, que encontraremos mais tarde, nome este derivado de *phôs*, que em grego também significa luz). Assim, de certo modo, Lúcio representa o princípio da consciência ou a possibilidade de se fazer consciência a partir da experiência vivida.

Na interioridade de um indivíduo intelectual como Apuleio, que se afasta da experiência direta com a vida à custa de teorias abstratas, permanece ainda algo como um palpite ou pressentimento de que certas coisas só podem se tornar conscientes caso o indivíduo se disponha a experimentá-las e vivê-las. Intelectualização e filosofia não bastam! Nesse sentido, Lúcio também representa um aspecto daquilo que, em termos junguianos, denominamos Self, pois ele é aquele núcleo elementar da personalidade que conduzirá o autor à consciência por meio da experiência com a vida. Ele representa um modelo pré-consciente de seu ego futuro; tudo aquilo que nele é ainda uma fantasia e tende a se realizar. De modo geral, esse tipo de imaginação expressa um desejo que traduz numa aspiração heroica ingênua: gostaríamos de ser mais nobres e corajosos do que na verdade o somos.

Em suma, interpreto Lúcio como sendo um modelo de funcionamento de ego em Apuleio que se encaminha para alcançar um estado superior de consciência e que, ao mesmo tempo, experimenta todas as coisas que Apuleio gostaria de ter vivido e nunca o fez neste nível. Lúcio tem, em toda a estória, apenas um e essencial propósito: ele quer conhecer os mistérios do aspecto sombrio do princípio feminino, os feitiços, a magia, e assim por diante. E é nesse interesse principal que se revela seu enorme complexo materno e que se manifesta numa de suas formas mais frequentes, ou seja, o de ser ameaçado pelo poder avassalador do princípio feminino. Se um homem tiver sido muito impressionado por sua mãe, seja pela falta dela ou por sua própria disposição como indivíduo, a imagem materna interferirá nos seus contatos com a realidade, com outras mulheres, inibindo ou devorando sua personalidade ctônica sexual. Ele provavelmente não terá, como muitos homens sensíveis, uma brutalidade masculina suficiente para escapar da mãe e conquistar seu caminho de liberdade. Dessa forma, ele normalmente se refugia no intelectualismo em que, geralmente, ela não consegue acompanhá-lo. Seja em poesia ou sistemas filosóficos complicados, ele constrói um mundo masculino em que pode viver livremente, junto aos seus amigos homens. Isso é o que eu chamo de "fuga para a estratosfera". Ele toma um avião, abandona a terra e se eleva a 12.000 metros, onde a velha dona não pode alcançá-lo e ele, portanto, se sente homem. Mas essa situação também apresenta seus inconvenientes. Aliás, esse tipo de jovens rapazes que manifestam essa forma de problema de identificação com *Puer Aeternus*, com o jovem deus, ou adolescente eterno, é bastante comum[17]. Entretanto, tão logo ele queira descer à terra para viver sua sexualidade, casar-se, ou qualquer outra coisa que caracterize um retorno ao concreto, lá estará a velha senhora, aguardando-o no aeroporto!

Essa situação não é, contudo, tão negativa como parece, já que, nesta sua excursão pelo mundo inacessível à sua mãe, ele adquiriu certa liberdade, coragem e conhecimento de si que talvez permita-lhe integrar, mais tarde, o complexo materno ao nível da realidade. Portanto, esse desvio não é uma perda de tempo, pois quando um homem se capacita para retornar à terra num momento qualquer a experiência pode ser positiva.

Lúcio, não obstante, adota uma das atitudes de Apuleio: ele quer explorar toda a obscuridade, mas sem se comprometer. Esse traço que Lúcio mostra na primeira cena revela seu problema principal: sua absoluta determinação de não se engajar pessoalmente na aventura. Ele parte com a esperança de poder estudar todas essas coisas sem se envolver, o que, na verdade, é justamente o que não deveria ser feito. Ninguém pode estudar coisa alguma sem se implicar. Este é o caso até mesmo no que tange às ciências. O relato de

---

[17]. VON FRANZ, M.-L. *Puer Aeternus* – A luta do adulto contra o paraíso da infância. 3. ed. São Paulo: Paulus, 1999.

Aristômenes, em relação ao qual Lúcio mantém uma atitude de esteticismo literário, não ajuda e, como veremos, evoluirá para algo que claramente acontece nessas situações, ou seja, aquilo que recusamos acolher conscientemente nos acomete por trás.

No caminho, Lúcio faz uma parada para que seu cavalo possa pastar e encontra dois homens. Um deles é mercador de queijos e mel que acabara de se juntar a outro viajante que ia na mesma direção. Podemos imaginar o que significa viajar quando não se tem meios de transporte coletivo nem policiamento. Os assaltantes poderiam roubar-nos tudo que possuíssemos além de sermos vendidos como escravos num mercado próximo, sem qualquer chance de nos defendermos. Até mesmo Platão, um dia, teve que ser comprado de volta. É certo que os amigos poderiam comprar novamente o escravo e assim devolver-lhe a liberdade, mas viajar naquela época era uma empreitada bastante perigosa. Entretanto, cria-se que os viajantes estavam sob a proteção de Zeus e Hermes e que assassiná-los trazia má sorte. Nessas condições, as pessoas então preferiam viajar em grupo para se protegerem umas às outras. Foi assim que Lúcio se juntou aos dois homens e os encontrou no meio da discussão inflamada: o mercador, Aristômenes, conta a seu companheiro o que lhe acontecera, mas este se recusa a acreditar nele. Essa é a primeira narrativa inserida no livro. Por razões que já mencionei na Introdução, faremos esta interpretação como se fosse um sonho; como algo que emerge do inconsciente, de acordo com o diagrama a seguir:

O asno de ouro

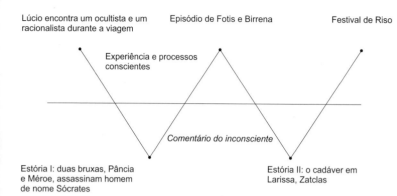

Não é apenas uma simples coincidência que colocam juntos a crença em milagres e bruxaria, e o mercador de queijos e mel, já que estes são os alimentos sagrados de vários cultos de mistério, especialmente aqueles associados à Grande Mãe – os cultos dionisíacos, eleusinos e órficos. Neles o indivíduo bebia leite ou consumia mel, ou pelo menos esfregava a língua com um pouco de mel, o que significava que ele fora inspirado[18]. Antigamente se pensava que os poetas se alimentavam de mel, a nutrição divina que lhes rendia perfeição e os dotava de um espírito sutil. O queijo é o leite solidificado e também está relacionado ao culto das mães e ao mundo do além.

A estória narrada por Aristômenes é a seguinte: no seu caminho para o mercado, ele encontra um homem velho, malvestido, sem dinheiro e num estado triste de degradação, que ele reconhece como sendo seu velho amigo Sócrates. Sua condição é miserável. Ele lhe diz: "Que vejo, Sócrates, meu amigo, que é isto? Que fazes? Que crime cometeste?"

---

18. WYSS, K. "Die Milch im Kultus der Griechen und Römer". *Religionsgeschichtliche Versuche und Vorarbeiten*. Vol. 15, livro 2. Giessen: Töpelmann, Giessen, 1914, cap. 7 e 8.

Ele ainda lhe conta que, desde seu desaparecimento, houve lamentações funerárias e choro em sua casa e que sua mulher foi obrigada a tomar outro esposo. Ele descobre que Sócrates, nas suas viagens como mercador, fora atacado por ladrões que, contudo, pouparam-lhe a vida, além de abandonarem-no, uma vez que já se encontrava velho para se tornar escravo. Ele foi então para a casa de uma velha que vendia vinho, chamada Méroe.

A palavra "Méroe" está associada ao vocábulo do latim *merum*, que significa vinho não misturado à água. O homem que bebe vinho puro é considerado um beberrão e, portanto, essa velhaca, além de estalajadeira, é também chegada a uma garrafa. Além disso, deve-se dizer que Méroe é também o nome de uma ilha do alto Nilo, famosa àquela época e da qual se dizia ser um lugar mágico como Thule, a Avalon celta, ou como as remotas ilhas dos contos de fadas. Essa associação de ideias provavelmente existia na mente de Apuleio, já que se cultuava Ísis e Pan nos templos que haviam sido recentemente restaurados e salvos das águas, e que formavam um conjunto impressionante. A estalajadeira idosa é louca por sexo, como somente essas velhas o sabem ser, e ela toma posse do pobre velho Sócrates que tem de satisfazê-la noite e dia, até que ele não pode mais suportar. Ele tenta se desvencilhar dela, mas descobre que ela é uma feiticeira muito poderosa. Ele diz que ela é "Uma maga e advinha, tem o poder de baixar o céu, suspender a terra, de petrificar as fontes, de diluir as montanhas, de sublimar os mares, de ascender ao ar os espíritos do inferno, de fazer descer os deuses lá do alto, de apagar as estrelas e de iluminar as profundezas escuras do Tártaro".

Essa é uma descrição clássica das bruxas da Antiguidade[19]. Mas o que é interessante observar é que, nesse fragmento citado, há uma reaproximação dos opostos: céu e terra, as águas e as montanhas, os espíritos terrestres elevados ao ar e os deuses baixados do céu, o obscurecimento dos planetas e a iluminação da escuridão profunda dos infernos. Essa bruxa pode abolir a oposição e reverter sua ordem: ela é tão poderosa como só as grandes deusas podem ser. Ela obriga seus amantes a ficarem com ela porquanto lhe aprouver, caso contrário ela os castra ou, como Circe, os transforma em animais. A grande deusa Ishtar também transformava seus amantes em pássaros ou em outros animais, todas as coisas que o arquétipo da grande mãe, no seu aspecto terrível, inflige ao homem.

Aristômenes diz a Sócrates que ele precisa fugir e propõe a auxiliá-lo. Ele o leva para tomar banho e depois para a hospedaria para que possa comer e dormir. No quarto há duas camas, e Sócrates imediatamente cai no sono. Aristômenes, além de trancar bem a porta, coloca sua cama contra ela, mas se encontra com muito medo para dormir. E, à meia-noite, a porta se abre apesar de suas precauções, e sua cama é virada. Ele é mantido debaixo dela *feito tartaruga*. Ele reconhece as duas mulheres: uma é Méroe e a outra Pância, sua irmã (Pância, do latim *Panthia*, significa deusa todo-poderosa). Após algumas vulgaridades que bruxas tipicamente proferem, as duas refletem sobre o que farão com Aristômenes, mas dizem que primeiro têm que dar um jeito em Sócrates. Méroe toma de uma faca e a enfia na gargan-

---

19. Cf. LUCK, G. *Hexen und Zauberei in der römischen Dichtung*. [s.l.]: Artémis, 1962.

ta de Sócrates, arrancando-lhe o coração. Elas entopem a grande ferida que foi feita na garganta com uma esponja e estancam a hemorragia com o auxílio de palavras mágicas. Depois, virando a cama, elas urinam na face de Aristômenes e saem do quarto. Quando ele se recobra do choque, Aristômenes compreende que todas as pessoas o acusarão de ter assassinado Sócrates e que lhe será impossível provar o contrário. É por isso que as bruxas não quiseram matá-lo, mas disseram-lhe que ele iria se arrepender por ter resistido. Em seu desespero ele tenta se enforcar, mas a corda que já era velha e podre se parte ao meio e ele cai sobre Sócrates. Este acorda e o pragueja de forma que Aristômenes então descobre que seu amigo não está morto. De manhã bem cedo eles partem e param num rio a fim de saciar a sede. Mas a esponja cai da garganta de Sócrates. Nesse momento ele realmente morre e Aristômenes se vê novamente diante da mesma situação apavorante. Assim, após enterrar o cadáver, ele foge o mais rápido que pode. E a estória termina assim.

Poderíamos até pensar que não passa de uma piada o fato de o autor ter nomeado esse velho pobre diabo, que caiu nas garras da velha bruxa ninfomaníaca, com a alcunha de Sócrates. Mas se não nos satisfaz o aspecto cômico da escolha, deveríamos nos perguntar: Por que Sócrates? Assim, nesse instante, mergulhamos em águas profundas. Como se sabe, segundo seu pupilo Platão, o ideal filosófico de Sócrates era a *apathes* que significa não ter ou não demonstrar emoções fortes. Conseguir um distanciamento emocional absoluto era um dos principais propósitos de Sócrates na busca da sabedoria. Ele demonstra sua *apatheia*, como maravilhosamente descrito por seu admirador Platão, mesmo no fim de sua vida quando, condenado na prisão, envenena-se bebendo cicuta. Mas, muito antes, já acontecera com ele o que normalmente acontece a todo homem que reprime suas emoções e, com elas, sua *anima*, seu elemento feminino. De acordo com a lenda, ele era casado com Xantipa, uma das pessoas mais emocionais que se tem notícia, já que, não podendo o marido demonstrar emoções, geralmente são a mulher ou filhos aqueles que se veem obrigados a vivê-las. Nesse caso, isso ficou a cargo da esposa. Temos em Xantipa um modelo arquetípico da figura feminina hiperemocional, que se move de um alvoroço doméstico a outro. Devo dizer que, como mulher e, portanto, identificando-me com o elemento feminino da estória, eu teria feito cenas bem piores do que as dela, e que também admiro a forma como ela se comportou. Após a condenação de Sócrates, ela foi à prisão para dizer-lhe adeus e, mesmo sendo um marido horrível, ela ainda assim demonstrou seus sentimentos para com ele: "Oh Sócrates, esta será a última vez que nos veremos!" Ele, contudo, não lhe diz nada, mas dirige-se ao escravo: "Leve-a para casa". Poderíamos contemporizar esse comportamento dizendo que, para um homem daquela época, distanciar-se das emoções primitivas e construir uma atitude mental de *apatheia*, de distanciamento filosófico em relação à vida, correspondia às demandas dos tempos e representava um grande avanço cultural. Sabemos que esse desenvolvimento no sentido de construir níveis maiores de consciência, de distanciar-se dos instintos animais primitivos e emocionalidade, e do constante *abaissement du niveau mental* com sua labilidade mental, vêm ao encontro de uma necessidade de evolução cultural. Mas devemos igualmente admitir que isso também é uma rejeição do princípio feminino dentro do próprio homem que resultou, entre outras coisas, no desenvolvimento homoerótico presente nos círculos platônicos e socráticos. Houve naquela época uma rejeição da *anima* e do valor positivo da emoção e da sensibilidade.

Xantipa, no imaginário popular, acabou se tornando aquele tipo de mulher que está sempre reclamando por fazer valer seus direitos à vida emocional, aos sentimentos primitivos mais calorosos e por mais envolvimento. O princípio feminino, exceto na sua forma mais sublime de Diotima, não era reconhecido na escola filosófica grega. Pode-se dizer que a mulher, como tal, e não no seu aspecto idealizado de *anima* intelectual, não foi apenas ignorada, mas também rejeitada e considerada inferior. O famoso diálogo entre Alcebíades e Sócrates ilustra bem a questão: "Oh Sócrates, como você pode suportar todas essas cenas de Xantipa?" E Sócrates responde: "Oh, elas não me incomodam mais que o grasnar dos patos e gansos de sua fazenda". Alcebíades retruca: "Mas bem, os patos e gansos da minha fazenda pelo menos botam ovos; eles, pelo menos, são úteis". Sócrates completa: "Bom, Xantipa deu-me filhos". Pode-se esperar, portanto, que o princípio feminino se tornasse completamente destrutivo e negativo nesse tipo de contexto mental.

Se, por exemplo, ultraja-se um princípio vital sob o pretexto de que contraponha um ponto de vista filosófico, ele se torna negativo. E isso é o que também acontece no que concerne a uma mulher real, já que ela é o que mais profundamente encarna o feminino *per se*. A narrativa que descreve a cena de Pância, a deusa todo-poderosa, e Méroe, a deusa do vinho (que encarna a emotividade e o prazer sexual que se encontram completamente reprimidos no Sócrates de Platão), exprime exatamente esse problema. A escolha dos nomes destes personagens é uma alusão a um dos conflitos mais profundos daquela época; conflito este que emergiu à consciência vários séculos mais tarde, mas que, num certo sentido, ainda não foi solucionado.

Como se sabe, nas cidades gregas, as principais sociedades tais como as escolas filosóficas platônicas, neoplatônicas e estoicas eram constituídas essencialmente por grupos de homens. Elas eram patriarcais, não reconheciam o princípio feminino nem o aspecto feminino de Eros e, por consequência, muito menos a *anima*. A *anima* é um termo que C.G. Jung adotou para designar o elemento feminino inconsciente no homem. Ela personifica seu eros, seus humores inconscientes, seus sentimentos irracionais, tudo que os homens, numa sociedade patriarcal, tendem a suprimir. Na Antiguidade Tardia, contudo, houve certa reabilitação do arquétipo feminino. O que se esperaria disso era uma regressão ao matriarcado ou um desenvolvimento do princípio feminino. Entretanto, a civilização como um todo entrou em colapso e, uma vez mais, aconteceu uma invasão do movimento patriarcal, sob a forma da religião judaico-cristã, que reforçou a tendência existente. A teologia cristã primitiva assimilou uma grande parte da filosofia e dos modelos teológicos gregos, sendo que ambos rejeitam o feminino.

Toda moral sexual da Igreja Católica, por exemplo, não se baseia nos evangelhos. Por mais que se espremam os evangelhos não se obterão as regras sexuais que a Igreja instituiu. Elas, na verdade, foram inspiradas na teosofia judaica e gnóstica e outras tradições gregas da época. A forma com que a Igreja lidou com o feminino, sexualidade, e por aí adiante, foi, em parte, devido ao patriarcalismo judaico que se estendeu ao cristianismo e também devido a influências gregas.

A forma como aqui se coloca essa questão é um tanto quanto branco no preto, mas, obviamente, há várias nuanças.

O retorno e reintegração do feminino que tiveram um início tão promissor são, como se verá, a essência de *O asno de ouro*. Entretanto, tudo que brotava nos subterrâneos desta obra foi podado no nascedouro devido ao desenvolvimento do novo patriarcalismo. Foi como se o tempo para mudanças ainda não houvesse chegado. Era como se mais condições patriarcais, mais desenvolvimento do princípio do *logos* e depreciação mais forte da consciência de grupo tivessem que ser alcançadas antes que qualquer integração do princípio feminino e da deusa feminina pudesse acontecer. A civilização mediterrânea era, antes da invasão grega, no plano religioso, senão sociológico, uma civilização matriarcal. Mas os gregos irromperam sobre essas organizações sociais mais antigas com sua forte tradição patriarcal. A cultura grega clássica se caracterizava pelo seu caráter antagônico uma vez que tanto tentava conciliar quanto promovia a cisão das duas tradições. Como bem ilustra o filólogo Charels Seltman[20], esta é uma situação que pode ser verificada simbolicamente pelo casamento infeliz entre Zeus e Hera. É interessante notar que o deus supremo da religião grega contraiu um matrimônio bastante conturbado. Zeus e Hera estavam sempre juntos, mas se debatiam de manhã à noite e, como todo bom casal acaba fazendo, arregimentaram também seus filhos para essa querela. De certo modo, isso espelha um dos mais profundos conflitos da alma de um povo. Esta tensão subjacente talvez tenha sido a origem do dinamismo da cultura grega e, em parte, a responsável para o nascimento de um espírito científico e de um desenvolvimento mental que ainda exibimos na

---

20. SELTMAN, C. *The Olympians and their Guests*. Paris/Londres, [s.e.], 1952.

atualidade. Mas, por outro lado, essa tensão também resultou da dissociação de que hoje padecemos.

Nos tempos de Apuleio, houve uma tentativa inicial de manifestação do princípio feminino que pode ser verificado pelo destino de Psiquê, apresentado na iniciação aos mistérios de Ísis e em outras formas que serão mencionadas mais tarde. Isso não se verifica apenas neste romance, mas também, por exemplo, na magnífica estória de Dido e Enéas, em Virgílio. Vênus, na pessoa de Dido, tentara trazer à luz o princípio feminino, mas os deuses decidiram que Roma deveria ser fundada e, portanto, Enéas não pudera ficar para sempre nas boas terras de Cartago. O amor que os próprios deuses haviam tramado não teve como se consumar. As razões políticas a tudo abortaram e Dido decidira por tomar a própria vida. A cena de Virgílio, ao descrever o espírito suicida e atormentado de Dido ao medrar pelo submundo e seu encontro com Enéas quando lá conseguira penetrar, é algo magnífico: ao chegar ao inferno e se deparar com Dido ela vira-lhe as costas, ainda ressentida com a forma com que fora tratada por Enéas. Isso, contudo, não é um problema visto apenas em nossos romances, mas é algo que se repete inúmeras vezes terminando sempre de forma trágica e sem levar a lugar algum.

Assim que a civilização cristã espalhou-se pelo mundo antigo, o princípio feminino viu-se novamente relegado. A partir do século III, esboça-se um movimento direcionado ao reconhecimento da deusa-mãe, particularmente em Éfeso onde o culto à Virgem Maria alcançou seu zênite. Esse movimento se afirma durante a Idade Média quando os homens passam a venerar a Virgem e adotam o amor cortês. Mas o culto ao amor cortês não aceita o princípio feminino a não ser no seu aspecto sublime, ou seja, sob a forma com que possa ser apresentada nos salões. Desse modo, a sombra da Grande Mãe que até então fora reprimida insiste em se impor e se afirma negativamente a bordo da perseguição às bruxas que se seguiu. A última bruxa a ser queimada na Suíça aconteceu há pouco mais de dois séculos. Portanto, esse conflito ainda é atual e se constitui num dos principais problemas da alma moderna.

A primeira estória nos mostra uma personagem feminina arquetípica bêbeda, ctônica, destrutiva, que arruína um velho e idiota mísero chamado Sócrates. Esta estória tem um caráter compensatório ao que conhecemos do filósofo Sócrates, e corresponde exatamente à lei psicológica da compensação. Os opostos se colocam tão distantes um do outro que parece não haver uma solução possível; eles se mostram de forma grotesca, mas, de qualquer modo, bastante significativa. Aqui se pode observar que as estórias inseridas, como sugeri na minha hipótese, podem ser analisadas como um sonho. De fato, pois este seria um típico sonho complementar de um filósofo neoplatonista, ou seja, uma bruxa bêbeda destruindo Sócrates que se comporta como um idiota desmiolado em relação às mulheres.

Esse miserável Sócrates, espoliado, abusado e mais tarde assassinado pelas bruxas, encarna um aspecto do próprio Apuleio, ou seja, ao tentar escapar de suas próprias emoções sucumbe, contudo, também vitimado pelas bruxas. Mas, como nos informa Aristômenes, a despeito dessas velhas serem bruxas mesquinhas, seus nomes indicam que elas são também deusas. Sócrates é, portanto, morto por deusas. Desse modo, não é apenas a miséria humana que o derrota, mas uma forma destrutiva de um princípio que, depois, se apresenta, mais prospectivamente, na figura de Ísis. A redenção de Lúcio acontece ao final, após seu reencontro com a grande deusa que, neste episódio, se apresentou a ele na sua forma sub-humana. Isso corresponde a uma verdade psicológica geral bastante profunda: encontra-se o divino nas coisas mais mórbidas e patológicas. *Eis aqui o deus*, a experiência com o divino nessa forma, e isto é o que faz a coisa ser de tão difícil aceitação. Um analista de orientação freudiana poderia iluminar Lúcio-Apuleio acerca do seu complexo de Édipo e demovê-lo de sua relação com as mulheres mais velhas, mas isso também o impediria de ter o contato com as deusas. Essa é a razão por que tantos seres humanos não se desvencilham de suas condições mórbidas, pois, no fundo deles próprios, lá se encontram os seus deuses. Não obstante, é evidente que, sob essa condição de morbidade, seu valor supremo não pode ser integrado, pois, se fosse assimilado nesse nível, ele apenas se perderia e se enterraria ainda mais na lama.

Lúcio acha a estória de Aristômenes bastante interessante e agradece ao mercador por tê-la contado, e, quando eles chegam à cidade de Hípata, os três se separam. Lúcio obtém o endereço de um homem muito rico e também muito avarento de nome Milão. Ele é casado com uma mulher cujo nome é Panfília (*pan* = todo; *phileo* = amor: a que tudo ama). Essa mulher também, como Méroe, possui todos os homens para seu prazer sexual, mas parece oferecer uma oportunidade para Lúcio estudar magia. Além disso, mora na mesma casa uma jovem e atraente serviçal de nome Fótis (*Phôs* = luz: a que ilumina). Essa bela ajudante de cozinha ilumina a atmosfera sombria de toda a casa. Com ela, a imagem da *anima*, este elemento psíquico que atrai o homem para a vida, emerge pela primeira vez no seu aspecto positivo e concreto na vida de Lúcio. Mas, nesse momento, apenas sob a forma de uma atração sexual.

III Lúcio reencontra Birrena, Fótis e os odres de couro de cabra

Lúcio acorda na manhã seguinte, ansioso por conhecer as maravilhas de Tessália, país reconhecidamente como local de prática de bruxarias e encantamentos. Ele se recorda que a aventura de Aristômenes acontecera naquela cidade e tudo lá parece transfigurado:

> De tudo que via, nada nessa cidade me parecia ser o que era. Persuadia-me de que algum feitiço infernal tinha dado a cada coisa uma nova configuração. Quando encontrava uma pedra, acreditava ver um homem petrificado. Se ouvia um pássaro, era um homem ainda, no qual tinham crescido penas. Do mesmo modo, eram homens enfolhados as árvores que bordavam os arredores da cidade, e provinha a água das fontes de corpos humanos liquefeitos. Parecia-me que as estátuas e as imagens iam marchar, as muralhas falar, os bois e outros animais de rebanho anunciar o porvir. Do próprio céu, e do radioso orbe do Sol, cairia de repente algum oráculo.

Atormentado pelo desejo e distraído em seus próprios devaneios, Lúcio, sem se dar conta, acaba chegando ao mercado.

É evidente que, apesar da estória de Aristômenes não ter sido abraçada pela consciência de maneira mais séria, Lúcio, de qualquer forma, foi tocado num nível mais profundo. Algo se constelou no seu inconsciente, pois as impressões acerca de Hípata são uma descrição clássica de um *abaissement du niveau mental*, na qual as imagens do inconsciente se mesclam à realidade exterior. Lúcio se encontra num mundo onírico: o mundo interior e o mundo exterior começam a se aproximar um do outro. Cada um de nós conhece este estado por experiência própria quando nos sentimos enfeitiçados ou encantados. As autobiografias de esquizofrênicos, entre outras, dão-nos uma descrição clássica desse estado em que, de repente, o mundo exterior parece ser removido ou apresenta-se diferente. É um estado que parece tanto normal quanto anormal, o que significa que o inconsciente se aflora à consciência, ou que um complexo do ego se aproxima do inconsciente. Também vemos aparecer nesse momento da estória o motivo da transformação dos homens em animais. Tudo é uma preparação para o que irá suceder mais tarde a Lúcio, quando será transformado em asno.

Lúcio ficou bastante desapontado ao descobrir que Milão era um velho burguês avarento e de ideias curtas e que Panfília, obviamente, era uma feiticeira muito estranha. Mas sob o mesmo teto ele encontra uma bela e luminosa jovem de nome Fótis com quem, de imediato, estabelece um contato juvenil e normal. Mas a despeito da relação com Fótis se encaminhar de forma usual para um jovem romano daquela época, como aliás o seria para qualquer um de sua idade, a relação se revela estranhamente incompleta. De fato, após a transformação de Lúcio em asno e a invasão dos bandidos à residência de Milão e Panfília, ele nem se preocupa com o que acontecera a

Fótis. Ele está mais concernido com seu dinheiro e seu cavalo do que com ela, o que demonstra uma estranha falta de sentimento. Afinal de contas, ele passou momentos maravilhosos com aquela linda garota, sendo que ela generosamente ofertou-lhe prazer, e ele a ela. Sabemos pelo desenrolar da estória que a vida de Fótis não tinha muito como ser agradável, pois é provável que ou os ladrões a assassinaram ou que fora vendida como escrava. Além das informações que se apreendem deste próprio romance, é possível imaginar, tanto com base nos escritos da época quanto pelo que se pode inferir das impressões sociológicas deduzidas, o que significava se tornar um escravo naqueles tempos. Uma vez que Lúcio nunca se fizera qualquer questionamento em relação a esse assunto, isso mostra claramente que algo não está adequadamente ajustado a ele. Numa linguagem moderna, diríamos que ele sofre de uma deficiência de sentimentos e de senso moral; ele não tem sentimentos humanos normais, o que é elegantemente encoberto por uma relação amorosa aparentemente normal. Mas vamos examinar essa questão de forma mais apropriada.

Sabemos que Lúcio foi transformado em asno por acidente, pois, na verdade, ele desejara tê-lo sido em pássaro. Isso aconteceu porque utilizaram o unguento do pote errado. Fótis foi quem cometeu o engano e, por conseguinte, essa foi sua maneira inconscientemente de se vingar. Ela provavelmente sentia que algo estivesse faltando, que ele não se importava com ela, mesmo que fosse de uma forma humana mais ordinária. Ela ainda prega-lhe outra peça no episódio em que vai ao barbeiro, a mando de sua patroa Panfília, para recolher umas mostras do cabelo de seu novo amante. Entretanto, o barbeiro descobre e os toma de sua mão. No seu caminho de volta, ela vê um homem aparando couro de cabra para fazer odres e apanha os pelos que caíram no chão. Assim, quando Panfília performa seus ritos mágicos utilizando estes fios de cabelo, em vez do amante, são os odres de pelo de cabra que o feitiço faz surgir à porta de sua casa. E Lúcio, sem entender o que estava se passando naquela escuridão, toma-lhes por ladrões e os ataca na tentativa de impedir-lhes a entrada na residência.

Por duas vezes então, Fótis involuntariamente comete um pequeno engano que coloca Lúcio em dificuldades. Se uma mulher age assim, é porque está insatisfeita. De alguma forma, Fótis não está feliz com este homem, pois, de outro modo, não teria armado, involuntariamente, por duas vezes, uma cilada para Lúcio. É evidente que alguma coisa não vai bem entre eles. Ele se comporta de maneira fria e ela dá curso à sua revanche com o auxílio de pequenos ardis inconscientes. Ela, portanto, encontra-se um pouco do lado da bruxa, ou seja, num certo sentido ela também tem sua frieza. Quando uma mulher tece algumas tramas, significa que ela não ama realmente e que sua "mão esquerda" está envolvida nessas pequenas maquinações que sua consciência ignora. Assim, a despeito da primeira cena aparentemente positiva, em que se tem o sentimento de que Lúcio penetra os segredos da vida, que está contente, e que, por sua ligação com Fótis, encontra-se protegido de Panfília, há ainda algo sutil que parece errado. Talvez isso também esteja associado ao *abaissement du niveau mental* que lhe sucede após a primeira visita à casa de Milão e Panfília.

As invasões do inconsciente, assim como as que foram descritas no início deste capítulo, nos acontecem geralmente quando não apresentamos uma reação normal em alguma área. É como se um lapso no plano da consciência produzisse uma falha por onde o inconsciente se infiltra. Se não quisermos ser invadidos pelo inconsciente, devemos prestar atenção aos pequenos detalhes tais como preguiça, *abaissement du niveau mental*, equívoco sentimental, omissões de adaptação à realidade, *et cetera* porque, embora possam parecer absolutamente sem importância, são eles que nos tornam vulneráveis. Jung uma vez disse durante um seminário que a concupiscência, ou seja, o desejo incontrolável é uma porta aberta para a psicose. Nos casos de psicose que já pude acompanhar, vejo que a situação é bem assim. Estas pequenas omissões são muito perigosas e é por isso que saliento algo que o leitor talvez não perceba: estes defeitos secretos da relação humana insatisfatória entre Fótis e Lúcio induzem a um *abaissement du niveau mental* fazendo com que Lúcio seja tragado vagarosamente para o inconsciente e sonhe acordado, de forma que ele não tenha mais certeza do que a realidade verdadeiramente seja.

Na praça do mercado, ele se encontra, por acaso, com Birrena, a "irmã" de sua mãe. Ela não é uma irmã de sangue, mas foi levada para sua casa, onde foram criadas juntas e é por isso que ele a chama de tia. Parece estranho que ele não se hospede com ela. No entanto, eles se encontram ali por acaso e ela o convida para visitar sua casa, uma residência bastante luxuosa. Sobre uma das paredes do átrio há um impressionante baixo-relevo representando a deusa-mãe, Diana, que se prepara para banhar-se no lago do bosque, enquanto Acteão, por ousar observá-la, é transformado em cervo e feito em pedaços pelos seus próprios cães de caça. A cena representa o momento em que os cães se preparam para dilacerá-lo. Nessa descrição apresentada por Apuleio-Lúcio, reconhecemos a arte típica helenística, com seu estilo sentimental e realista. Este baixo-relevo é um elemento de grande importância para o contexto simbólico da obra, pois antecipa, de forma mitológica, todo o fado de Lúcio. Ele também peca contra a lei do amor no seu *affair* com Fótis, e acaba sendo, de forma semelhante, destroçado pelas paixões sombrias do submundo, e eventualmente é transformado em animal, num asno em vez de cervo. É, portanto, uma representação de seu próprio problema que ele se depara bem diante de seus olhos.

Ártemis, e sua análoga latina Diana, são as deusas que unem em si próprias uma variedade de opostos. Ártemis protege a castidade dos rapazes e das moças, e se apraz em viver entre os animais selvagens. Ela também é a deusa que preside sobre os nascimentos, a mãe ctônica e a virgem. Por outro lado, com Apolo, seu irmão, ela é uma deusa da morte, já que pode desferir flechas invisíveis subtraindo a vida das pessoas. Mais tarde, ela foi associada à lua e se tornou a deusa do mundo subterrâneo (como Hécate), tendo mesmo sido identificada com Ísis. Pode-se notar que na Antiguidade Tardia os vários tipos de deusas e deuses foram objeto de sincretismo e fusão. A ideia judaico-cristã de que possuímos a única religião verdadeira e que as outras religiões não passavam de superstições absurdas não existia na Antiguidade. Quando se descobria que em dado local se encontravam os mesmos tipos de deuses incorporando os poderes do pai e a fertilidade da mãe, era comum atribuir-lhes nomes compostos, ou os nomes de seus próprios deuses. Quando, por exemplo, se conquistava outro país, inquiria-se o nome do deus-pai e da deusa-mãe principais e se decretava que estes correspondiam a Zeus, a Ártemis ou Deméter. Isso é o que denominamos *interpretatio romana*.

A deusa-mãe se banha e um mortal, Acteão, na sua curiosidade sexual, deseja vê-la desnuda, mas é feito em pedaços por seus próprios cães, aqui representando os instintos das forças obscuras do mundo subterrâneo. Os cães se colocam como o aspecto dissociado da paixão animal. Esse é um motivo deveras profundo, pois, se o homem transcende seu nível humano, seja elevando-se ao reino dos deuses ou rebaixando-se ao domínio dos animais, o resultado é o mesmo. Ao se metamorfosear em cervo ele se torna aquilo que desejava, ou seja, um ente divino, objeto de interesse de Ártemis, já que os cervos são sua caça preferida. Ele se torna uma divindade e, portanto, sofre o mesmo destino de todos outros jovens amantes da grande deusa-mãe, ou seja, o esquartejamento. Como Átis, Adônis e Osíris, ele é morto por ter assumido o papel do deus-filho amante da grande deusa. Assim, podemos dizer que o baixo-relevo que Lúcio admira à entrada da mansão de Birrena antecipa todo seu problema. Se transgredirmos o nível humano e nos identificarmos com uma divindade, adentramos o mundo da grande deusa e o da vida animal, e, por conseguinte, temos que pagar à moda clássica[21].

Mas, uma vez mais, a atitude de Lúcio é faltosa. Ele apenas aprecia a beleza da peça do ponto de vista estético, sem captar a mensagem. Para ele, isso não passa de uma imagem, um baixo-relevo, e não uma representação viva. Se num sonho contemporâneo surge uma representação de uma escultura, pintura ou mesmo de um filme, isso significa que aquilo representado por enquanto não se constitui numa realidade vivificada no sonhador. Ele pode até compreender a coisa intelectual ou esteticamente, mas o impacto emocional da questão não aconteceu. Desse modo, poderíamos dizer que Lúcio vê

---

21. Cf. GRIFFITHS, J.G. *Apuleius of Madura*. Op. cit., p. 29-30. Riefstahl e Scobie perceberam a relação entre a cena representada no baixo-relevo e o tema de Ísis sem, contudo, atentarem-se para as implicações mais profundas.

aqui o enorme problema para o qual ele se precipita, mas ainda destituído de vida: ele apenas acha que a escultura é muito elegante. Esta é uma reação típica de um homem que sofre de um complexo-materno, pois, acima de tudo, ele separa o homem de sua apercepção imediata da realidade.

Esta é uma imagem que me evoca uma comparação desagradável: a de homens que perambulam como se estivessem dentro de um saco plástico transparente através do qual observam o mundo. Não há uma fricção imediata com a realidade e nenhum contato verdadeiro com a vida. E isto é o poder secreto de enfeitiçamento do complexo materno quando afeta o homem. Ele se encontra sempre, de alguma forma, apartado da realidade. Estética e intelectualismo são duas formas bem conhecidas de se produzir essa camada plástica isolante entre o indivíduo e a realidade, prevenindo as experiências diretas e, por meio delas, o sofrimento imediato que eventualmente conduz à conquista da consciência. Se, como analista, você tem que rasgar este saco e retirar este indivíduo do útero artificial, ele geralmente se ressente desesperadamente, pois aqui então começa a alternância entre o quente e o frio do mundo real, e todo tipo de sofrimentos contra os quais ele fora amavelmente protegido. Lúcio está ainda apenas olhando as coisas sem, contudo, receber o impacto imediato. Ele também nem se pergunta, por exemplo, por que, na casa da irmã de sua mãe, ele dá de cara com uma representação de um homem cujo interesse na grande deusa-mãe o faz em pedaços. Ele não observa o baixo-relevo sob esse ponto de vista, mas como uma peça de arte muito bela que, eventualmente, ele descreverá de forma literária.

Birrena aparece, evidentemente, como o contraponto de Panfília e Milão. Ela inclusive o alerta para o fato de que ele não deveria se hospedar naquela casa tão dúbia e o convida para ficar com ela. Mas como Panfília, Birrena é uma figura maternal. A irmã de sua mãe também quer retê-lo e aprisioná-lo junto a si. Estamos diante, pois, de dois aspectos maternais que lutam um com o outro. Birrena é respeitável, esteta, uma dama com todas as implicações dessa condição e, portanto, ela mais se assemelha a uma figura materna positiva, mas com os corolários negativos inerentes dos quais não se pode escapar. Isso implica que ela obviamente resguardaria Lúcio de se envolver em "coisas estúpidas" e, justamente por esse fato específico, o impediria de adentrar a vida. Se Lúcio tivesse preferido ficar com Birrena e abandonar Panfília, todo o romance não existiria. Entretanto, não é disso que ele necessita, embora ela demonstre ser uma mulher sábia que tenta preveni-lo de cair numa armadilha. Graças a Deus, ela não obtém sucesso! É igualmente significativo que, em sua casa, ela não tenha mais que um baixo-relevo talhado na pedra. Isso sugere que, embora ela tenha uma certa sabedoria, falta-lhe vida. Assim, Lúcio encontra-se realmente "entre o diabo e o abismo azul das profundezas do mar": a sabedoria burguesa adverte que não é de bom alvitre se aventurar em situações sabidamente vis e sujas, mas, se isso acontece, também não se vive uma vida de plenitude. Felizmente Lúcio rejeita a tudo isso e se dirige para a casa de Fótis, e assim temos o restante da estória que lemos.

Lúcio vai até a cozinha de Milão e encontra Fótis preparando comida. Diversas alusões são feitas em relação ao desejo mútuo e eles acabam chegando a um acordo. Fótis conquistou Lúcio, ou Lúcio conquistou Fótis. Um fato que fica evidente mais tarde é que nenhum dos dois guarda rancores um com o outro.

A próxima estória inserida é contada por Milão sobre o adivinho Diófanes, que aconselha um mercador acerca da viagem que deseja empreender. Nesse momento, surge o irmão de Diófanes e relata-lhe, perto dos clientes, o grave infortúnio que lhe sucedeu na última viagem que fizera, durante a qual ele quase perdera a própria vida. Os presentes não contêm o riso, o mercador pega seu dinheiro de volta e Diófanes é tratado como se fosse um embusteiro.

É claro que não podemos dizer que um vidente não seja bom por não poder fazer previsões para si próprio e por não ser capaz de proteger sua família dos infortúnios. Sabemos que a capacidade telepática e os fenômenos parapsicológicos em geral não se produzem por força do desejo apenas. Isso, na verdade, é o grande obstáculo que se depara quando se quer pesquisar tais domínios.

Em Zurique aconteceu uma vez um fato que me impressionou bastante. Havia, há algum tempo, em Corso, um homem muito conhecido por suas trapaças. Certo dia, algumas pessoas que conheço, colocaram-no na berlinda inquirindo-lhe porque ele fazia truques com as cartas de baralho e trapaceava de tudo quanto era jeito, e ele deu uma resposta bastante esclarecedora. Ele disse que, na verdade, ele nunca sabia com certeza em qual noite ele iria fazer suas apresentações e mesmo se ele "funcionaria" daquela vez. Às vezes suas "capacidades" estavam presentes e ele podia fazer suas adivinhações pelo inconsciente, mas outras, não. Portanto, ele havia aprendido e preparado uma porção de truques e embustes com cartas para apresentar nestas noites. E isso provavelmente deve acontecer, pois se, por acaso, o vidente ou mágico simplesmente virasse para seu público e dissesse: "Sinto muito, senhoras e senhores, hoje não estou muito bem; por favor, dirijam-se à bilheteria e peguem seu dinheiro de volta", ele estaria acabado. Um indivíduo que queira fazer disso um meio de vida precisa ter, guardado na manga, um tipo de truque[22].

Se transpusermos essa anedota para o contexto da estória, constatamos que o homem que pretende conhecer o futuro arma para si próprio uma armadilha. E aqui está Lúcio novamente! Ele decide que não se envolverá pessoalmente com a feitiçaria, mas não percebe que já está com um pé fincado lá. Justo no momento em que ele necessita de seu rigor científico e de seu dom para observação, estes lhe fogem e isso é terrível: é impossível observar os fenômenos parapsicológicos mantendo uma atitude de distanciamento e de concentração consciente, pois assim nada acontece. Quando Jung foi à África, ele prometeu que registraria em seu pequeno diário todo fenômeno curioso que lhe acontecesse, com a maior acurácia e rigor possíveis. De vez em quando, algumas coisas tipicamente africanas realmente aconteciam, mas sempre que ele pegava seu diário, nada havia sido escrito. Por quê? Tomado pela emoção, ele via, observava e passava pelos eventos e, no final, acabava se esquecendo de escrever sobre eles. Os fenômenos parapsicológicos devem ser compreendidos primeiramente como *fenômenos*, ou seja, para que eles aconteçam, é necessário que a intensidade da consciência do ego se arrefeça, pois eles se utilizam dessa energia para emergir. Não se pode ficar com o bolo e o dinheiro ao mesmo tempo; não é possível vivenciar essas experiências mantendo a atitude habitual racional de um ego científico em observação.

---

22. Todo este parágrafo não aparece nas versões francesa e alemã da obra, apenas na versão em inglês [N.T.].

A parapsicologia ainda tem essa contradição pela frente, mas aqui a situação é diferente. Lúcio está escorregando para uma condição de *abaissement du niveau mental* sem se dar conta. E, portanto, a estória de Diófanes adverte que o homem que, em princípio, possui o conhecimento do futuro é justamente aquele que é pego na armadilha.

Durante o jantar de recepção na casa de Birrena, as pessoas novamente contam mais estórias. Um convidado de nome Telifrão toma da palavra (*Thelys:* feminino, *phroneo:* pensar, meditar). Seu nome implica que esta pessoa tenha uma atitude mental feminina, ou que seja alguém que esteja sempre pensando em mulheres ou sobre o feminino. Ele conta que quando era mais jovem, após ter viajado por toda Tessália, aconteceu-lhe o infortúnio de chegar à cidade de Larissa e, na ocasião, estava bastante necessitado de dinheiro. Havia tanta bruxaria no lugar que, quando alguém morria, era imprescindível que seu corpo fosse constantemente vigiado nas residências para se evitar que as magas feiticeiras roubassem certas partes do cadáver para o preparo de seus feitiços. As receitas mágicas usualmente começavam assim: "Pegue as unhas ou as orelhas, nariz etc., de um defunto fresco e misture com sangue de gato preto, para se preparar este ou aquele feitiço [...]". Para se obter esses ingredientes, as bruxas tinham que exumar os cadáveres no cemitério, e era necessário que elas assim o fizessem tão logo o defunto fosse enterrado. Desse modo, como precisava do dinheiro, aceitou o trabalho de velar o corpo de um defunto para protegê-lo contra as bruxas durante a madrugada. Avisaram-no para ficar atento, pois elas poderiam se transformar em animais ou pássaros e até em insetos. Ele é então conduzido a uma residência para vigiar o *de cujus*. A viúva mostra-lhe o cadáver assegurando-lhe que o corpo está completo sem faltar qualquer parte. Ela lhe diz que se o falecido amanhecer como agora se encontra, ela lhe pagará devidamente, mas, caso contrário, ele será punido severamente e mutilado da mesma forma que o cadáver. O jovem homem esfrega seus olhos e canta para evitar cair no sonho, mas, por volta da meia-noite, uma doninha entra furtivamente no quarto, deixando-o tão aterrorizado que ele "se turvou e se zangou porque um animal tão pequeno tivesse tanta audácia de assim olhar". Ele enxota o animal, mas tão logo ele saiu: "Veio-me um sono tão intenso que me lançou ao fundo do abismo que nem mesmo Apolo poderia distinguir qual de ambos corpos jogados era o do morto". Pela manhã, tomado de terror, ele descobre o corpo e examina em detalhes cada ponto antes mencionado. A viúva e as testemunhas entram e constatam que o defunto não sofrera qualquer mutilação.

Ele recebe seu pagamento, mas, devido a algum comentário impertinente, fazem com que ele se retire de lá. De repente, durante o funeral, um homem velho surge do meio da multidão, chorando e lamentando, e diz que o homem a ser enterrado fora envenenado pela esposa. Isso provoca um grande tumulto e os presentes gritam pedindo que a mulher seja queimada, embora ela insistisse na sua inocência. Para estabelecer a verdade, o velho homem convoca o egípcio Zatclas, um grande mágico e necromanta, que tinha o poder de fazer reviver os mortos.

Na Antiguidade, cria-se que isso era possível. A feiticeira também era capaz de trazer os mortos de volta à vida e conjurar os espíritos do submundo para que revelassem a verdade[23]. Os lamas tibetanos, como descreve a Sra. David-

---

23. Cf. 1Sm 28,7-10.

-Neel, também são capazes desse tipo de prodígio. Conta-se de um lama que, não chegando a tempo para encontrar seu amigo ainda com vida, deitou-se sobre o cadáver aquecendo-o com seu próprio calor. O defunto reviveu e eles dançaram juntos por um tempo, de forma que eles assim puderam ter um contato final. Essas coisas são ainda praticadas na África. E aqui temos este egípcio que é capaz de fazer o cadáver reviver, possibilitando que o homem confirme que sua esposa o envenenara. E como prova da verdade do que acabara de dizer, ele afirma que Telifrão, enquanto vigiava o corpo, teve o nariz e as orelhas cortadas pela bruxa que depois colou-os de volta com cera. Telifrão toca suas orelhas e nariz, e eles caem! Ele então percebe que fora mutilado sem ter notado e, desde então, é obrigado a cobrir o rosto com bandagens.

Nesse ponto da estória, temos que penetrar um pouco mais no mundo da magia antiga. Grande parte das magias, sejam elas africanas, cubanas, sul-americanas, vodu ou quaisquer outras, são ainda praticadas de forma mais ou menos análogas pelos quatro cantos do mundo. Para se fazer um feitiço para determinado indivíduo e também preparar o "remédio" mais possante, na acepção africana do termo, é necessário obter alguma parte dessa pessoa, tal como unha, cabelo etc.[24] Tudo o que pertence ao corpo é, de acordo com a mentalidade primitiva, um material inquietante, numinoso, com um poder terrivelmente impuro, mas ao mesmo tempo divino. Qualquer coisa que se misture aos fluidos de um cadáver, ou com partes deste cadáver, é, portanto, um remédio ou um feitiço muito potente.

---

24. HOPFNER, T. *Griechisch-ägyptischer Offenbarungszauber*. Amsterdã: Hakkert, 1974.

Existe uma publicação excelente – *Papyri Graecae Magicae* (Papiros Mágicos da Grécia), publicado por K. Preisendanz[25], que contém um grande número de receitas antigas. Vou comentar, por exemplo, uma fórmula mágica que faz qualquer mulher ficar apaixonada: "Pegue duas folhas de louro, uma rosa colhida sob a luz do luar e o dedo mínimo de um garoto recém-enterrado, e misture deste e daquele jeito, repita estas palavras, e você verá que aquela mulher baterá à sua porta naquela noite ardendo de desejo". Ou ainda: "Faça esta poção e, quando ela caminhar pelas ruas, atire-lhe nas costas este preparado, e na noite seguinte ela pranteará feito uma gata no cio à porta ou à janela de sua casa". Há um número infinito deste tipo de receitas também indicadas para atrair sorte nos jogos de azar e também para se livrar dos inimigos.

Creio que a razão por que esta estória foi inserida é relativamente transparente. Telifrão é um aspecto de Lúcio que está atraído pela bruxaria, e penetra diretamente nesta questão, mas de modo inconsciente. Ele não é um investigador. Telifrão não tira as mulheres da cabeça e, simbolicamente, representa uma sombra de Lúcio que também é fascinado pelo princípio feminino. Mas Telifrão realmente se envolve com o problema, diferentemente de Lúcio que apenas deseja aproximar-se do tema com curiosidade intelectual e, consequentemente, se vê aprisionado nas tramas da feiticeira.

Estas pequenas estórias incidentais poderiam realmente ser tratadas como se fossem sonhos ou fantasias. Elas ilustram e complementam as aventuras por que Lúcio-Apuleio passa. Mesmo que ele continue sua busca de maneira inte-

---

25. PREISENDANZ, K. *Papyri Graecae Magicae*. 2 vols. 2. ed. Stuttgart: Teubner, 1973.

lectual, sua sombra, este aspecto mais inconsciente do indivíduo, já se encontra submersa no universo mágico do princípio feminino. A aventura de Telifrão desempenha o papel de um sonho que chama a atenção do herói sobre os riscos de não se ter o cuidado devido na sua empreitada.

Os convidados se deleitaram com a estória e Birrena então fala a Lúcio sobre o festival do deus *Risus* (Riso) que será celebrado no dia seguinte. Ela expressa seu desejo de que Lúcio pudesse "encontrar ou inventar" alguma coisa para prestar homenagem a esse grande deus. Ele responde que ficará feliz se puder fazê-lo e se retira. Já na rua, sua tocha de luz se apaga e ele mal consegue enxergar na escuridão. Mais adiante, ele então percebe três homens de grande estatura "agarrados e escalando os portões de Milão", tentando invadir a residência. Pensando que fossem ladrões, ele desembainha sua espada e os mata. Lúcio bate à porta, Fótis o deixa entrar, e ele vai direto para cama, extenuado.

Assim termina esta passagem que vamos analisar. Nós havíamos interpretado Sócrates como uma parte de Apuleio-Lúcio, o filósofo platônico que tenta escapar ao problema da *anima* e, por conseguinte, se submerge ao inconsciente onde é arrebatado pelo aspecto sombrio da mãe. Mas agora o perigo é eminente. Na estória de Sócrates, Lúcio estava ainda a alguns passos do lado de fora, pois era outra pessoa que relatava os fatos acontecidos a um terceiro. Mas aqui quem conta os detalhes é alguém, Telifrão, que fora objetivamente atacado e mutilado pela bruxa. A força feminina sombria e mortal se aproxima do homem e, nesse momento da estória, o contador se encontra diretamente envolvido no enredo. Telifrão deve ser entendido como uma figura de sombra para Lúcio, pois é um aspecto dele próprio concernido com o problema das mulheres. Lúcio apenas demonstra uma curiosidade intelectual acerca da magia e também um interesse sensual em Fótis; mas o problema relativo ao feminino ainda é uma abstração. Portanto, Telifrão representa a figura que se mostra profundamente tocada e movida pelo complexo materno.

A doninha, assim como o rato, coruja, lebre e vários outros pequenos animais, é um animal que pertence às feiticeiras. Ela tem um comportamento cruel e, como o gato, representa a astúcia e frieza da bruxa. Se restaurássemos a sequência de eventos na estória, veríamos que a bruxa se transforma em doninha que, ao fitar Telifrão de modo peculiar, faz com que ele adormeça e então arranca-lhe com os dentes seu nariz e orelhas. A doninha, devido à sua grande crueldade, por um lado, e por sua inteligência surpreendentemente aguda, por outro, apresenta semelhanças simbólicas com a raposa. Estes animais representam a astúcia inata e inumana que é a sombra do princípio feminino e das mulheres, assim como do princípio da *anima* no homem. A inteligência das mulheres geralmente não se exprime espontaneamente sob a forma de logos, o espírito científico. Mas o feminino no homem e as mulheres por natureza possuem um tipo de argúcia que sabe entremear, contornar os obstáculos e obter as coisas por meio de ardis. Esse é um aspecto que Jung denominou "espírito da natureza" nas mulheres; uma forma de sabedoria puramente instintiva que pode, como consequência, mostrar-se de forma bastante impiedosa e desumana. Eu ilustrarei esta situação por meio de um caso bem conhecido de uma mulher que, em convalescência em Carlsbad junto ao marido, admira a beleza da região e do pôr do sol, e exclama: "Oh, John, se um de nós morrer, eu virei morar aqui". Essa é a sabedoria da doninha! Em geral, as mulheres se dissimulam sob uma aparência de sentimentalidade, mas a *anima* tem também o mesmo tipo ardiloso que é uma forma de pensamento que se organiza de acordo com a natureza e que está sempre ocupado, entre outras coisas, com a morte, heranças etc. Algumas mulheres sabem exatamente quando o homem em que estão interessadas se encontrará sozinho, e é sem dúvida naquela mesma noite que elas se lembram de que precisam devolver, impreterivelmente, um certo livro que tomaram emprestado. Algumas são honestas o bastante para saber o que está acontecendo nos bastidores do seu psiquismo, mas outras, na verdade, são absolutamente ingênuas acerca disso no âmbito da consciência. Mas a sua sombra-doninha sabe exatamente que esta deve ser a noite certa para lá chegar e dizer, com uma pitada de surpresa: "Oh, sua esposa não se encontra?" Eis aqui a doninha! A *anima* dos homens sabe também fazer muito bem esse tipo de coisa, embora eles tenham bem menos capacidade de percepção da trama.

Se aplicarmos essa estória de Telifrão a Lúcio, podemos dizer que ele recebe outro alerta bastante preciso. Ele está completamente envolvido com Fótis e, nesta noite, sente-se bastante enfastiado com este jantar convencional e apenas aguarda o momento apropriado para desaparecer e reencontrar-se com ela. Seu envolvimento é, pois, semelhante ao de Telifrão, já que ele não tira Fótis de seu pensamento. A estória que foi narrada poderia fazer com que Lúcio percebesse que está sendo vítima de magia negra, sem se dar conta.

Outro ponto interessante da estória de Telifrão é que a verdade foi revelada por um sacerdote egípcio. Esse é um detalhe secundário que poderíamos facilmente ignorar, mas devemos nos lembrar do que acontece ao final do livro quando todo o submundo, que agora se manifesta apenas por esta estória sombria, repugnante e amedrontadora, vem a Lúcio como o veículo pelo qual ele é iniciado na religião egípcia. Portanto, podemos notar que os fios do destino já começam a ser entrelaçados bem no início do romance. Telifrão, por exemplo, estaria em maus lençóis caso Zatclas, o sacerdote egípcio, não tivesse, no último momento, como um *deus ex machina*, esclarecido a situação.

O nome Zatclas também merece ser verificado. Ele nos remete a *Sôlalas*, nome comum no Egito antigo ou de um termo que significa "aquele que conhece". Segundo Souter, este se aproxima de "Saclas", um daimon associado ao "Salvador" egípcio. A necromancia era, com certeza, largamente praticada no Egito antigo. Nos tempos do Império Romano, o Egito era depositário da projeção de ser o país da magia *par excellence* e também a terra de maior religiosidade. Poderíamos dizer que a religião grega e romana à época de Apuleio já evoluía para um pensamento e ensinamento filosóficos que parcialmente se degeneravam em instituições sem alma em que a emotividade primitiva havia sido banida. Essas características já se encontravam, entretanto, num caminho de purificação e sobriedade como o que se via, por exemplo, na moderna religião cristã. Seria inconcebível imaginar, pois, um grupo de dervixes dançando numa igreja cristã. A essência primária da religião consiste em que os partícipes sejam emocionalmente arrebatados e plenamente engajados. É uma experiência de totalidade que compreende os aspectos primitivos, afetivos e instintivos; não é algo que se possa envolver apenas da cintura para cima.

Mesmo naquela época, esses elementos que indiscutivelmente fazem parte da experiência religiosa genuína já estavam quase desaparecidos das religiões europeias e, portanto, projetados principalmente no Egito e, mais tarde, sobre a Etiópia, países tidos como os mais religiosos do mundo. Pela literatura antiga, sabemos que os etíopes, que adoravam o sol, eram considerados os homens mais pios e que ainda guardavam a mais verdadeira religiosidade. Essa opinião surgiu com Heródoto e, mais tarde, foi igualmente projetada nos brâmanes hindus quando os gregos entraram em contato com eles graças às conquistas de Alexandre o Grande. Uma vez mais os gregos foram novamente impressionados pelo arcaísmo e senso de totalidade dos ritos do Oriente. O aspecto que faltava à religião greco-romana foi projetado nos faquires indianos a quem chamavam de brâmanes, assim como nos etíopes e nos egípcios. Essa projeção perdurou até o século XVII, como se pode verificar pelo legado de Giordano Bruno que escreveu que os egípcios eram um povo realmente pio e religioso.

A mesma projeção também pode ser verificada aqui, já que o sacerdote egípcio conhece a verdade encoberta e tem o poder de revelá-la. Seu papel no livro é curto e logo ele desaparece. A estória de Telifrão é, portanto, como um segundo sonho. Se a compararmos com a de Sócrates, o filósofo superior e destituído de emoções vitimado pelas tramas da feiticeira, aqui o que temos é um homem jovem, igualmente interessado nas mulheres, que também se vê pego pelas armadilhas da maga. Mas enquanto Sócrates acaba sendo morto, Telifrão é apenas mutilado. Podemos constatar, dessa forma, que há um progresso nas estórias inseridas, ou seja, uma evolução se inicia no inconsciente do herói.

No dia seguinte ao jantar na casa de Birrena, os policiais vêm à procura de Lúcio que, recobrando-se de sua bebedeira, recorda-se então de que havia assassinado três homens. Crê que agora chegara seu fim, pois recorda-se de ter ouvido que os indivíduos ricos e de influência têm o hábito de andar à noite naquela região. Consequentemente, ele está seguro de que não poderá escapar do tribunal e que será condenado à morte. O caso é levado a julgamento, Lúcio é acusado e faz sua defesa, mas no momento crucial, já em prantos e crendo que tudo está perdido, eclode uma gargalhada homérica na sala. As viúvas dos homens assassinados se manifestam chorando, querendo vingança e pedem que o assassino retire o pano que cobre os cadáveres. Quando Lúcio é forçado a realizar essa tarefa, ele constata que aquilo não eram cadáveres humanos, mas, sim, bolsas cheias de buracos. Ele então constata que o que ele havia transpassado com sua espada não era mais que odres de pele de cabra feitos para carregar água. Para a audiência, esta foi uma piada e tanto já que tudo isso havia sido tramado como uma celebração de honras ao deus do Riso. Mas Lúcio, sem o menor senso de humor, não consegue compartilhar desta situação tão hilária.

Mais tarde, Fótis vai até seu quarto e explica-lhe exatamente o que aconteceu, revelando-lhe que ela fora a causa de todo aquele aborrecimento. Não por sua própria vontade, mas por ter sido forçada por sua patroa, Panfília. Fótis o confidencia que Panfília queria seduzir um jovem rapaz por quem estava apaixonada e, para que pudesse fazer um feitiço para atraí-lo, ordenou que Fótis fosse até o barbeiro a fim de obter algumas mechas do cabelo dele. Mas antes que ela pudesse sair da barbearia, o barbeiro a flagra e, devido ao fato de Panfília ser suspeita de bruxaria, ele avança sobre ela e toma-lhe de volta os fios de cabelo. Fótis fica bastante temerosa, pois certamente irá levar uma sova da patroa. No seu caminho de retorno à casa, ela vê um homem aparando os pelos do couro de cabra para a manufatura de odres e, como o cabelo era dourado e parecido com o do homem por quem ela estava enamorada, Fótis recolhe os pelos caídos no chão. Com esses fios dourados e outros ingredientes, Panfília prepara um feitiço de forma que "os corpos cujo pelo fumegava crepitando tomaram alma humana: sentiram, ouviram, caminharam. Guiados pelo odor de seus despojos em combustão" eles se dirigiram e tentaram entrar na casa no lugar do jovem beócio, ardendo de paixão como se esperava que acontecesse ao jovem rapaz. Aqueles eram, portanto, os couros que Lúcio havia "assassinado". Fótis suplica-lhe o perdão!

Uma analogia que nos vem à mente é a de D. Quixote com seu cavalo Rocinante que também confunde os objetos e gasta seu heroísmo lutando contra os moinhos de vento. Nesse caso, também pode-se ver um homem com tremenda coragem e emoção, combatendo uma alucinação sem perceber que o grande perigo se insinua às suas costas. Essa é uma consequência da perversão no funcionamento dos instintos devido ao complexo materno. Esse tipo de homem sempre se convence, por exemplo, de que as mulheres mais velhas são bruxas e se mantém em alerta constante para evitar cair nas armadilhas da mãe devoradora. Mas, eventualmente, ele topa uma superbruxa e não se dá conta disso.

O trágico, em qualquer perversão dos instintos, é a destruição de eros e da função sentimento que faz com que nos apaixonemos pela pessoa errada. Se perguntarmos a um homem o que mais o atrai numa mulher, ele geralmente responde que é o quanto ela é quente, ou seja, o tanto que ela é boa de cama. Eles confundem paixão puramente física com sentimento. Mas a tragédia já tomou seu curso e não há como se fazer pregações ao contrário, pois a questão é bem mais profunda. Os homens que sofrem de um complexo materno negativo estão constantemente lutando contra algo que representa um perigo intelectual, seja na figura de um adversário filosófico ou ideológico, do comunismo ou dos jesuítas. Esses combates são projeções da sombra já que eles não percebem que suas próprias sombras é que estão sob as garras do problema materno.

A farsa processual contra Lúcio foi montada sob o contexto das homenagens prestadas ao deus do Riso. Não consegui descobrir se festivais semelhantes a esse aconteciam em outras cidades. Provavelmente esta era uma celebração da primavera associada à fertilidade dos campos. Na sociedade ateniense, as senhoras tinham o hábito de se encontrarem para contar umas às outras as piadas mais ousadas, pois se acreditava que propiciavam a fertilidade humana, dos campos e dos animais[26].

Jung considerava como "sério" os casos clínicos em que o indivíduo não apresentava senso de humor. Mesmo nos diagnósticos de psicose grave, pode haver progresso caso se consiga fazer com que as pessoas riam delas próprias e não se prendam tanto à seriedade. Se pudermos, através de uma piada, ajudar uma pessoa possuída por um afeto perceber o quão ridículo ela se comporta, aparece um lampejo de verdade, pois naquele momento ela é capaz de se perceber, mais objetivamente, como alguém que se observa pelo lado de fora. Eu diria que, naquele momento, isto é uma manifestação do Self. O ego está sempre à procura de provar-se certo, mas, muitas vezes, se comporta como um palhaço que se enrola no tapete ao tentar estendê-lo sobre o chão. Se pudermos

---

26. Cf. GRIFFITHS, J.G. *Apuleius of Madaura*. Op. cit., p. 29 e 351, e os textos a que ele se refere.

observar nosso próprio "ego palhaço" e concluir o quão inacreditavelmente patético ele se comporta, então, no próximo segundo, a gente se percebe numa região objetiva dentro de nós próprios e uma conexão sentimental com o arquétipo do Self se estabelece. Mas, em geral, quando um complexo é ativado, perdemos nosso senso de humor e nos tornamos dramáticos e terrivelmente importantes, sem a menor capacidade para relativizar nossos problemas.

Entretanto, como o que se observa sempre com qualquer fator psicológico, esta questão também deve ser considerada no seu reverso. Parece que, nesse caso, estamos diante do aspecto negativo do deus do Riso já que a gargalhada teve um efeito negativo sobre Lúcio, e não redentor. Quando a função sentimento se deteriora, o homem não se leva muito a sério. Ele lida com sua vida de forma intelectual e não identifica em si próprio valores pessoais reais. Alguns intelectuais modernos são intoxicados por um tipo de pensamento estatístico com os quais eles se convencem da sua própria insignificância; que são apenas existências casuais e que, no mundo, há milhões de pessoas feito ele. As pessoas, por exemplo, vêm para a análise e relatam suas estórias trágicas da forma mais casual possível. Um homem até mesmo uma vez disse: "Mas você deve ouvir estórias como estas todos os dias!" Ele está convicto de que seu drama pessoal não me afetará e que, como analista, eu me contento em refletir intelectualmente acerca do seu destino. Ele não me permite ser movida por seus infortúnios e desagrada-lhe que eu o leve a sério, pois isso implica que ele também assim deverá fazê-lo. Nesse caso, as pessoas fazem piadas e riem delas próprias. E isto é o que acontece com Lúcio: ele sofre com a atitude de ironia intelectual que rouba-lhe quaisquer reações motivadas pelo sentimento. Desse modo, a magia alcança-lhe pelas costas e faz com que ele caia vítima daquilo que ele mais teme no mundo.

IV O asno

Antes de prosseguir é necessário investigar o culto ao deus do Riso que é, obviamente, um paralelo do que hoje temos nas celebrações carnavalescas. Poderíamos dizer que o carnaval é, na sua essência, uma festa em honra ao deus do Riso. Para vocês que nunca foram ao *Fasnacht* na Basileia eu asseguro que esta é uma experiência imperdível. É um festival em que se permite às pessoas fazerem troça umas das outras, e todo tipo de liberdade é permitido. Numa sociedade tão burguesa quanto a que prevalece na Basileia, onde todos sabem tudo uns dos outros, inclusive o quanto cada um paga de imposto, as pessoas são rígidas, e as ideias estreitas e pomposas. Mas existe um certo "acordo de cavalheiros" em que tudo que porventura tenha acontecido durante o festival de *Fasnacht* é como se, na verdade, nunca tivesse ocorrido de fato. Mesmo que você tenha encontrado seu vizinho completamente nu e bêbado na rua, é tácito que você jamais mencionará isso mais tarde. É um dia à parte, em que "o outro lado" pode viver e as coisas mais extraordinárias acontecem. Jung, certa vez, contou uma estória maravilhosa sobre um dos seus tios, um destes homens muito honráveis que, por ter bebido até não poder mais, resolveu tirar a roupa e tomar banho numa das grandes fontes da cidade. Seus amigos roubaram-lhe todas as roupas, inclusive sua chave de casa e ele teve que andar pelado até chegar em casa e, sem ter como entrar, teve que tocar a campanhia. Uma doméstica idosa e muito empertigada veio atender à porta, e ele pensou: "Oh, meu Deus, não posso permitir que Marie me veja nesta fantasia!" Assim, ele fez com que ela destrancasse a porta, mas agarrou a maçaneta, e disse: "Está tudo bem, Marie, pode voltar para cama agora!" Mas ela queria saber o que estava se passando e insistia para abrir a porta, e ele: "Está tudo bem, pode voltar para cama já!" Eles continuaram discutindo por mais meia hora, ambos forçando a porta, até que, finalmente, a porta se abriu e ele estatelou dentro da sala. Portanto, se você quiser saber o que é o *deus Risus* e o que é o festival da risada, vá à Basileia, pois coisas como esta acontecem lá.

Na sua origem, estas festas (que no presente têm um caráter mais suave) tinham um significado bem mais profundo e uma maior religiosidade. Mesmo na civilização cristã, estava claro que o carnaval pertencia ao culto dos mortos na Antiguidade. Aquelas pessoas fantasiadas, palhaços e colombinas ou outros personagens com que se deparavam naquele momento nas ruas eram, na realidade, espíritos. Os mortos perambulavam sob aquela forma, personificados, e era assim que se encontravam com eles no meio do caminho. Era realmente uma festa em que o submundo e os espíritos ancestrais retornavam, e você se unia a eles. Nas regiões centrais da Suíça, em alguns destes carnavais que acontecem antes do Natal ou na primavera, estas pessoas fantasiadas chicoteiam a terra e as árvores frutíferas do pomar a fim de que os espíritos ancestrais garantam a fertilidade dos campos, das mulheres e dos animais. É uma união mística do Além como "aqui-e-agora". *Mundus infernus patet*, o mundo subterrâneo está escancarado e os espíritos circulam fantasiados, mas o riso solto tem uma estranha ambivalência, pois o indivíduo se encontra muito próximo do aspecto temerário do mundo dos espíritos e dos mortos. Devemos lembrar aqui a célebre frase de Heráclito quando se referia às festas conduzidas em honra a Dioniso: "Se não houvesse Hades, o deus dos mortos e do submundo, para quem se canta estas canções obscenas e se organizam estas procissões fálicas, isto seria uma coisa escandalosa, mas Hades e Dioniso são um"[27].

Essas festividades estão, portanto, relacionadas com os mistérios das sombras e do *abaissement du niveau mental*: a sexualidade na sua natureza puramente impessoal, a obscuridade, a dissolução, a morte e a fertilização de todas as coisas. Se compreendermos o festival do deus do Riso sob esse ponto de vista, perceberemos que todo o processo representado neste romance trata-se do descenso progressivo ao submundo. O deus do Riso, a risada, tem um caráter ambivalente, psicologicamente reconhecido, que pode ser muito perigoso. No *I-Ching*, por exemplo, no hexagrama 58, Tui o Alegre, o Calmo, diz-se: "A alegria encontra-se próxima do assassino e da morte". Na China, a alegria está associada ao metal, ao outono e à morte.

Esse tema é bastante rico e não se pode esgotá-lo aqui, mas, pelo menos, é possível ver o quanto, em Apuleio, o riso, o grande senso de humor que ele obviamente também possui, é algo ambíguo. Ele o utiliza, assim como todas as outras pessoas, para se proteger na vida. É um traço característico de personalidades neuróticas e dissociadas que, quando se veem

---

27. Cf. DIELS, H. *Doxographi Graecii*. Berlim: [s.e.], 1879, frag. 15. Extraído do Protréptico 22 de Clemente de Alexandria.

implicadas numa situação ou quando o destino na forma de algum envolvimento emocional se faz presente, elas imediatamente soltam uma piada elegante, transformam a situação em algo leve e engraçado, e escorregam da questão. Eu tenho analisandos que são incapazes de seriedade; todas as vezes que algo é tocado e o indivíduo se torna emocional ou patético, ele se refugia numa piada e se desvencilha do tema. Isto é uma morte! É uma forma de humor utilizada como uma arma para aniquilar a vida. É um truque intelectual que guarda a mesma essência das armas assassinas e do outono; é o outono da vida e não o frescor da juventude. A jovialidade precisa estar envolvida. Essa atitude de ironia significa que o indivíduo se distancia no momento errado, e isso é extremamente neurótico, embora bastante frequente. O seu oposto é o humor libertador. Schopenhauer bem o diz que a única qualidade divina do homem é o senso de humor. O deus do Riso nos coloca então o problema de saber discernir entre o humor justo daquele cujo efeito é negativo.

Outro problema pode acometer as pessoas cuja personalidade é mais equilibrada. Quando as camadas mais profundas do inconsciente são ativadas ou quando se tenta trazê-las à consciência pela imaginação ativa, o inconsciente tende a se apresentar num estilo emocional e patético, difícil de ser acomodado pelo homem moderno. É um modo de expressão que nos soa infantil, afetado e pomposo. Por muito tempo eu não consegui fazer imaginação ativa porque a figura que surgia do inconsciente dizia algo assim: "Ouve tu!", ou alguma coisa deste cabedal, e eu simplesmente não me desconectava. Jung me dizia que ele também tinha o mesmo tipo de problema, já que era-lhe difícil colocar no papel coisas que lhe pareciam tão teatrais e enfáticas. Mas esse é o estilo do inconsciente, embora possa chocar nosso bom gosto estético e literário. É, portanto, um teste de coragem se você consegue ir em frente e acatar esta comunicação como ela surge. É necessário que se diga a si mesmo: "Bem, de qualquer forma eu não vou publicar isso e se minha alma se comunica desse jeito, devo tomar minhas notas e examiná-las objetivamente".

Para Lúcio, a dissociação psíquica ativada por essa festa primitiva do carnaval foi certamente grave se julgarmos pelo efeito negativo que teve sobre ele. A grande farsa e a piada coletiva que fizeram dele destruíram-no completamente, provocando-lhe um sentimento de inferioridade, lágrimas e um profundo desespero, de forma que o *abaissement du niveau mental* e a desintegração de sua atitude consciente prévia foram acelerada. O que restava de seu esnobismo ou autoestima, ou qualquer coisa que queiramos chamar, foi reduzido a uma condição de completa impotência. Mas, do ponto de vista objetivo, podemos perceber que ele começa, ao mesmo tempo, a descer a um nível mais humano de sua personalidade.

Quando ele retorna para Fótis, ela confessa-lhe em desespero o quanto ela própria foi responsável por toda aquela gozação que fizeram com ele. Para se redimir ela propõe-lhe deixá-lo espiar os ritos mágicos secretos de sua patroa Panfília. Como se sabe pelo desenrolar da estória, ela comete mais outro erro que faz Lúcio atolar ainda mais na lama. Desse modo, como disse anteriormente, ela deve cativar alguma resistência inconsciente contra suas atitudes desumanas em relação a ela. Ela então permite que ele suba até o sótão à noite e veja como Panfília se esfrega com certo unguento e, com o auxílio de algumas encantações, se transforma num pássaro que sai voando de encontro ao amante. Lúcio é imediatamente tomado pelo desejo de fazer este experimento nele próprio e pede a Fótis que roube o unguento para ele. Ele lhe implora para tentar se transformar em pássaro, mas ela receia que, se ele assim o fizer, ele nunca mais voltará. Ele, contudo, jura-lhe que não escapará. Ele lhe diz que quer se transformar num "Cupido alado diante de Vênus"; ela, portanto, será a deusa e, ele, seu filho divino. Essa pequena sentença que quase passa despercebida se refere ao que virá mais tarde, o conto Amor e Psiquê. Esta é a primeira alusão ao contexto religioso do romance, pois Lúcio expressa seu desejo de fazer uso da magia para se identificar com a deidade.

Ele alcança o que deseja já que se torna um deus, mas na forma de um animal impuro. Isso acontece porque Fótis comete outro engano ao pegar o unguento errado, de forma que, em vez de ver penas brotarem do seu corpo, ele percebe crescer-lhe grandes orelhas e um longo rabo, e se vê transformado num asno. Internamente, contudo, ele se sente como um ser humano sem poder falar; apenas zurra e fita Fótis com os olhos molhados de lágrimas. Ela então assegura-lhe que, graças a Deus, o contrafeitiço era bem simples – bastava que ele comesse um bocado de rosas que sua forma anterior seria retomada e que, na manhã seguinte, ela providenciaria para ele. Como ele não pôde ir para cama, Lúcio se dirige para o estábulo, a aguardar o dia amanhecer.

Devemos nos lembrar de que todos os deuses egípcios – os deuses mais poderosos que eram adorados naquele tempo e que Apuleio também passou a adorar até o fim de sua vida – eram representados com cabeça de animais. Por outro lado, sabemos também que em todas as religiões primitivas os "animais-curadores" eram entidades espirituais, demônios ou deuses. Pode-se dizer que a metamorfose grotesca de Lúcio é uma deificação involuntária que aconteceu por engano. Transformar-se num asno na Antiguidade não era interpretado como um símbolo propriamente dito, mas como uma simples alegoria à lascívia e, na verdade, o comportamento de Lúcio para com Fótis foi digno de um jumento. O asno fazia parte do cortejo de Dioniso e era associado à extasia dionisíaca, à sexualidade e à bebedeira. Mas outra associação é óbvia e carecia estar cônscia em Lúcio, pois, como veremos, o asno era uma das representações do deus Seth, o assassino de Osíris[28]. De acordo com uma versão do famoso mito, Seth convida Osíris para deitar-se num caixão e, quando ele assim o faz durante as festividades, seja por galhofa ou apenas para verificação de suas medidas, Seth imediatamente tampa o caixão, derrama chumbo sobre ele e atira-o no mar. Seth é representado nos hieróglifos como um animal com uma estranha cabeça orelhuda. Não se pode afirmar que este seja o significado original do hieróglifo, mas na Antiguidade tardia ele foi certamente interpretado como sendo a figura de um asno. Seth personificava no Egito o princípio do assassinato, da mentira e da brutalidade, ou seja, o princípio do mal *par excellence*; a contraparte de Osíris, o homem-deus. Pode ser verificado ao final do livro que Apuleio pensou nesta conexão intencionalmente quando, na cena de redenção de Lúcio, Ísis se dirige a ele e lhe diz: "Abandone esta forma de asno, deste animal que eu sempre abominei". Ela faz uma alusão a Seth, a quem tanto detestava, obviamente, considerando todo o sofrimento que ele lhe causara por ter que procurar e restituir a vida a seu filho-amante, seu esposo divino, Osíris.

---

28. Cf. HOPFNER, T. *Griechisch-ägyptischer Offenbarungszauber*. Op. cit., vol. 1, p. 235ss.

Fig. 1 Alexemanos adora seu deus.

Na Bíblia, este animal tem um significado diferente se pensarmos na asna de cuja boca Deus se utiliza para falar a Balaão[29], ou o asno que por duas vezes carregou Cristo. No simbolismo cristão, portanto, o asno adquirira um significado um pouco diferente, mas, nos tempos de Apuleio, ele era essencialmente ligado ao Deus do Antigo Testamento, Jeová. Existem alguns desenhos feitos por um estudante nos primórdios do cristianismo que, para molestar seus colegas cristãos que julgara serem judeus, representou um homem crucificado com a cabeça de um asno (figura 1). Obviamente, este estudante, por razões antissemitas, queria aporrinhar seus colegas judeu-cristãos, insinuando que eles adoravam este animal. Venerar um asno era um grande insulto tanto para os judeus quanto para os primeiros cristãos que, àquela época, compartilhavam uma sociedade em comum. Os cristãos eram considerados apenas como uma seita judia.

---

29. Nm 22,28 [N.T.].

O aspecto positivo do simbolismo do asno se desenvolveu, contudo, na Idade Média. Ele passou a representar um conjunto de atributos próprios da divindade, ou seja, a paciência, modéstia, perseverança e sobriedade. É ele quem conduz o Verbo e simboliza os processos espirituais descritos no Antigo Testamento que lentamente e, de modo oculto, preparou o advento do cristianismo. Segundo a tradição, Cristo nasceu em Belém na presença de dois animais: um asno e um boi. Isso foi interpretado como se o asno representasse o Antigo Testamento e o boi o Novo Testamento. Estas são, contudo, interpretações mais tardias, já que, à época que nos interessa, o asno era essencialmente associado aos judeus e aos cristãos. Por outro lado, a figura de Cristo não era muito precisa. Muitos o incluíam no rol dos deuses jovens salvadores, tais como Attis, Tammuz e Dioniso. O asno era o animal de Dioniso, assim como de Cristo. Na astrologia, o asno era um atributo de Saturno e tinha as qualidades deste planeta, no sentido astrológico do termo, o que significa inquietude, depressão criativa, desespero, peso, sofrimento, sentimento de aprisionamento, desesperança e desumanização.

Essas associações ilustram as projeções que se faziam sobre o asno àquela época, ou seja, a estranha e complexa mistura com o que hoje nos é tão familiar no tratamento da neurose, depressão criativa e desassossego. Em certos momentos, durante o período depressivo, descobrimos que, por detrás da falta de esperança, das dores de cabeça, das constipações e da contínua insatisfação, se encontra um desejo oculto enorme ou caudal energético que o indivíduo não se vê capaz de vivenciar. O indivíduo está convencido de que esta gana por realizar-se, o seu desejo sexual ou quaisquer outras formas de pulsão instintivas não podem ser vividas concretamente nem seu verdadeiro propósito ser alcançado. Por conseguinte, ele se resigna e reprime tudo isso, de forma que um núcleo depressivo profundo se estabelece no inconsciente. Isso explica o fato de que, quando as pessoas conseguem sair desse estado, elas primeiramente se transformam num leão faminto, querendo devorar a tudo. A depressão funcionava apenas como uma compensação, ou um mecanismo de repressão destinado a defender o sujeito contra a tremenda pulsão do inconsciente que ele não era capaz de lidar. A questão é igualmente válida no que concerne à criatividade, pois se o indivíduo oprime e viola seu ego, seus projetos e seus desejos, isso faz com que toda a libido seja atraída para o inconsciente que a utiliza para seus próprios propósitos, de forma que na consciência permanece apenas uma profunda depressão. Isso, contudo, pode eventualmente curar-se por si próprio por meio de um forte *élan* criativo.

Esse processo já era conhecido na Idade Média e no Renascimento. Marsílio Ficino estudou, nesse sentido, a *tristitia* saturnina (melancolia), na qual ele encontrou os mesmos mecanismos que acabei de descrever. Ficino sofria, ele próprio, de uma grave depressão e por isso se chamava de "filho de Saturno". Ele descreveu em detalhes os estados depressivos, de sensação de vazio, *abaissement du niveau mental*, e apatia que sempre precediam suas grandes fases criativas. O mesmo acontecia com o pintor alemão Albert Dürer. Esses mecanismos, se compreendidos e aceitos, podem se tornar bastante positivos. A "depressão criativa" leva o indivíduo a se isolar, a se introverter e a penetrar nas suas próprias profundezas, oferecendo assim as condições favoráveis para a emergência de ideias criativas que brotam do inconsciente.

Podemos interpretar, então, a metamorfose em asno de forma superficial, como aliás já foi feito, à medida que reconhecemos que Lúcio foi vítima de um *abaissement du niveau mental* ao se identificar completamente com o impulso sexual que o tornou inconsciente e o transformou neste tipo de animal. Mas se quisermos percorrer um caminho mais profundo, deveríamos nos perguntar o que Lúcio efetivamente reprimiu de si mesmo. Certamente não foram seus instintos sexuais. Se observarmos seu comportamento verificamos que havia nele uma forte atração para o poder e um potente instinto de autopreservação. Veremos mais tarde o que isso significa. Penso, contudo, que o símbolo do asno ainda aponta para outra direção. O que Lúcio mais fortemente reprimiu, e que ele próprio não tinha a menor ideia, era seu *sentimento religioso*. Ele desconhecia o que era ser arrebatado pelos conteúdos numinosos, e isso obscureceu sua vida e deprimiu-o a tal ponto que ele literalmente transformou-se num asno. Se, neste ponto da estória, fizéssemos um sumário de todas as peripécias, recordaremos que, primeiramente, Lúcio cavalgava um cavalo branco em direção à Tessália e, depois, chega até Fótis e Milão, onde vive todas as experiências descritas até então. Tomamos conhecimento dos relatos acerca de um tal Sócrates e de Telifrão, um homem devoto das mulheres e mutilado pela bruxaria. Seguindo nossa linha esquemática percebemos que houve uma ligeira melhora no plano inconsciente e uma ligeira deterioração no âmbito da consciência, que pode ser visto pela aproximação das linhas, superior e inferior. A depressão se acentua, pois Lúcio se encaminha para um estado mental progressivamente mais inferior, até transformar-se num asno. A partir desse momento, as coisas tendem a se deteriorar ainda mais.

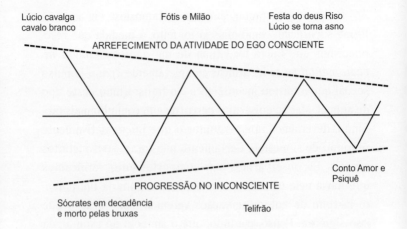

Vemos aqui o que sempre acontece quando tratamos de uma personalidade humana dissociada, ou seja, a consciência tendendo a obliterar-se enquanto que, do outro lado, o inconsciente progressivamente se engrandece. Apenas no final do livro, no momento de sua grande conversão, que há uma súbita ruptura neste processo e as duas partes da personalidade se reunificam. Mas, enquanto isso, há uma série de altos e baixos importantes em que a linha da consciência se encaminha para uma involução, ao passo que uma lenta melhora pode ser vista na do inconsciente. A transformação em asno faz ficar visível o terrível sentimento de aprisionamento e impotência típicos da depressão que começa a tomar posse de Lúcio. Depressão esta que causa todo tipo de angústias, de desencorajamento e desorientação do ego. Na forma de um asno, ele não pode articular, não pode comunicar-se com Fótis e nem pode dormir na sua própria cama. O asno Lúcio se recolhe ao estábulo onde ele agora crê pertencer, junto ao seu cavalo e a outro asno. Mas, para seu absoluto terror, justamente no local onde esperava ser bem-acolhido, ele é rejeitado por estes dois animais que o atacam furiosamente. Esse é o primeiro grande choque que ele recebe como asno.

Isso é, na verdade, um episódio admirável e bastante sutil desta obra que Apuleio não pode ter inventado conscientemente. Do ponto de vista da psicologia moderna, se um homem se comporta como animal, ele não está em harmonia com seus instintos. Um animal que se comporta como um animal está harmônico com ele próprio; se um tigre conduz sua vida como um tigre, diríamos que ele é um ser "individuado". Ele é o que é, no sentido mais verdadeiro da expressão. É por isso que Jung sempre disse que o animal é o único ser realmente pio neste planeta, pois ele vive seu próprio destino e sua própria realidade. Somente o homem é um animal dissociado que luta contra sua própria natureza! Se nos afundamos num tipo de comportamento animal ou caso desenvolvamos em demasia e unilateralmente o intelecto e a consciência, estaremos sempre nos desviando de nós próprios, em ambas as situações. Viver como um porco ou como um jumento é neurótico. Os animais verdadeiros do estábulo – o cavalo e o asno – rejeitaram Lúcio, pois ele não está em harmonia com ele próprio. Foi isso que os animais detectaram.

O drama de Lúcio-Apuleio então é este – na pele de um jumento, ele ainda se sente como um ser humano. Ele é tratado como um animal, mas, internamente, no seu mundo subjetivo, ele não o é. De modo simbólico, isso significa que externamente ele vive num nível inferior ao que sua personalidade interna assim o permitiria.

A partir daí inicia-se uma série de redenções "quase bem-sucedidas", mas que ainda lhe escapam. Já de início, no estábulo, ele percebe uma estátua da deusa Epona, a protetora dos cavalos. Essa deusa celta foi disseminada no

Império Romano pelos escravos e, como os cavalos eram geralmente cuidados por eles, a imagem da deusa podia ser encontrada na maioria dos estábulos. Adornando a imagem de Epona havia uma guirlanda de rosas que Lúcio, esticando seu pescoço, tenta pegar. Mas o escravo percebe seu movimento e o açoita, impedindo que ele obtenha sua pronta redenção neste momento. O incidente é bem mais profundo do que parece porque, no sincretismo religioso da Antiguidade Tardia, Epona era identificada como Ísis. Lúcio, por pouco, deixou de alcançar a deusa que o teria redimido ali naquele momento.

Os romanos e gregos tinham uma atitude bem diferente em relação às outras religiões se comparados ao modo com que os judeu-cristãos lidavam com as crenças estrangeiras. Isso porque essa atitude se baseava na realização instintiva de que uma mesma base arquetípica permeava a maioria das religiões. Nos países conquistados, eles simplesmente construíam um templo no qual, por exemplo, orava-se para a deusa mãe dizendo: "Oh, Hera, Juno, Epona, Ísis, ou qualquer outra que seja". Dessa forma, os romanos conseguiram evitar vários problemas que porventura pudessem originar a partir de conflitos religiosos. Por outro lado, como assinalado pelos primeiros apologistas cristãos, essa foi uma forma desleixada de pensar, já que não se tomavam tais questões com a seriedade devida, uma vez que as diferentes nuanças específicas de cada figura divina não eram consideradas. O historiador Arnold Toynbee, que também era atraído pela psicologia de Jung, tendo inclusive lido muito acerca de suas obras, pensava que uma parte dos nossos problemas políticos e raciais poderiam ser resolvidos se fôssemos capazes de estabelecer um tipo de sincretismo religioso entre o Ocidente e o Oriente.

Ele próprio chegou a publicar uma oração que começa assim: "Ó Cristo, que também é Buda, Ó Buda, tu que estás [...]". Ele esperava restabelecer a crença em um grande Deus Salvador, qualquer que fosse seu nome. É evidente que este é um passo bastante intelectual e artificial, sobretudo porque Buda, por ter emergido de uma civilização oriental, implica certas associações emotivas e atitudes inerentes que não se podem simplesmente ser perpassadas ao dizer: "Buda é mais ou menos a mesma coisa que nosso Cristo. Vamos, simplesmente, fazer um *pot-pourri* destes dois". Mas os romanos conseguiram fazer isso por certo tempo, e com sucesso.

Nesse instante, a quebra do feitiço poderia ter acontecido caso Lúcio tivesse sido capaz de abocanhar as rosas da deusa mãe, mas, em vez disso, ele foi espancado e afastado pelo escravo. Nesse momento crucial, os bandidos invadem a casa, matam alguns dos moradores enquanto outros fogem, e roubam o que podem da residência. O rumor de que o sovina Milão acumulava riquezas havia se espalhado, e os ladrões vieram e tomaram tudo que puderam encontrar, enquanto os animais do estábulo foram utilizados para carregar todo o espólio. Lúcio não conseguiu, portanto, comer as rosas. Ele tenta conclamar o nome do imperador romano, mas não vai além de zurrar e de apanhar novamente. Mais tarde ele passa perto de uma roseira, mas não se atreve a comê-las, pois se retomasse sua forma humana naquele momento poderia ser morto pelos assaltantes. Desse modo, ele tem que suportar o fardo. Este é o início dos perrengues que Lúcio terá que aturar daqui para frente como um asno. A partir desse momento se desenrola uma longa estória na qual Lúcio sofre nas mãos dos ladrões e é submetido a toda sorte de tormentos até se transformar novamente num ser humano.

Os bandidos levam Lúcio para a floresta, longe do contato humano, o que significa, do ponto de vista simbólico e psicológico, impedir que ele se comporte novamente como um ser humano. Os ladrões daquela época eram bastante diferentes dos que temos hoje. A polícia daquele tempo não era estruturada para responder a demandas e desejos da população nem mesmo para protegê-la. Além disso, grande parte do Estado Romano consistia de países que foram conquistados, ou seja, não aderiram voluntariamente ao império. Milhares e milhares de indivíduos feitos escravos talvez tivessem, no seu país de origem, uma posição social e cultural importantes. Num Estado em que o controle de toda rede social e até mesmo a polícia secreta não funcionavam muito bem, um grande número de pessoas escapava para as florestas e se juntava aos bandidos. Eles poderiam, por exemplo, se unir a um grande chefe celta que, feito escravo, decidiu fugir para não apanhar até a morte de um romano de má índole e de baixa classe, já que não tinha mais como retornar a seu próprio país. Os bandidos daquele tempo, portanto, não eram apenas criminosos comuns. Eram grupos de pessoas formados por escravos fugitivos de todas as classes sociais ou por indivíduos que simplesmente não estavam de acordo com a política romana, ou que tiveram algum problema com a lei e tentavam escapar. Esses fora da lei, por outro lado, correspondiam à imagem dos nobres bandidos dos livros românticos infantis que se recusaram a se submeter à tutela do Pai Estado e foram viver livremente nas montanhas. Este espírito ainda sobrevive, por exemplo, entre os contrabandistas do Mediterrâneo que, com a maior convicção, enganam a polícia e burlam a alfândega como se isso fosse nada mais que um esporte. E este é o grupo de pessoas que invade a casa e se apossa do asno Lúcio.

Poderíamos dizer que, do ponto de vista técnico, há uma figura de sombra encarnada nos ladrões que começa a se assenhorar de Lúcio. Isso se provará claramente mais tarde, pois eles representam diferentes aspectos de uma masculinidade primitiva e bruta que muito falta a Lúcio, o filho da mamãe. Todo seu estilo de vida assim como sua boa educação familiar fizeram dele o que ele é, e, além disso, seu complexo materno o aparta de uma vida mais viril. É pelo próprio Apuleio que sabemos que, na sua juventude, ele era homossexual. Isso também corrobora o fato de que ele se mantinha apartado de alguns aspectos de sua própria masculinidade que eram buscados, em projeção, nas suas amizades masculinas. Lúcio se encontra agora, portanto, arrebatado pelo aspecto autônomo de sua virilidade que tanto lhe falta, e pela qual agora se vê possuído. O homem frio, primitivo e tão brutal é, em geral, uma imagem típica, senão arquetípica, da sombra compensatória do filhinho da mamãe.

Mas esta aventura oferece uma possibilidade de compreensão ainda mais profunda. Os bandidos vivem na companhia de uma velha que tem o gosto pela bebida a quem eles chamam de Mãe. O estranho grupo de homens vive, portanto, ao redor de uma dona de casa beberrona! Isso nos remonta aos cultos pagãos dedicados à mãe na Ásia Menor. Assim como na Grécia, a Deusa-Mãe estava sempre acompanhada por jovem rapazes denominados Curetas. Eles velavam e protegiam o infante divino Zeus e eram tidos mais como daimones do que homens, propriamente ditos. Como mais tarde se observou com os sátiros, eles formavam um grupo em torno da Grande Mãe. Eles representavam igualmente os espíritos dos ancestrais e acreditava-se que eles tanto provocavam como curavam a loucura. Eram também identificados com os

Cabiri, os demônios que protegiam aqueles que trabalhavam com o ferro de modo geral. Jane Harrison, num livro intitulado *Themis*, analisa essa condição do ponto de vista sociológico e a compara com certos ritos primitivos, mas as implicações psicológicas mais profundas lhe escapam[30]. Os grupos de Curetas são comparáveis com as sociedades de jovens celibatários que existem por todo mundo. Nas cerimônias antigas primitivas, os jovens rapazes eram retirados de suas casas e eram impedidos de se nutrirem pelo alimento preparado pelas mães e até mesmo de tornar a vê-las. Eles deveriam permanecer na casa dos homens até o casamento, sendo submetidos a vários rituais de tortura. Havia uma reconhecida permissão para que exercessem sua agressividade, primitividade e masculinidade[31], sendo que, na antiga Esparta, eles inclusive recebiam ordens para roubar ou furtar a fim de provarem sua independência e virilidade. Essa era a prática de iniciação do homem na idade adulta. Mas essa iniciação não se restringia apenas ao nível dos instintos, pois havia um papel importante do ponto de vista espiritual. Desse modo, esta prática atingia tanto o aspecto animal do indivíduo como sua espiritualidade uma vez que o jovem era introduzido nas tradições e mitos tribais. Isso permitia, portanto, que ambos os polos de sua personalidade se ampliassem.

Poderíamos concluir que, ao ser feito prisioneiro dos bandidos, Lúcio passa a conviver entre aqueles que lhe revelarão sua masculinidade. Esta é uma iniciação à idade do homem adulto, mesmo que se manifeste de forma tão brutal e extremamente negativa.

---

30. HARRISON, J. *Themis*. 2. ed. Cambridge: Cambridge University Press, 1927, p. 63s.

31. ELIADE, M. *Naissances Mystiques*. Paris: Gallimard, [s.d.].

Os bandidos possuem, em princípio, um significado mitológico profundo: eles representam a energia masculina animal ctônica da natureza, sua loucura e sua criatividade. A velha beberrona, com a qual vivem os ladrões, é uma das facetas da Grande Mãe já que, infelizmente, superar o complexo materno significa adentrá-lo mais profundamente, o que é sempre doloroso e degradante. Este é um problema bastante atual (sobretudo entre os Teddy Boys, adolescentes hippies e "revolucionários") e que está associado à decadência de nossa civilização. Hoje já não mais existem rituais de iniciação à vida religiosa e à adulta que possam propiciar a estes jovens uma conjunção inicial dos opostos e, nesse sentido, não há como não haver uma perda do fluxo da vida.

Após a refeição, os ladrões começam a relatar suas aventuras. Um bando informa ter perdido seu capitão Lâmaco (o guerreiro). Ao tentar roubar um homem rico e avarento que vivia como mendigo, ele foi pego e sua mão foi presa à porta com pregos. Os outros ladrões, para salvá-lo, cortaram-lhe o braço, mas, quando fugiram, Lâmaco se mostrava muito fraco para acompanhá-los. Ele então pega da espada e atravessa-a no seu próprio corpo. Um outro líder, Alcimo (o forte), tenta assaltar uma velha, mas ela o ludibria e o atira do alto da janela e ele morre. Um terceiro homem, Trasileão (o leão corajoso), disfarçado numa pele de urso, ajuda seus comparsas a roubar ouro e prata da casa de Demócares, mas os cães avançam sobre ele e o reduzem a um estado até que, por fim, surge outro homem com uma lança e o mata, mas os ladrões escapam com o tesouro. Assim, a despeito do seu aspecto positivo, pode-se perceber que os ladrões falham e são sempre destruídos. A carreira no banditismo é arruinada e eles sempre terminam de forma miserável e inglória.

Estes fora da lei obviamente não realizam grandes coisas. Eles têm ímpetos de fazer alguma coisa e então retornam à "casa da mamãe" e desfrutam da sua vida tranquila e pequena. Eles não têm qualquer projeto, nada a ser construído, e é por isso que estão fadados a falharem no final. Essa forma de masculinidade primitiva é do tipo que agrada à Grande Mãe. A virilidade inconsciente não serve para nada, já que é espasmódica. Pode-se dizer então que o mundo dos ladrões é um símbolo bastante ambíguo. Eles oferecem a Lúcio uma oportunidade para integrar sua masculinidade ou para obliterá-la ainda mais, e de uma forma bem pior. Ele se encontra, então, sobre o fio da navalha, e tudo agora depende da sua capacidade em saber ou não o que se passa e compreender o que está por trás da situação. O destino lhe propõe, por assim dizer, uma dupla possibilidade: ou ele adentra o mundo masculino adulto ou perde de forma mais significativa sua identidade e se vê mais profunda e desastrosamente aprisionado nas garras da Grande Mãe. O que mais se encontra prejudicado pelo complexo materno é um elemento essencial da verdadeira masculinidade, ou seja, a *endurance*, a capacidade de suportar, de resistir. Um homem que é corajoso de forma apenas incidental ou que sai sem sucesso, aos ímpetos e arroubos, à busca daquilo que deseja, não é um homem. Podemos ver, por exemplo, o caso de Lâmaco que, mesmo tendo sido salvo por seus comparsas que cortaram-lhe o braço, não quis levar sua vida na condição de deficiente e acabou cometendo suicídio. Alcimo tenta roubar uma velha senhora e, novamente, isso revela uma atitude um tanto quanto barata; não há nada de heroico na sua investida e ele acaba sendo ludibriado por ela e morre. Assim, apesar de os bandidos terem trazido alguma luz para os aspectos positivos da virilidade que servem a Lúcio, eles todos acabam representando algo falho e sem propósito, que não lhes permite chegar a lugar algum por meio de suas artimanhas.

Esses espasmos de virilidade que não se sustêm e que não possuem uma meta consciente são fadados a ser abortados. Eles pertencem, tipicamente, a certas fases da luta do jovem contra o complexo materno. Podem ser vistos, por exemplo, nestas atitudes horríveis e explosões súbitas de brutalidade entre alguns adolescentes, como nos casos em que se desafiam mutuamente a jogar querosene numa pessoa e atear fogo, como se isso pudesse chancelar sua virilidade. Entretanto, esse comportamento apenas os conduz a uma situação de completa falência e depressão, pior do que a que se encontravam antes. Uma figura de sombra desse tipo que manifesta suas atividades de modo autônomo e brutal está predestinada a colidir contra a sociedade convencional e, portanto, é lícito e natural que esses comportamentos sejam resistidos. Essa situação é típica de uma adolescência tardia, já que essas reações pertencem à puberdade. Na Suíça, por exemplo, grande parte dos rapazes de "boa" família se agremia nas sociedades de escoteiros. Por um lado, eles conseguem levar uma vida bastante decente como escoteiros. Aprendem a andar de bicicleta, fazer nó, jogar futebol e todo tipo de coisas, além, é claro, de fazer suas boas ações diárias. Mas muitos grupos de escoteiros têm, contudo, uma vida noturna que é bastante passional. Os escoteiros mais velhos, fantasiados como espíritos ou como animais selvagens, aterrorizam os mais jovens e muita coisa acontece, sendo que o risco de acidentes graves é sempre presente. As noites mais inesquecíveis são aquelas em que se vai nadar pelado no lago gelado à meia-noite e se provoca um ao outro para provar quem consegue fazer coisas ainda piores. Quando estão mais crescidos, eles compartilham todas as travessuras com seus pais que tremem em retrospecto e dão graças a Deus por não terem sabido de tais incidentes àquela época. Pode-se dizer que esses comportamentos são aceitáveis até certo ponto e normais, e que fazem parte da iniciação de um adolescente e da assimilação de sua virilidade. Mas, aos quarenta anos, isso é deplorável ou difícil de viver. Os jovens rapazes encenam essas audácias de forma descontínua, mas com o avanço da idade eles passam a se desafiar de maneira bem mais refinada, a fim de testarem quem é capaz de suportar a dor por mais tempo. Após ter vencido o risco de uma dada situação, o próximo passo é pôr à prova a capacidade de resistir uma situação ainda mais desagradável. Mas aqui, nossos bandidos já mostram que falharam. Eles apenas se indulgenciaram em ações impulsivas. E, às suas costas, temos a velha beberrona que conhece contos de fadas maravilhosos e que, pela primeira vez, revela a Lúcio o pano de fundo arquetípico e o secreto significado que se dissimula nos bastidores do seu destino trágico.

Temos que examinar agora a existência dessa velha megera beberrona porque, novamente, há um aspecto distorcido de algo que, de forma latente, é positivo. O segredo que se oculta no vício da bebida e também no uso de drogas em geral é, em vários casos, uma nostalgia por uma experiência numinosa. A extasia carregada de emoção era original e historicamente o elemento básico da experiência religiosa. Quando o indivíduo é frustrado ou apartado dessas experiências, seja devido a uma exacerbação do intelectualismo ou por quaisquer outras razões, a procura saudosa por este espírito toma uma forma concreta na busca do espírito na garrafa. Poderíamos dizer, portanto, que por trás do complexo materno, aqui representado pela "mãe" dos bandidos, há uma busca espiritual encoberta em Lúcio por algo que ainda não foi satisfeito. O problema se traduz pelo aspecto recalcado da personalidade, pois, uma vez reprimido, ele se dissocia, não se conecta ao ego e, portanto, falta-lhe compreensão e espírito que são próprios da consciência. A questão se passa ainda num nível apenas instintivo e, para usar uma linguagem bíblica, os poderes da escuridão estão sempre em busca da luz. A mãe dos ladrões anseia por algo espiritual, mas ela empreende sua busca de forma bem-conhecida e um tanto quanto pervertida. Considerando o livro como um todo, pode-se ver que atrás do complexo materno, mesmo na sua forma destrutiva em que Lúcio agora começa lentamente a se submergir, há uma secreta busca por uma experiência religiosa.

Além do mais, a velha senhora não é de todo negativa, uma vez que ela conforta a jovem cativa, Cárites, ao contar-lhe a bela estória de Eros e Psiquê. Mas, antes de abordar este conto, é necessário conhecer as circunstâncias que o fizeram surgir no livro. Os ladrões invadem uma festa de casamento em que uma moça bem-educada e de família respeitosa, Cárites, celebraria suas núpcias com um jovem rapaz de nome Tlepólemo. *Tle* significa suportar, aguentar, resistir, e *polemos* – guerra, portanto, ele representaria o guerreiro, aquele que é capaz de persistir num combate. Este também era o nome de um famoso herói grego. Mas durante o saque dos bandidos muitos fogem e tem-se a impressão de que o noivo fora assassinado. Eles levam todos os presentes que os nubentes haviam recebido e também abduzem a noiva. Eles, contudo, não lhe causam mal, apenas a sequestram com a intenção de obter resgate em dinheiro da rica família do noivo. Cárites se encontra em completo desespero neste antro dos ladrões e, a fim de acalmá-la, a velha e beberrona dragoa conta-lhe esta estória.

Merkelbach já havia assinalado a analogia que existe entre os destinos dos dois casais, pois, se nos lembrarmos, Psiquê também é separada de seu esposo e passa por um período de intenso sofrimento antes que possa novamente se juntar a ele. Cárites cursa um destino similar se abstrairmos do fato de que, para ela, tudo, pelo contrário, dá errado. Temos aqui, portanto, um duplo casal: Cárites e Tlepólemo, representando os seres humanos, e Psiquê e Eros, a contraparte divina do casal humano. Essa disposição representa a constelação do famoso *marriage quaternio*[32] que surge agora no livro na forma da estória acerca do destino de Cárites e Tlepólemo e seu paralelo com a de Psiquê e Eros.

Jung demonstrou que, em toda relação entre um homem e uma mulher, quatro elementos, na verdade, estão em jogo: o ego consciente do homem e o da mulher, e a *anima* e o *animus* correspondentes.

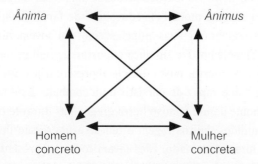

---

32. JUNG, C.G. *A prática da psicoterapia*. OC, vol. 16/1. A psicologia da transferência, § 163s.

As figuras do *animus* e da *anima*, devido a suas qualidades numinosas, sempre foram projetadas, tradicionalmente, nas figuras reais, ou sobre um casal divino como na alquimia. Mas na atualidade, pela primeira vez na história da humanidade, somos confrontados com o problema da necessidade de integração na consciência destes elementos "divinos" ou funções poderosas do inconsciente. Se não houver sucesso na integração, os elementos heterossexuais do inconsciente submergem o ego, e isso é o que explica, em parte, o aumento impressionante no número de divórcios. Nesta nossa estória, as funções do *animus* e da *anima* são representadas por figuras "quase" divinas. Entretanto, o comportamento bastante "humano" dessas figuras sugere que, na realidade, elas sejam aspectos da alma humana.

Enquanto alguns estudiosos não identificam a profunda relação existente entre este conto com a estória de Lúcio como um todo; outros, mais numerosos, reconhecem sua ligação mística com a iniciação isíaca descrita ao final do livro.

Assim que Lúcio vê Cárites, que é uma jovem e bela moça, seu interesse é despertado e ele é tomado de admiração por ela. Até mesmo a velha beberrona demonstra certo pesar pelo seu destino. Na mitologia, Cárites é uma das Graças, as semideusas usualmente representadas por um trio que simboliza o charme e a beleza. Elas eram as acompanhantes de Dioniso. Em grego, a palavra *Charis* significa charme, graça, beleza jovial e incorrupta, como a das árvores na primavera cujas folhas ainda não amarelaram. Seu nome e o de Tlepólemo se revelarão de grande importância como se verá mais tarde. Entretanto, a jovem donzela chora não apenas por causa dos bandidos, mas também por causa de um terrível pesadelo em que vê um ladrão matar seu marido com uma pedra. E agora, ela está convicta de que ele realmente não está mais vivo. Sabemos que ela se engana neste ponto, já que ele surge mais tarde e, eventualmente, será morto por Trasilo durante uma caçada a javalis. Mas, a despeito do sonho não condizer com a realidade, ele assim se torna quando Tlepólemo é assassinado pelo homem apaixonado por Cárites. Ao final, ela também se suicida, de forma que o casal está fadado a um final trágico.

Quero salientar que o motivo do casal feliz destruído por uma figura masculina negativa é também igualmente encontrado no simbolismo alquímico. No livro *As núpcias alquímicas*, de Rijckenborgh[33], temos, por exemplo, um Negro que surge e abduz a noiva. Ou na parábola alquímica interpretada por Jung no *Mysterium coniunctionis*, na qual o bandido que quer destruir o casal feliz é denominado *Sulphur*, o enxofre.

Esse tema clássico da figura masculina destrutiva representa a sombra do homem ou o *animus* da mulher que perturba a relação. Jung diz que isso é a avareza, a possessividade do ego que faz com que o *coniunctio* interno não se realize. Um dos pontos mais cruciais e problemáticos ao se trabalhar com as questões internas é quando o indivíduo se aproxima da união dos opostos e o ego, na sua avidez por assenhorear-se do resultado, corrompe por completo a experiência subjetiva. Assim como na experiência individual, isso também acontece na relação de um casal. Esse tipo de atitude do ego arruína a vivência do amor entre um casal justamente quando ela atinge um nível harmônico, já que traz questionamentos e destruição para toda a relação. Portanto, o elemento primitivo age como um homem destruidor. Mas, se nos lembrarmos

---

33. RIJCKENBORGH, J.V. *As núpcias alquímicas de Christian Rosenkreuz*. Vol. 2. [s.l.]: Pentagrama, 1996.

da atitude de Lúcio, poderíamos dizer que a figura masculina, que, no caso deste casal, atrapalha a relação com o feminino, é uma imagem de sua própria sombra sexual brutal que o impede de estabelecer uma relação adequada com as mulheres. Este é, novamente, o caso de uma masculinidade não integrada. A esposa sequestrada pelos bandidos pode ser compreendida como um símbolo da *anima* que foi ferida pelo elemento ctônico masculino. Ela representa o sofrimento presente na alma de Lúcio-Apuleio. Quando um homem se entrega a uma sexualidade pura e unilateral, ele fere não apenas a mulher que está do lado de fora, mas o feminino que habita seu interior.

Há uma sentença bastante reveladora no romance quando somos informados de que a jovem donzela foi retirada *do colo de sua mãe* pelos bandidos, impedindo assim seu casamento. Isto é bastante significativo, pois esperava-se que ela dissesse que fora tomada dos braços de seu noivo, mas não aconteceu. Se interpretarmos o dado como se fosse material onírico, isso significa que o sentimento de Lúcio-Apuleio, prefigurado na personagem de Cárites, ainda se encontra fixado à mãe. Apenas sua sensualidade está conectada a Fótis, mas seu sentimento ainda se encontra no regaço da mãe. Os homens que padecem de um complexo materno geralmente preferem as prostitutas às mulheres "decentes", e as mães que reclamam dessa situação estão, na verdade, bastante satisfeitas por isso, pois elas sabem que esta é uma forma de manter seus filhos junto de si. Se, por acaso, o filho se apaixona por uma mulher decente, eis aqui uma rival. Ela até mesmo afirma que sempre desejou que seu filho se casasse, mas não com *aquela* mulher. A mãe percebe que agora não é apenas sexualidade que está envolvida, mas que o coração de seu filho se lhe escapa. Aqui, portanto, percebe-se de imediato que o sentimento real de

Lúcio ainda se encontra no colo de uma mãe ansiosa. E assim, mesmo que os ladrões tenham perpetrado um mal terrível, eles acabaram fazendo algo positivo para Lúcio. Pelo menos agora, seu sentimento foi retirado à força do complexo materno para que possa enfrentar os conflitos inerentes da vida.

V. Amor e Psiquê

I. Introdução ao conto

Para distrair Cárites que se encontra em profundo desespero, a velha borrachona que vive com os bandidos narra-lhe o conto "Amor e Psiquê". Em relação às duas primeiras estórias inseridas, poderíamos compará-las com "sonhos menores", enquanto esta última mais se assemelha a um "grande sonho" ou sonho arquetípico. A primeira estória, como se recorda, mostrou a morte de Sócrates, e a segunda, a aventura de Telifrão e sua mutilação. Mas esta terceira estória arquetípica ocupa uma grande parte do romance. Erich Neumann, ao analisar este conto do ponto de vista junguiano, toma-o como um modelo representativo próprio da psicologia feminina[34]. De acordo com sua interpretação, o conto se trata do problema da mulher com o *animus* e da separação da filha em relação à mãe. Neumann crê que esta estória não faz parte, na sua origem, do conjunto do romance e que ele fora apenas uma inserção literária. Eu não concordo com esse ponto de vista porque, psicologicamente, ele se conforma perfeitamente com o contexto, além de não se poder ignorar o fato de que

---

[34]. NEUMANN, E. *Amor e Psiquê*: uma contribuição para o desenvolvimento da psique feminina. São Paulo: Cultrix, 1990.

o romance foi escrito por um homem que escolhe precisamente esta estória e a insere num lugar bem-específico na sua obra. Portanto, considerarei a narrativa do ponto de vista da psicologia masculina e como uma representação do problema próprio de Lúcio-Apuleio[35]. Jung também concordava que este conto se tratava essencialmente da psicologia da *anima* do homem, mas que a tentativa de interpretação de Neumann, sob a perspectiva da mulher, era também aceitável até certo ponto, já que a feminidade no homem guarda semelhança com a que é presente na mulher, embora exista sim uma diferença de tonalidade entre ambos.

Os contos de fada do tipo "Amor e Psiquê" são bastante recorrentes[36]. "A Bela e a Fera" é outro exemplo que todos conhecem. Estórias análogas também podem ser encontradas na Rússia, Espanha, Alemanha, Grécia, Itália e mesmo na Índia e África. Elas tipificam uma jovem moça casada com um homem esposo que não conhecem ou que se apresenta numa forma animal, portanto demoníaco, e que a proíbe de chamá-lo pelo seu nome ou de olhá-lo até mesmo por meio de um espelho. Ela eventualmente perde o esposo por desobedecer-lhe e, após uma longa e penosa busca, consegue finalmente reencontrá-lo, e o redime. De modo geral, o esposo fora enfeitiçado por uma bruxa ou algum feiticeiro. De acordo com vários filólogos, este tema remonta a mais de dois mil anos,

---

35. Num ensaio publicado dois anos após a publicação deste livro (*O mito da análise*, 1972), James Hillman comenta sobre o mito de Eros e Psiquê baseando-se, particularmente, nos estudos de Erich Neumann. Seu ponto de vista difere do de M.-L. von Franz porque ele também interpreta o conto como se fosse uma estória isolada [N. da trad. francesa].

36. Cf. BINDER & MERKELBACH. *Amor und Psyche*. Op. cit. Esta obra relaciona uma coleção completa de estórias escritas sobre este tema.

sendo que Apuleio o retoma, modifica-o, amplia-o e o insere no seu romance, uma vez que traduz seu próprio problema com a *anima* e de sua futura iniciação.

Antes de penetrarmos nessa inegável pérola do romance, gostaria de relembrar todo o processo que vem acontecendo na obra.

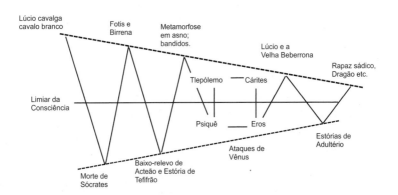

A linha descendente representa a deterioração da atitude consciente de Lúcio, enquanto a linha ascendente indica que há um lento progresso no inconsciente. Lúcio empreita sua jornada montando no seu cavalo branco, conhece Fótis, transforma-se em asno e é levado para um covil de bandidos, onde uma velha beberrona conta estórias. Lúcio não é, portanto, apenas um asno, ele também é um prisioneiro dos ladrões. Simultaneamente, produz-se uma ligeira melhora na consciência. No início da estória soubemos da morte de Sócrates, das agruras de Telifrão e, então, a estória de Amor e Psiquê. O quadrado desenhado à direita do diagrama se refere à relação entre a estória de Eros e Psiquê e o trágico desfecho de Tlepólemo e de Cárites.

Como mencionei, há um certo paralelo entre os destinos dos dois casais. Existem, inclusive, alguns manuscritos datados da Antiguidade tardia em que a jovem noiva é chamada Psiquê em vez de Cárites. Assim, mesmo para um homem da época de Apuleio, estava clara a existência do paralelismo entre as duas estórias, com a diferença que, numa, o casal é humano e, na outra, o casal é formado por um par de "daimones", na acepção específica do termo neoplatônico. O casal mitológico é perseguido pela deusa Vênus enquanto, em relação ao outro casal, temos a figura da velha beberrona que vigia Lúcio e Cárites para os ladrões e, além disso, conta estórias. A velha senhora e Vênus representam, portanto, as forças da mãe negativa que atacam a primeira tentativa de aproximação entre o casal divino e humano.

Do ponto de vista da psicologia profunda, este é um exemplo típico do *marriage quaternio*. Jung considera que este arranjo seja o esquema subjacente ao processo transferencial, pois ele se estabelece a partir da formação de casal comum, constituído por um homem e uma mulher, e seus aspectos arquetípicos correspondentes (*anima* e *animus*) que implicam toda situação transferencial importante entre os sexos. O *marriage quaternio* (casamento entre quatro figuras) é um símbolo de totalidade. Mas, como se pode verificar na nossa estória, a primeira tentativa de realização desta totalidade é impedida. Tlepólemo é assassinado e Cárites comete suicídio. Eros e Psiquê não são mortos, mas se recolhem no Olimpo, ou seja, ao inconsciente coletivo, não se encarnando, desse modo, na realidade humana. Não passa, portanto, de uma tentativa abortada de união entre os dois mundos. Uma das razões para que isso aconteça é que Lúcio, em vez de tomar parte ativa na estória, se mantém apenas como um espectador; ele apenas escuta a narrativa da velha de forma passiva. Se ele tivesse adentrado a dinâmica do quatérnio e agisse no lugar de Tlepólemo, talvez a reaproximação do plano superior com o plano inferior, ou seja, do consciente com o inconsciente, fosse possível. Mas, devido ao fato de que ele se contenta apenas com a posição de observador, sem participar do processo (exceto por uma pífia tentativa no final), tudo novamente se dissocia.

Poderíamos concluir que a estória não causou relativamente qualquer efeito sobre ele e que foi apenas um conto interessante após a qual a narrativa principal acerca dos percalços de Lúcio, o asno, continua. Mas isso não é verdade. Da mesma forma que um sonho cujo conteúdo não compreendido tem menos efeito sobre a consciência se comparado com o que foi, ainda assim ele causa um impacto emocional. Após ter ouvido a estória de Eros e Psiquê, Lúcio decide fugir com Cárites. Ele tem um impulso que o leva a querer se libertar dos bandidos e a retomar uma vida mais humana. Há um detalhe também importante de ser lembrado. Enquanto Cárites foge montada sobre o lombo de Lúcio, ele, com a desculpa de coçar seu pescoço, tenta beijar o pé da bela jovem. Há aqui uma tímida tentativa por parte de Lúcio de se tornar o amante e salvador de Cárites, ou seja, de tomar o lugar de Tlepólemo. Este gesto, entretanto, não é o bastante para se ganhar a parada, mas prova que o conto de fadas causou algum impacto em Lúcio, uma vez que ele esboçou um desejo consciente de entrar na partida e se implicar na situação. Não obstante, como lhe é característico, Lúcio apenas flerta e se contenta com este beijo tímido de asno por ter-se seduzido pela beleza da jovem Cárites. Ele não experimenta nenhuma emoção profunda naquilo que faz. É mais um gesto sem grandes consequências. É como se, pela primeira vez, a totalidade interior, ou a estrutura do Self, aflorasse do inconsciente, tocasse levemente a consciência antes de mergulhar novamente nas profundezas do inconsciente. Mais tarde, e provavelmente por causa dessa tentativa frustrada de integração, o desenvolvimento dos fatos se mostra ainda de forma mais negativa. O asno é feito prisioneiro pelas mãos de um jovem sádico que quase o mata, enquanto sua mãe, também feiticeira, tenta castrá-lo e queimá-lo. Quando as energias que estão lentamente sendo acumuladas no inconsciente, para preparar alguma tentativa de integração, eventualmente falham, produz-se, geralmente, uma nova depressão mais grave que a precedente, antes que outra possibilidade de integração se anuncie mais uma vez. A situação consciente piora ainda mais nestes momentos.

Eu gostaria agora de apresentar uma amplificação das duas figuras principais do conto, Eros e Psiquê, para que possamos compreender melhor acerca das entidades psíquicas às quais elas se conectam.

Eros é um deus e, como demonstrou Richard Reitzenstein[37], tanto ele como Psiquê são figuras divinas adoradas nos cultos gregos locais. A deusa Psiquê tem origem mais tardia que Eros, mas ela também teve igualmente seus próprios templos onde se lhe prestavam devoções. Os dois deuses são figuras parcialmente humanas, mas fazem parte de um tipo de deuses "menores" a que os gregos denominavam *daimones*, e os romanos, *gênios*.

---

37. REITZENSTEIN, R. "Das Märchen von Amor und Psyche, Noch einmal Eros und Psyche". In: BINDER & MERKELBARCH. *Amor und Psyche*. Op. cit.

A parte da teoria neoplatônica que nos interessa pode ser verificada no famoso texto clássico *O banquete*, em que Diotima explica:

> – Mas, no entanto, admites que o Amor, que por carência do que é bom e do que é belo, deseja exatamente isso que lhe falta.
>
> – Eu o admito!
>
> – Como, portanto, poderia ser ele um deus se lhe faltam, pois, o bom e o belo?
>
> – De modo algum, aparentemente.
>
> – Tu vais me dizer – ela me disse – que mesmo tu não consideras também o Amor como um deus?
>
> – Que seria então o Amor? – perguntei-lhe. – Um mortal?
>
> – Certamente não.
>
> – O que, então, ó Diotima?
>
> – Como os seres superiores, algo intermediário entre o mortal e o imortal – disse-me ela.
>
> – O que, então, ó Diotima?
>
> – Ó Sócrates, um grande daimon. Porque toda a natureza dos daimones é intermediária entre um deus e um mortal.

Os daimones são, portanto, os mediadores entre os deuses e os homens. Os deuses se encontram lá no firmamento, e os daimones na atmosfera que circunda nosso planeta. Eles não são espíritos puros, mas um corpo sutil muito leve. Os deuses são seres sobrenaturais que não estão sujeitos às emoções e, praticamente, não têm interesse pela vida dos humanos. Já os daimones, eles são capazes de amar, odiar, ter pena e de se envolver em todo tipo de sentimentos. Eles podem ser propiciados por ofertas de sacrifícios ou, ao contrário, pode-se também provocar sua ira. O deus Eros e a deusa Psiquê se encaixam no perfil dos daimones. Vimos que, além dos daimones coletivos, existe em cada ser humano um daimon pessoal, idêntico ao espírito que sobrevive depois da morte e que, caso o indivíduo tenha se comportado mal durante sua existência terrena, seu espectro pode ser terrível.

Essa era também a mesma crença de Apuleio. E é por isso que, quando ele escreveu um conto em que a figura central, Eros, é um daimon, ele não quer se referir a um daimon pessoal, mas a um ser suprapessoal. O mesmo vale, evidentemente, em relação à deusa Psiquê. O deus Eros representado aqui é um desenvolvimento próprio da cultura greco-romana, já que, originariamente, ele era um deus da Beócia. Os beócios eram considerados um povo primitivo, rústico e bruto, e Eros era adorado por eles sob a forma de um falo de madeira ou de pedra, ou simplesmente como uma pedra colocada de pé. Ele era tido como um deus criador ctônico e sua prerrogativa era garantir a fecundidade dos animais e dos campos, além de assegurar o bem-estar. Um de seus traços principais era proteger a liberdade das pessoas em tempos de guerra, além de velar pela vida amorosa e, mais especialmente, pelo amor homossexual. Na antiga Esparta os grupamentos sociais de homens eram usualmente homoeróticos e, assim constituídos, eles se tornaram os defensores da liberdade e da proteção do país. O elo que os unia reforçava seu heroísmo e fortalecia sua política interna. Portanto, Eros está bem próximo do deus grego Hermes que também era adorado sob a forma de um falo de pedra ou madeira ou como um homem itifálico. Em tempos anteriores, Hermes e Eros eram praticamente idênticos. De acordo com Platão, Eros é a fonte da fertilidade, da inspiração e da fecundidade espiritual. Ele o chama de um daimon alado poderoso.

A quantidade de estátuas antigas de grandes proporções representando Eros é muito pequena, mas as imagens menores entalhadas em pedra ou gemas são bem mais numerosas. Normalmente ele é retratado como um ser alado, exibindo os órgãos genitais e, frequentemente, hermafrodita. Outras vezes é reproduzido como um adolescente alado sorvendo o perfume das flores, segurando uma cítara na mão direita, como um falo dotado de cabeça e de asas, como um pequeno garoto acompanhado de uma serpente divina, ou como um jovem rapaz alado segurando arco e flechas. Ele também é representado voando sobre uma borboleta que é a própria Psiquê, assentado no colo de sua mãe Afrodite-Vênus, a deusa do amor, ou mesmo brincando com ela.

Estátuas do deus Eros podiam ser encontradas sobre vários túmulos gregos e romanos onde ele figurava como espírito protetor dos mortos ou ainda como o aspecto do espírito do defunto que não perecia com a morte. Existem também imagens em que ele é retratado segurando uma tocha apontada para baixo simbolizando a morte. Além dessas, e isto é o que mais se aproxima do tema aqui discutido, ele também é representado segurando uma borboleta queimando-a sadisticamente com sua tocha, significando que Eros, o deus do amor, é o grande torturador da alma humana e, ao mesmo tempo, seu maior purificador.

O amor, com a paixão e sofrimento que causa, é um dos principais urdidores do processo de individuação! E é por isso que não é possível uma individuação real sem a experiência do amor, ainda que internamente, porque o amor tortura e, verdadeiramente, purifica a alma. Além das imagens antes mencionadas, temos ainda Eros pressionando de forma dolorosa uma borboleta contra o peito, indicando que a alma, ao mesmo tempo em que desenvolve, também sofre nas mãos do deus do amor. Existe um belo trabalho artístico feito em pedra preciosa em que a deusa Psiquê, personificando a alma, é amarrada com as mãos para trás por um deus a uma coluna, em cujo topo pode ser vista uma esfera. Se nos lembrarmos dos estudos de Jung acerca da transferência, diríamos que essa imagem retrata magnificamente bem a *prima materia* do processo de individuação, ou seja, Eros amarrando Psiquê a uma coluna encimada por uma esfera, o símbolo da totalidade que é alcançado pelo sofrimento. Muitas vezes gostaríamos de poder fugir da pessoa por quem nos percebemos completamente atados devido à dependência que isso implica, mas Eros nos obriga a nos tornarmos conscientes. O amor nos induz a arriscar tudo e é assim que ele nos conduz a nós próprios. Um dos mais antigos títulos de Eros é o de "purificador da alma".

Uma das mais belas preces a esse deus que conheço chegou por meio de um papiro mágico:

> Eu te invoco, Origem de todo Devir, cujas asas se estendem sobre o mundo inteiro, Tu, o inalcançável, o infinito, o que inspira o espírito de vida em todas as almas, que conecta todas as coisas com teu poder. Primogênito crisóptero, criador do universo, ser sombrio, tu que velas todo pensamento racional e inspiras as sombras da paixão, tu que vês secretamente os recônditos de todas as almas, tu que crias o fogo invisível e afetas todos os seres vivos, torturando-os infatigavelmente de

prazeres e delícias dolorosas desde que o universo existe. Tu que espalhas o sofrimento com tua presença, tu, às vezes razoável, outras insensato, tu, por quem os homens violam suas obrigações e empreitam tarefas perigosas e por quem clamam por auxílio, tu, ó sombrio. Tu, o caçula, o sem-lei, o sem-piedade, o inexorável, o gerador sem corpo e invisível das paixões, arqueiro, portador da tocha, senhor de toda percepção espiritual e de todas as coisas ocultas, senhor do olvido e pai do silêncio, aquele que ilumina toda a luz, jovem infante quando nasces no coração, ancião quanto tu o consomes [...][38].

Eros é, dessa forma, bastante próximo do Mercúrio alquímico que também atira as flechas da paixão e traz consigo uma tocha indicando o aspecto torturante e doloroso do amor. À entrada do templo de Asclépio, em Epidauro, onde os enfermos vinham à procura de cura tanto física quanto psíquica, havia imagens dos dois princípios curativos: Eros e Methé (inebriamento)[39]. O amor e a embriaguez são dois grandes princípios curadores da alma e do corpo. A embriaguez aqui referida não significa aquela alcançada pelo álcool, embora seu aspecto mais vulgar seja obtido por meio dele, uma vez que o uso excessivo de bebida conduz o indivíduo para fora dos estreitos confins do ego, elevando-o, extaticamente, a um outro mundo, para além das preocupações da vida diária. De modo contrário, a experiência de elevação e de eternidade que se verifica com a embriaguez interna reconecta-nos nova-

---

38. PREISENDANZ, K. *Papyri Graecae Magice*. Op. cit. Vol. 1, p. 129 (A espada de Dardanos, Oração a Eros).

39. Cf. SOLIÉ, P. *Médecines initiatiques*. Paris: De l'Epi, 1976.

mente com a base arquetípica da psique e a um modo de vida mais calcado na realidade, o que se revela de grande poder curativo e transformador.

Em Epidauro, faziam-se numerosas oferendas votivas. Há uma inscrição bastante interessante, escrita por um administrador local da vila que foi curado de seus incômodos estomacais. Na Grécia Antiga, se o indivíduo tivesse sido curado de algum mal, era costume escrever sobre uma estela o procedimento envolvido na cura. No referido caso, a cura consistia em ficar afastado de casa por um período de pelo menos quatro semanas (é provável que ele tivesse trabalhado excessivamente ou fosse casado com uma mulher infernal), comer queijo e ingerir comida leve, e, todos os dias, tomar um copo de vinho oferecido pelo sacerdote. Ele devia repousar, abster-se de ver sua esposa, prestar atenção a seus sonhos e banhar-se em água fria. O sacerdote havia se baseado nos sonhos do paciente para prescrever o tratamento e, graças ao deus Asclépio, ele foi curado. Este exemplo mostra como era praticada a medicina psicossomática na Grécia daqueles tempos. Além do tratamento físico realizado no centro de cura e dos banhos medicinais, o aspecto psicológico era também cuidado pela atenção que se dava aos sonhos.

Eros não era apenas um deus de cura na Grécia Antiga, mas era também a "criança divina" de certos cultos de mistério. Nos mistérios eleusinos, por exemplo, havia sempre uma criança divina, mística, por vezes chamada Eros. A ideia arquetípica central subjacente é que a divina mãe-terra dá à luz a uma criança divina do sexo masculino que ora é um redentor, ora um deus da fertilidade. As associações espontâneas modernas e também as concepções da Idade Média acerca de Mercúrio coincidem, perfeitamente, com a ideia que temos de Eros da Antiguidade Arcaica, porque tanto um quanto o outro são símbolos do Self. Na alquimia temos o "casal divino" – um deus e uma deusa, ou um rei e uma rainha, frequentemente associados a um casal humano, tal como o "artífice e sua sóror". Os primeiros representam as personalidades transcendentes e os últimos, as pessoas empíricas que formam a estrutura já mencionada anteriormente no *marriage quaternio*. No nosso conto, o aspecto humano de Psiquê é mais enfatizado, embora em outros contextos salienta-se mais sua condição semidivina, como a do próprio Eros.

Na Antiguidade Tardia, Psiquê figurava menos como uma divindade. Ela era frequentemente representada na companhia de Eros, também alada, desempenhando um papel, como o que se observa no nosso romance, que contrapõe a imortalidade de seu deus. Suas asas eram tipicamente ornamentada com pontos, círculos e marcas característicos das asas de borboleta. Psiquê é uma variante da jovem filha divina, do tipo Koré, figura central dos mistérios eleusinos que, de acordo com Jung, eram mistérios voltados, sobretudo, para psique feminina. O tema central de Eleusis é a estória de Deméter e sua filha, Koré, abduzida por Hades-Plutão, o deus dos mortos e dos infernos. Neles se evocavam todo o sofrimento de Deméter e a forma com que Baubo, com suas piadas obscenas, tentava alegrá-la. Finalmente, graças à intervenção de Zeus, foi permitido que a filha retornasse, periodicamente, à mãe. Mas este não é o único aspecto desses ritos. Com certeza havia outros que, infelizmente, ignoramos. Pelo menos sabemos que, durante os mistérios, Koré dava à luz uma criança mística, geralmente chamada Plutão, Iaco, ou Brômio (o forte) e, em certos textos tardios, Triptólemos ou Eros. Este era o evento central da noite de iniciação aos mistérios eleusinos. Entretanto, o conhecimento exato de quais mistérios eram ali encenados nunca foi revelado. O pouco que se sabe deles foi obtido por certas alusões feitas por patriarcas da Igreja que haviam sido iniciados antes da conversão ao cristianismo. Mas, mesmo após se tornarem cristãos, parece que havia receio ou respeito em relação ao caráter místico dos ritos e, portanto, nada era comentado acerca desses mistérios. De qualquer forma, eles deixaram algumas referências vagas a esse respeito e, consequentemente, resta-nos tentar reconstruir o que realmente deve ter acontecido. Sabemos que, após longos jejuns e numerosas cerimônias, aqueles eleitos para se submeterem à iniciação eram convocados à meia-noite a uma região central do templo, onde um sacerdote, segurando uma espiga de trigo, dizia: "Eu anuncio a boa-nova: Brimo deu à luz a criança divina Brômio (ou, de acordo com outros textos, Iaco) [...]". Há um famoso baixo-relevo de Triptólemos – outro nome deste mesmo deus – no museu de Atenas, que mostra Deméter repousando sua mão sobre a cabeça de um jovem rapaz de, aproximadamente, quinze anos, que se encontra de pé em frente a ela, tendo Koré também de pé do outro lado. Triptólemos era um deus da fertilidade e do crescimento do trigo. Ainda que ignoremos quase tudo acerca desses mistérios, sabemos que o tema central era a relação da mãe e filha e do nascimento de uma divindade masculina. Ovídio deu ao deus Iaco o título solene de *Puer Aeternus*, a criança eterna.

Pode-se verificar pelas gemas entalhadas na Antiguidade Tardia que Psiquê era geralmente identificada com Koré e, nesse contexto, ela figura também com a mãe de Eros. Mas é típico das relações mitológicas que a mulher seja sempre a mãe, a irmã, esposa ou filha do seu marido, pai etc. É comum que todos os deuses tenham uns aos outros como, por exemplo, é o caso de Ísis e Osíris.

Eros era também uma figura central nos mistérios órficos, mas essa questão suscita inextricáveis controvérsias devido ao fato de que, como se sabe, havia um orfismo antigo e outro tardio. Influências de representações egípcias já podiam ser observadas no orfismo antigo e, de acordo com sua visão cosmogônica, o mundo veio a existir a partir de um ovo cósmico cuja metade superior era de ouro e a inferior de prata. O ovo se parte e de dentro dele surge um deus chamado Fanes (Eros). Fanes era um jovem rapaz divino e um deus criador do mundo. Da mesma forma também Osíris era chamado no Egito como "o germe do ovo magnífico e nobre"[40]. Há uma dúvida inevitável por não se saber ao certo se o antigo deus beócio Eros, a pedra fálica adorada nas áreas rurais, já desempenhava um papel nos mistérios órficos antigos, ou se este aparentamento entre os deuses foi apenas uma conexão tardia. Em todo caso, nos tempos de Apuleio, era certo que Eros era invocado como o princípio criador por excelência. Ele desempenhava o mesmo papel, embora menos conhecido, nos mistérios de Mitra, em que ele era o companheiro e o redentor da deusa Psiquê.

II. Comentário acerca do conto

O conto começa com um rei e uma rainha e suas três filhas. A mais jovem é tão formosa que todos são atraídos por sua beleza e espalha-se um rumor de que ela é uma encarnação da deusa Vênus. As pessoas passam então a preferir

---

40. Para detalhes, cf. BERGMANN, I. "Ich bin Isis". *Studien zum memphitischen Hintergrund des griechischen Isisaretologien.* Uppsala: [s.e.], 1968, p. 33.

essa réplica concreta da deusa em vez da deusa abstrata do Olimpo e passam a reverenciar a jovem donzela, elevada agora ao *status* de deusa, o que a torna uma pessoa solitária e impossibilitada de encontrar um esposo. Isso também atrai sobre ela os sentimentos mais ambivalentes, ou seja, o ciúme e despeito de suas irmãs menos belas e da própria Vênus, que vê seus templos serem negligenciados e seu culto abandonado. A ideia popular de que esta bela donzela, Psiquê, fosse a encarnação de Vênus não era apenas uma opinião ingênua. Como se verá, ela tinha sim algo de realidade, e foi por isso que Vênus se mostrou tão hostil em relação à moça.

Psicologicamente falando, Vênus representa o arquétipo da mãe-*anima* no homem. Como demonstra Jung, a figura da *anima* deriva da figura materna que é, na verdade, a primeira imagem feminina a causar uma impressão na criança do sexo masculino. Ela é o seu primeiro encontro com o feminino, o que, num certo sentido, imprime as primeiras disposições de reações que ele terá em relação às mulheres, além de estabelecer determinadas características à sua figura de *anima*. Assim, no período de inconsciência ou enquanto o desenvolvimento ainda não aconteceu, a mãe e a figura da *anima* se mostram mais ou menos confundidas no inconsciente do homem. Dessa forma, Vênus é considerada a figura *per se* do arquétipo da mãe-*anima*. Todo homem encerra em si uma predisposição estrutural e natural para vivenciar essa experiência, pois ela existe de forma latente no inconsciente coletivo, o que corresponde dizer, como o diz Apuleio, que ela "vive no Olimpo". Mas o homem não tem um contato direto com essa estrutura a não ser que haja uma ativação desencadeada por algum drama humano: a primeira vez que ele se interessa por uma mulher se constitui, portanto, num ponto de partida para esta experiência com a *anima*. O sentimento que ele experimenta não corresponde apenas à sua impressão pessoal consciente, pois todo o arquétipo da mãe-*anima* entra também em jogo, conduzindo-o à experiência amorosa com todas as riquezas, dificuldades e complicações que envolvem a relação com o outro sexo. Mais tarde, isso leva à percepção ou à realização de que existe um fator interno, independente da mulher externa, ou seja, a *anima*. Para o indivíduo, uma experiência desta camada da psique possibilita uma tremenda ampliação da personalidade e é por isso que tem um efeito tão curativo. Não é à toa, portanto, que, em Epidauro, Eros e Methé eram ambos reverenciados como deuses curadores.

Desse modo, a cura psicológica coincide com a ampliação da consciência, uma vez que vários aspectos da personalidade passam a ser ativados, o que, certamente, se traduz numa maior e melhor expressão da vida. Grande parte das manifestações neuróticas se deve ao fato de que o ego, em algum lugar, falha em abraçar os fatos da vida que clamam por ser reconhecidos. É por isso que dizemos que, para o indivíduo, a cura coincide com uma ampliação da consciência. O que cura o ser humano é o investimento na experiência religiosa e a descoberta dos significados mais profundos da vida e da emoção. Mas, por outro lado, há um processo simétrico de descenso do todo-poderoso e brilhante deus que se torna prisioneiro na miserável existência humana. Um conceito da teologia cristã que ilustra bem a questão se refere ao processo de *kenosis* (do grego: esvaziar-se). De acordo com os escritos joaninos, Cristo, antes de sua encarnação, quando ainda habitava junto ao Pai, como Logos, compartilhava da unidade onipresente deste Uno pela união poderosa com a natureza divina ilimitada. Como escreveu São Paulo, *ekénosen héauton* – "mas esvaziou-se a si mesmo, tomando a forma de servo, tornando-se semelhante aos homens"[41].

Portanto, o que a teologia cristã diz de Cristo é, na verdade, uma declaração particular acerca de um evento arquetípico geral. Todas as vezes um deus encarna, para ele isso é um processo de *kenosis*, de limitação, ao passo que a consciência humana se amplia. A realização do Cristo interior, seja pela experiência individual ou por meio da catequese cristã, eleva o homem, mas faz com que Cristo desça ao nível humano. Isso também é expresso pelo nascimento de Cristo no estábulo, ou seja, o rebaixamento do deus à miséria da estrebaria praticamente arruinada simboliza, de forma pictográfica, o significado da *Kenosis*.

Retornando ao conto, é compreensível, portanto, que Vênus não agrade e se ressinta desse processo em que ela se vê destituída de sua divindade todo-poderosa. Além disso, ela também possui um ciúme, tipicamente feminino, da beleza jovial da donzela Psiquê. Merkelbach procurou, pacientemente, estabelecer uma analogia entre Psiquê e Ísis. Sua tentativa é convincente até certo ponto, mas ela esbarra no fato de que se Psiquê é uma encarnação de Ísis, Vênus é também Ísis. Vênus ser análoga a Ísis parece claro, mas o que significaria Ísis combater a própria Ísis? Poderíamos dizer que essa luta resulta de aspectos oponentes presentes dentro do próprio arquétipo, ou seja, de uma parte que insiste em permanecer no seu estado usual, sua inércia, e outra tendência que é a de encarnar-se numa forma humana. Isso é representado aqui como projeção de sentimentos tão humanos como o ciúme que as palavras tão chocantes de Vênus traem: "E agora uma

---

41. Fl 2,7.

mulher mortal, que morrerá, passando-se por mim [...]". Ela protesta contra a limitação de suas potencialidades imortais.

Vênus então ordena que seu filho Eros faça a garota cair de amores pelo mais abjeto dos seres humanos, mas Eros, ao deparar-se com sua vítima, prefere se colocar no lugar desse ser humano. As coisas são então articuladas de tal forma que o oráculo de Delfos anuncia ao rei que sua filha nunca poderá se casar, pois foi destinada a um dragão ou a um ente monstruoso e, portanto, ela deve ser conduzida à exposição no topo de uma montanha.

Existem inúmeras versões folclóricas desse tema, tanto modernas quanto antigas[42]. Nestes contos, geralmente é a própria jovem donzela que atrai seu destino. Várias versões modernas são retratadas tendo como cenário inicial um pai ou um rei e suas três filhas. Ele parte para uma viagem e pergunta-lhes o que ele deveria trazer-lhes na volta. Uma gostaria de ganhar roupas, a outra joias ou dinheiro, mas a mais nova sempre pede por algo que não existe, algo insensato. Por exemplo, ela deseja uma cotovia que canta e dança, ou um deus esquilo chamado Tristeza e Sofrimento, ou um urso branco de nome Valmon, ou um lobo montanhês branco ou qualquer outra coisa assim estranha. E quando o pai encontra o urso branco, o lobo ou o esquilo, um deles acaba dizendo: "Bom, você me capturou, mas agora, em retorno, sua filha tem que se casar comigo!" Assim, sob a forma de um pensamento mágico, a garota traz para si o seu destino. Aqui neste conto, isso é substituído pelo oráculo délfico que acaba não

---

42. Cf. FRIEDLÄNDER, L. "Dar Märchen von Amor und Psyche". In: BINDER & MERKELBACH. *Amor und Psyche*. Op. cit., p 16. Uma coleção de quase todos as versões populares deste conto foi reunida em SWALM, J. *The Tale of Cupid and Psyche*. [s.l.]: Lund, 1955.

sendo assim tão diferente, já que esses locais eram simplesmente o ambiente em que, com a ajuda de um médium, solicitava-se a constelação do inconsciente coletivo para aquele dado momento.

Pode-se dizer, desse modo, que algo do inconsciente coletivo anuncia o desejo, por meio do oráculo, de união entre Eros e Psiquê, ou seja, que a encarnação humana de Vênus se realize. Este é um *hieros gamos*, o famoso e mitológico casamento sagrado, entre os princípios masculino e feminino que acontece entre a mãe-filha-irmã e seu filho, que, dessa vez, encontra-se apenas parcialmente encarnado. Portanto, não é somente o arquétipo de Vênus, do feminino, que intenta se aproximar do reino humano, mas também o arquétipo do casamento divino que também necessita descer a terra.

A jovem donzela é então exposta na montanha e deixada lá à espera de sua núpcia mortal. O *hieros gamos* é idêntico, mitologicamente falando, à experiência de morte e, assim, não pode ser considerado apenas como uma forma de expressão nas palavras de Apuleio. Psiquê se encaminha para uma certa antecipação de sua própria experiência de morte. Isso também foi verificado por Merkelbach quando diz que a primeira parte desta estória de amor entre Eros e Psiquê se passa, na realidade, no mundo do além, nos subterrâneos da morte, embora no seu aspecto positivo. Este é justamente o caso, já que ela é levada pelo vento para um tipo de situação irreal, para um certo "além", mágico, afastado de qualquer experiência ou existência humana. Lá ela é assistida por serviçais invisíveis e se encontra unida a um parceiro que ela é proibida de ver. Este outro mundo, idêntico ao inconsciente coletivo, revela-se aqui num aspecto de beleza paradisíaca, feérico, fascinante e soporífico. Sempre que um homem e uma mulher vivem uma experiência amorosa profunda, abre-se, como sabemos, uma nova perspectiva da realidade, irrompe-se uma dimensão divina na psique humana que dilui toda a mesquinhez egocêntrica. Um elemento de entusiasmo e de irrealismo romântico faz parte, normalmente, de toda experiência de amor apaixonado, pelo menos no seu início. É um tipo de floração primaveril olímpica, na qual tudo é divino e, de algum modo, de uma realidade estranha. Não é à toa que as pessoas tenham comportamentos jocosos para com os apaixonados e, portanto, é também necessário que eles se afastem do convívio humano, já que, por hora, estão habitando o mundo dos deuses. Não obstante, a despeito dessa beleza divina, não há como não experimentar também uma inquietante estranheza por constatar-se apartado do mundo dos homens traduzido pela mesquinharia, ciúmes, cinismo das ideias curtas e todas as propriedades não tão simpáticas dos mamíferos superiores que somos nós. Com o divino, constelam-se simultaneamente esses outros aspectos e, enquanto alguns indivíduos têm a sorte de ser tomados pelo primeiro, outros são vitimados pelo segundo. E aqui no nosso conto constatamos que as duas irmãs invejosas foram as que acabaram sendo recrutadas para o domínio da sombra.

O clássico filólogo C.S. Lewis escreveu um romance bastante conhecido, *Até que tenhamos rostos*, que é, de certo modo, uma paráfrase moderna deste nosso conto, em que ele descreve tão bem o ciúme das duas irmãs. Ele as considera como figuras representativas da sombra de Psiquê. É, contudo, um pouco arriscado utilizar o termo *sombra* aqui porque, se Psiquê é um *daimon*, ela não pode ser considerada um ser humano. É possível dizer que um *daimon* tenha sombra? A resposta poderia ser sim, desde que atribuamos ao termo uma nuança particular. Ao afirmarmos, diríamos que, *cum granus salis*, estas duas irmãs figuram como a sombra de Psiquê já que, com a humanização da deusa, ela descendeu a um nível humano, bastante humano. Os jovens frequentemente ignoram o lado realístico e cínico do amor. Apenas mais tarde, quando já se tenha passado pela experiência, o indivíduo se dá conta do aspecto cotidiano e banal das relações humanas. Isso tende, então, a ser reprimido ou rejeitado e eventualmente se torna um fator externo perigoso. Nenhum adulto pode permanecer unicamente romântico! O fato de que a vida seja tão cheia de experiências não permite que o indivíduo ignore a condição tão humana do amor. Se ele a reprime ou se recusa a enxergá-la, ela se volta contra ele de forma destrutiva. E é justamente isso o que acontece aqui, pois esta condição destila desconfiança nos ouvidos e no coração de Psiquê, induzindo-a a desconsiderar as admoestações que Eros lhe fizera. A personagem principal no livro de C.S. Lewis é uma das irmãs ciumentas e ele tenta demonstrar que foi ela quem destruiu a primeira relação do casal. Ela é a mulher que rejeita Eros.

Psiquê poderia ser comparada com a jovem filha da grande deusa-mãe referida nos mistérios eleusinos. O estudo de Karl Kerényi acerca do Mito de Koré no livro *Introdução à essência da mitologia*[43], acompanhado dos comentários de Jung, permite uma melhor compreensão destas duas figuras. Vemos que, num de seus aspectos, Psiquê é uma das variantes da deusa grega Koré. Ao lado da mulher no auge da sua maturidade, temos também sua jovem filha, que é a própria deusa-

---

43. KERÉNYI, K. & JUNG, C.G. *A criança divina* – Uma introdução à essência da mitologia. Petrópolis: Vozes, 2011.

mãe na sua forma rejuvenescida. Mãe e filha são uma só, o mesmo que o Pai e Filho da religião cristã. Qual seria, portanto, a diferença entre a deusa-mãe e a deusa-filha? Poderíamos responder, de modo geral, que, *mutatis mutandis*, a deusa-filha encontra-se mais próxima dos humanos que a deusa-mãe, assim como Cristo também está bem mais perto dos homens do que o Deus-pai. A mesma nuança é também verdadeira no que diz respeito a Koré: a deusa-filha se apresenta mais encarnada do que a deusa-mãe, e Psiquê seria uma representação ainda mais humanizada. Apenas seu nome é o que, daqui para frente, emula sua condição divina. No grande drama do Mito Deméter-Koré, esta última tem que viver uma parte do ano junto de sua mãe no mundo terrestre, mas na outra parte ela segue junto a Plutão para o mundo inferior. Psiquê também está conectada à esfera dos mortos, de onde, por fim, ela é redimida, mas para ser conduzida ao Olimpo. Constatamos, portanto, que seu destino é uma variação renovada do velho Mito de Deméter-Koré, e que ela representa uma forma encarnada da Grande Mãe. Na psicologia do homem, esta evolução corresponde ao processo de integração da *anima*.

Se um homem for capaz de integrar a *anima*, ou seja, de estabelecer uma relação interiorizada com o princípio feminino que carrega dentro de si, ele traz uma realidade arquetípica para os limites de sua humanidade. Do ponto de vista do homem, isso faz com que a *anima* se torne consciente e, de modo inverso, significa que o arquétipo se encarna. Como disse Apuleio, os deuses encontram-se removidos da esfera humana e não podem ser contatados diretamente. Os deuses são, por assim dizer, arquétipos que evolvem entre si num mundo próprio e, entre eles, temos o arquétipo da mãe – a grande Rainha dos Céus. Entretanto, mais perto dos homens tem-se Koré-Psiquê, figuras arquetípicas certamente, mas que penetram um pouco mais o campo pessoal do indivíduo.

Um adulto jovem, com um complexo materno positivo, frequentemente tinha sonhos com uma deusa-mãe representada por uma mulher verde, imensa, com seios também verdes, enormes e caídos. Uma figura aterrorizante! Ele sempre tinha que fugir dela e, portanto, sugeri que ele trabalhasse com esta personagem pela imaginação ativa. Ele então se dirige a ela num pequeno barco, tentando contatá-la, mas ele não conseguia chegar muito próximo devido ao seu caráter amedrontador. Ele compreendeu que essa situação estava relacionada ao seu complexo materno e à sua veneração romântica pela natureza. Na sua vida externa, ele se relacionava com uma mulher muito bela mas histérica que se comportava de maneira inconsciente, semelhante a um demônio da natureza. Sugeri que ele tivesse uma conversa com essa mulher que habitava sua interioridade e, quando ele assim o fez, ela lhe falou: "Eu sou a mesma mulher verde com quem você não pôde conversar!" Esta mulher irracional, felina, idêntica a um espírito, dizia ser imortal! Ele retornou-lhe afirmando que não podia aceitá-la como tal, mas ela respondeu-lhe que ela era "o início e o fim", ou seja, que ela era um Deus! Assim, um longo diálogo se iniciou entre eles, no qual toda a concepção filosófica da existência (*Weltanschauung*) foi rediscutida. Ele teve que rever toda sua atitude diante da vida que ela ia desconstruindo peça por peça. A mulher verde surgida no primeiro nível era praticamente intangível, mas seu estágio subsequente corresponderia à figura de Koré que, portanto, se aproxima um pouco mais da esfera pessoal, possibilitando, desse modo, algum contato.

O principal problema desse homem era o dom-juanismo, que é frequentemente identificável entre jovens com complexo materno positivo. Do ponto de vista humano, o que esses homens estão na verdade fazendo é tentar estabelecer uma relação com a *anima*. Mas vista pelo ângulo oposto, a relação com a *anima* significa que o arquétipo se encaminha para um processo de encarnação, penetrando mais e mais os limites estreitos e especificamente humanos da vida individual do homem. A deusa verde surgia de forma inteiramente maternal, enquanto a mulher histérica, concreta, representava uma encarnação clássica da *anima*. A namorada possuía certas características que emulavam sua *anima* que, com o tempo, poderiam se tornar a representação de sua vida emocional e sentimental. Isso pode ser compreendido, por um lado, como o processo de individuação e, por outro, como o processo de encarnação do arquétipo. Se observarmos essa situação a partir do inconsciente do homem e tentarmos entender o que isso significa para ele, a figura de Psiquê fica mais compreensível. Ela é a *anima* que deriva da imagem materna e o modelo de seu comportamento no que diz respeito ao feminino[44].

---

44. A versão francesa, publicada em 1978, interrompe este parágrafo neste ponto. Já a versão alemã, datada de 1980, restringe o parágrafo a três sentenças: "Das Problem dieses Mannes war Don Juanismus, wie man es häufig bei jungen Männern mit einem positiven Mutterkomplex findet. Durch die Aktive Imagination konnte er diesen Komplex verstehen lernen" (O problema deste jovem era o dom-juanismo que muitas vezes acomete homens com complexo materno positivo. Pela imaginação ativa esses homens poderiam compreender este complexo) (VON FRANZ, M.-L. *Der Goldene Esel* – Der Roman des Apuleius in Tiefenpsychologischer. Küsnacht: Verlag Stiftung für Jung'sche Psychologie, 2004, p. 85). Na versão em inglês, de 1970, o parágrafo continua com os seguintes dizeres: "A imagem da anima do homem encontra-se próxima da imagem que o homem tem de sua mãe. Sua *anima*, que sempre tem características do seu complexo materno, além de estar mais próxima da consciência do que o arquétipo da mãe, é o que even-

Nós agora chegamos ao parceiro de Psiquê: o deus Eros. Ovídio deu-lhe a alcunha de *Puer Aeternus* – o jovem eterno, rendendo-lhe a identificação com aquilo que há de mais alto valor interno. Mas se um homem se identifica com esse arquétipo, ele se torna um *puer aeternus*, sobretudo na conotação negativa do termo. Ele permanece um "filhinho da mamãe" que se recusa a se tornar adulto, demonstrando tendências homossexuais, além de comportamento idealístico e inadaptado[45]. Às vezes revela pendores artísticos e fantasias megalomaníacas. É necessário, consequentemente, que esse homem desconstrua esta assimilação da figura divina, pois somente Eros, e não o indivíduo humano, desfruta do pleno direito de ser um *puer aeternus*. É mais comum que o encontremos, contudo, no seu aspecto negativo! Se um homem não consegue abandonar sua condição de filho da mamãe, vivendo como se fosse um ser eterno, sem ter que se adaptar à realidade ou a uma mulher real; se ele vive a fantasia do redentor que um dia salvará o mundo, ou que será o grande filósofo ou o grande poeta da humanidade, ele se coloca equivocadamente igualado à figura do *Puer Aeternus*. Este homem se crê um deus e não é capaz de distanciar seu complexo egoico dessa condição. Uma vez que ele não consegue avançar para além do arcabouço arquetípico, a figura do adolescente eterno se torna, consequentemente, puramente destrutiva. Os rapazes que permanecem fixados ao complexo materno carecem de limites individuais precisos e, portanto, o estilo de vida baseado numa disposição coletiva própria do *puer* lhes cai muito bem.

---

tualmente lhe permite integrar sua experiência do feminino, tanto dentro como fora dele próprio. Isso é o seu padrão de comportamento em relação ao feminino".

45. CF. VON FRANZ, M.-L. *Puer Aeternus*. Op. cit.

O complexo materno positivo constela no homem a figura do filho-amante divino da grande deusa e, juntos, eles desempenham o papel da deusa e do deus, como Jung descreveu no primeiro capítulo de *Aion*[46]. Permanecer com a mãe eterna é uma grande tentação para um jovem rapaz, e ele embarca nesta jornada no papel de seu amante eterno. Eles escamoteiam a vida, sem admitir sua condição de pessoas ordinárias. O filho não tem como abandonar a mãe e prefere, assim, viver o Mito do Jovem deus. Esse é o aspecto negativo do arquétipo que não foi integrado. Mas, se na adolescência o rapaz percebe que a realidade necessita ser confrontada e que o paraíso protegido materno deve ser abandonado, o *Puer Aeternus* se torna aquilo que ele sempre foi, ou seja, uma criança interior que, no vocabulário junguiano, é um aspecto do Self, o centro transcendente da alma humana ou de sua totalidade psíquica. Em certas situações trágicas de identificação com o *Puer Aeternus*, tanto o ego como o Self não se mostram puros, já que estão contaminados. Se o ego se encontra inflado, ou seja, se assume o papel de um arquétipo, não é apenas o ego que padece, pois o arquétipo também não estará livre. Quando, por exemplo, a pessoa em questão é do tipo Don Juan, ele é o amante de todas as mulheres, como Krishna em relação às milhares de pastoras que ele mantinha como amantes. Em todo caso, o indivíduo assume o papel de um deus e, o pior, se torna inadaptado, insano e neurótico, enquanto o *Puer Aeternus*, esse aspecto do Self, se torna também maculado e contaminado de forma equívoca pelo humano.

---

46. JUNG, C.G. *Aion*, OC, vol. 9/2.

Dizer que esta ou aquela figura representa o Self é, contudo, um tanto vago, já que o Self possui inúmeras facetas. Portanto, é necessário proceder uma interpretação mais precisa do símbolo. Eros seria o Self considerado sob todos os aspectos da inspiração criativa e da vitalidade; ele é a capacidade se permitir ser levado, aquilo que dá a sensação de que a vida vale a pena ser vivida, pois faz sentido. Ele possibilita tanto a consagração do indivíduo ao seu parceiro contrassexual quanto o investimento na relação conjugal. Graças a ele é possível superar a monotonia existencial, experimentar da emoção religiosa, recriar a própria percepção acerca do mundo, guiar e ajudar outros indivíduos. Quando se encontra um indivíduo em que Eros tenha feito sua morada, percebe-se que, além do ego humilde humano, há nele um núcleo misterioso de onde emana o dom da criatividade, de vida e de energia. Diante de uma situação problemática, esse tipo de indivíduo se renova. É bem conhecida a capacidade dos gênios de discutir e enxergar os problemas de um ponto de vista inusitado. Há uma fonte de criatividade nesse tipo de pessoa que é uma manifestação específica do Self.

O Self é frequentemente associado à figura do "Velho Sábio", mas ele também é o "eternamente jovem" porque gera o impulso criativo no homem, possibilitando-lhe ver a vida sobre novos ângulos. Isso pode ser percebido na obra de Goethe. Nos poemas escritos quando mais velho, existem belas passagens em que ele se utiliza de um estilo próprio do misticismo islâmico. Um idoso pede a um jovem escravo que lhe sirva vinho, mas dirige-se a ele com um tom erótico. Essa é a experiência do Self. O *Puer Aeternus* sempre carreia esse sentimento de juventude, de vida eterna, de vida além da morte. Por outro lado, se houver uma identificação com o *puer*, desenvolve-se o que poderíamos chamar de "neurose da vida provisória", ou seja, o indivíduo se abraça à ilusão de que "um dia" ele será um grande homem. Os jovens vivem numa forma equivocada de eternidade. Eles desdenham o presente, o aqui e agora, que deveria ser abraçado, já que isso é o que faz construir o acesso para a vida eterna.

Assim, na presença de um complexo materno positivo, o jovem rapaz se identifica com o arquétipo do *Puer Aeternus* e, portanto, necessita de desidentificar novamente, como, aliás, muitos o fazem. Já no caso em que o complexo materno é negativo, o homem, ao contrário, se encontra muito alienado da representação do *puer*. Ele tende a se comportar de maneira cínica, incapaz de confiar nos seus próprios sentidos nem mesmo nas mulheres. Ele se mostra uma pessoa enrijecida e não se entrega à vida, pois está sempre pensando que "há algo por trás das coisas". No nosso romance, Milão simboliza essa atitude, já que sua avareza não lhe permite arriscar qualquer tipo de decepção. Entretanto, se o indivíduo deseja realmente viver, não há como não se atrever durante a existência. Desse modo, no homem com complexo materno negativo, o *Puer Aeternus* se revela uma figura interior capital que necessita ser assimilada para que se contrabalanceie esta atitude tão congelada e miserável diante da vida.

Por Apuleio somos informados de que Lúcio procura conhecer o aspecto sombrio e negativo do complexo materno. Ou seja, o seu problema é justamente a falta de identificação com o *Puer Aeternus* que ele precisa descobrir. No nosso conto, Eros, o jovem eterno, aparece como o esposo distante da *anima*. De forma oposta à de Lúcio, Eros mantém uma relação positiva com sua mãe. Ele tem uma dependência edipiana em relação a Vênus e, como é de se esperar, demonstra certa dificuldade em se unir a outra mulher. Seu problema é, portanto, complementar ao de Lúcio. Sabemos que, primeiramente, Eros e Psiquê se uniram felizes num castelo misterioso e distante. Ela está contente, mas desconhece as feições de seu esposo. Suas irmãs descobrem esta felicidade até então resguardada e, por ciúmes, persuadem Psiquê a tomar uma faca e matá-lo porque, na opinião delas, ele poderia ser uma serpente ou mesmo um dragão. Neumann considera as irmãs, como mencionado anteriormente, a encarnação da sombra de Psiquê. Se abordarmos o conto sob a premissa de que ele trata do problema da mulher, a sombra estaria sim projetada sobre as irmãs que se organizam para destruir o casamento feliz dela com o homem que ama. Se, ao contrário, tomarmos a estória como um problema do homem, as irmãs representam os aspectos negativos de sua *anima*. A característica dominante é o ciúme, o que significa que a *anima* está contaminada pelo aspecto negativo da mãe. Os sentimentos que fluem da mãe negativa envenenam, por assim dizer, a experiência interna de vida deste homem. As irmãs negativas que envenenam Psiquê são ambas infelizes nos seus casamentos, tendo casado por dinheiro e poder, de forma que elas claramente representam um aspecto destrutivo do complexo de poder que arruína uma verdadeira relação baseada em sentimentos. Elas simbolizam a avareza, a inveja, o poder, o ciúme, o gozo da possessividade e a mesquinhez da alma que se recusa a se entregar de modo generoso a uma experiência, seja interior ou exterior, assim como se revelam incapazes de simplesmente perpassar as banalidades da vida.

O homem com complexo materno positivo desconhece essas dificuldades, pois em seu comportamento consciente ele tende a confiar bastante nas mulheres. Se, contudo, conhecermos esse homem na intimidade, descobriremos que ele guarda um certo ciúme desconfiado camuflado nos seus sentimentos. Já no caso de um complexo materno negativo, o homem se mostra ciumento, ressabiado, possessivo e ansioso no seu comportamento em relação às mulheres e também em relação ao seu inconsciente. Mas, sob essa aridez, ele é muito ingênuo e, se por acaso se mostra desconfiado e preocupado, é apenas porque tem muito medo de expor seus sentimentos em demasia.

Em certa ocasião, atendi no consultório um homem com complexo materno negativo. Ele morou com sua tia, que era uma mulher histérica e terrível. Sua estória era digna de um conto de fadas! Ela o aprisionava a tal ponto que ele não podia sair do apartamento nem de dia nem à noite, e eram suas tarefas arrumar as camas e limpar o chão. Não lhe era permitido sair para passear e, além do mais, ele tinha de manter relações sexuais com ela. Isso acontecia na Suíça, em 1940! Ele finalmente escapou e começou a se tratar, e sempre dizia que todas as mulheres eram umas malditas bruxas. Com o tempo, ele decidiu renunciar suas tendências homossexuais e quis interessar-se por mulheres mais jovens. Mas esse é o tipo de coisa que não se pode fazer apenas por decisão consciente. Por alguma estranha razão, e desde o primeiro encontro que tivemos, ele demonstrou completa confiança em mim, mas de uma forma tão irreal que meu coração gelou. Ele perguntava sobre o significado dos seus sonhos e confiava em todas as coisas que eu lhe dissesse. Mas isso era algo assustador, porque não há nada mais deprimente do que ser depositária de uma confiança além daquela que se merece. Ele não conseguia ver que eu era uma pessoa ordinária e tomava tudo que eu falava como se fosse um evangelho. O resultado foi uma "cura" miraculosa; seus sintomas desapareceram em dois meses. A situação era confusa e soava um tanto quanto mágica. Ele havia surgido a bordo de um sentimento inteiramente negativo e agora embarcava numa atitude inversa de um *puer aeternus*. Aquilo era apenas uma visitação ao lado oposto daquele no qual ele se encontrava, e não uma cura real. Apenas após mais trabalho analítico ele foi realmente capaz de cair fora das suas dificuldades.

Desde então, aprendi que se deve esperar por esse tipo de reação em que, diante de complexo materno negativo, eis que surge o *Puer Aeternus* na sua compleição divina. Ele aparece sob a forma de uma ingenuidade divina que não cabe na vida tal como ela é nem na relação com as mulheres da maneira que precisa ser. Depois de superar esses estágios, o homem deve amadurecer, conquistar uma atitude mediana, libertando-se dos extremos, ou seja, de completa descrença ou de total confiança típica de uma criança pequena. Mas eu não teria feito nada por ele se tivesse usurpado do meu poder. Era necessário que eu me policiasse o tempo todo para não demonstrar qualquer traço de possessividade. De tempos em tempos, tentei instilar alguma forma de ceticismo em sua fé e, quando eu lhe oferecia uma interpretação dos seus sonhos, eu lhe perguntava se realmente ele acreditava no que lhe dizia. Na verdade, eu estava mesmo era convidando-o a ter uma atitude mais crítica e a prestar atenção ao seu próprio julgamento em vez de apenas dizer "sim", como se estivesse sendo catequizado. O que aconteceu ao final foi que, um dia, ele precisava muito falar comigo, mas eu estava gripada e não pude atendê-lo. Ele então teve um choque e, de repente, percebeu que eu era um ser humano ordinário que também adoecia. Pela primeira vez, passou por sua cabeça que eu não era um *daimon*, nem uma deusa, já que eu também podia ser nocauteada por uma gripe. Isso foi a deixa para que se tornasse adulto, ou seja, colocar tudo nas minhas mãos não era a coisa mais sábia a ser feita. Ele se recompôs e começou a refletir sobre nossa relação e sobre o que ela significava para ele.

Podemos dizer assim que, em Psiquê, está personificada uma relação afetiva positiva do homem com as mulheres e com o inconsciente, porém um tanto quanto ingênua e ainda sendo vivida no paraíso. Já no que concerne às duas irmãs, elas são muito céticas, muito cínicas e bastante atentas aos aspectos banais da vida. Se ao passearmos pelo bosque e nos depararmos com jovens casais enamorados, logo veremos que eles estão vivendo num mundo divino. Quem os observa tem uma reação ambivalente, pois, por um lado, reconhecerá que eles vivem, sim, num mundo divino, mas, por outro lado, tudo parece um tanto quanto vulgar e ordinário. Essa é a condição do "eterno José Maria e da eterna Maria José". E como as irmãs invejosas, as pessoas que transitam por perto fazem comentários zombeteiros por estarem bastante cônscias acerca da banalidade e da incompletude ética desta condição, enquanto o casal vive apenas a porção "conto de fadas" da experiência. Estas duas atitudes são exageradamente opostas e unilaterais. Uma atitude mais madura faria saber que há, simultaneamente, sempre um aspecto divino e outro banal, e que esse é um dos grandes paradoxos que o sentimento deve aprender a aceitar.

Fig. 2 Sol e Lua

Uma mulher que se ocupava deste problema, ou seja, se a sua relação amorosa era uma experiência divina ou apenas um *affair* banal, sonhou com um rei e uma rainha que caminhavam à sua frente usando coroas radiantes, acompanhados por um galo e uma galinha. Uma voz assim o disse: "Estes dois pares são um e outro a mesma coisa"[47]. Esta imagem exprime bem o paradoxo, mas, do ponto de vista prático, revela uma condição difícil, já que suportar essa tensão requer um alto nível de maturidade. Na alquimia, o símbolo do *coniunctio*, do casal divino, pode ser expresso pelo par rei e rainha, deus e deusa, galo e galinha, um par de cães acasalando etc. Os alquimistas sabiam que isso eram os aspectos de uma mesma união que simbolizam as oposições psíquicas existentes na totalidade transconsciente da personalidade.

---

47. Cf. MAÏER, M. *Atalanta Fugiens* [edição latina original, 1617]. Tradução para o francês da E. Perrot. *Atalante Fugitive*. Paris: Libraire Médicis, 1969. A figura 2 representa o Sol e a Lua acompanhados por um galo e uma galinha, com o comentário: "O sol necessita da lua assim como o galo da galinha". PERROT, E. *As três maçãs de ouro*. [s.l.]: La Fontaine de Pierre.

VI. Continuação do conto Amor e Psiquê

Vimos que Psiquê e Vênus são duas modulações de um mesmo arquétipo: Vênus simboliza mais o aspecto da *anima* conectado à mãe, e Psiquê a *anima* que não é tão contaminada pela imagem materna. Poderíamos representar os arquétipos como núcleos, átomos, no campo do inconsciente, mas eles certamente se encontram, de fato, numa situação de amalgamento, em que cada elemento é influenciado por todos os outros. É por isso que um arquétipo do inconsciente é de algum modo idêntico a todo o inconsciente. Ele contém em si os contrários; ele é um todo, o masculino e o feminino, o claro e escuro. Tudo se mescla e é apenas quando o arquétipo se aproxima do limiar da consciência que ele se torna um pouco mais distinto. Na nossa estória, Vênus se sente ofendida, já que ela, a deusa todo-poderosa do Além, tem agora uma rival sobre a terra que é, de certo modo, sua forma encarnada. Esse é o tipo de representação de um problema geral na Antiguidade Tardia. Ele surge em diferentes variações como, por exemplo, "Os cânticos da queda de Sofia", que datam próximo da época de Apuleio. De acordo aos sistemas gnósticos, em particular ao de Valentin[48], Deus

---

48. Cf. LIÃO, I. *Patrística* – Contra as Heresias. São Paulo: Paulus, 1997.

trazia consigo no início da criação o princípio feminino, uma companheira, Sofia, a Sabedoria. No Antigo Testamento, particularmente nos textos ditos apócrifos, ela é descrita como a sabedoria de Deus (cf. o Livro dos Provérbios, o Eclesiástico de Jesus ben Sirac, o Livro da Sabedoria). Diz-se que "Antes de Deus ter criado a terra, lá estava eu, brincando diante dele [...]". Mas, de acordo com o ensinamento cristão, Deus não é casado e não desfruta da companhia de uma figura feminina e, portanto, a interpretação desses textos trouxe alguns problemas para os patriarcas da Igreja. Postularam, assim, que esta seria uma forma pré-encarnada da alma de Cristo, ou seja, sua *anima*, sua alma feminina.

Em vários sistemas gnósticos, diz-se que Sofia era a companheira de Deus desde o início da criação e mesmo após, mas, ao se reclinar para observar a matéria, ela se separou dele. Enquanto ela o procurava, viu um demônio leoncefálico, Jaldabaoth, e pensou que fosse Deus, o Pai. Ela foi ao encontro deste ser e acabou sendo capturada por ele e, doravante, ficou aprisionada na matéria. Existem belíssimos cânticos e poemas que retratam seu clamor pela ajuda do Pai Celestial para que seja liberta da matéria, da companhia dos demônios e de Jaldabaoth. Os gnósticos da Antiguidade Tardia eram os filósofos e pensadores da Igreja nascente, e não foi à toa que eles desenvolveram o Mito da Queda de Sofia porque, como disse Jung, se um homem se identifica com o logos ou com o intelecto, suas emoções e sentimentos "caem" no inconsciente e necessitam ser redimidos. Seu espírito se contamina pela paixão ctônica primitiva, e são seus sentimentos e sua alma que clamam por ajuda. Esse mito, por ser especificamente gnóstico, foi relegado ao esquecimento após a Igreja haver decidido expulsar esses filósofos do seu seio e sentenciar seu sistema como herético.

O conflito figurado pela oposição entre Vênus e Psiquê representa, portanto, um problema central da Antiguidade[49]. Não sei, contudo, até que ponto podemos nos arriscar em traçar uma comparação com o que antecedeu à encarnação do Deus Pai do cristianismo. Aqui percebemos que Deus desceu aos homens, e, desse modo, houve um descenso da figura divina, até então circunscrita à esfera celestial, em direção ao corpo humano, cuidadosamente purificado de qualquer *macula peccati* (mancha de pecado) e, até certo ponto, assumindo o destino dos homens. Algo diferente acontece, contudo, nas tentativas paralelas de encarnação da deusa. Vênus não passa pelo processo de descenso e encarnação no ser feminino. Em vez disso mulher ordinária, por ser considerada ou por se tornar uma personificação de Vênus, aos poucos, é elevada ao nível celestial. De forma análoga no que diz respeito ao desenvolvimento da Igreja Católica, a Virgem Maria também era considerada, em princípio, uma mulher ordinária que, lentamente, ao longo de um processo histórico, foi elevada a um nível próximo do divino. Parece que a encarnação do deus masculino se faz pelo seu descenso ao homem e à matéria, enquanto na encarnação da deusa é a criatura humana ordinária e o corpo maternal que são ascendidos à condição quase divina. Desse modo, temos, por um lado, a materialização do logos abstrato e, por outro, a espiritualização da matéria. Aqui, portanto, estamos lidando somente com as primícias. Psiquê, que as pessoas consideravam como uma encarnação de Vênus, é vitimada pela cólera desta deusa e se vê condenada pelos Céus a desposar o mais abjeto dos homens. Mas

---

49. R. Reitzenstein salientou a relação da Sofia gnóstica e Psiquê. Cf. REITZENSTEIN, apud *Binder und Merkelbach*. Op. cit., p. 105s.

Eros, caído de amores por ela, decide tornar-se ele próprio seu esposo. Psiquê é levada para o topo de um rochedo e lá abandonada, à espera de seu casamento fúnebre. Mas uma brisa leve e suave a conduz a um país paradisíaco onde ela passa a viver muito feliz com seu marido. Ele, contudo, se mantém invisível e a visita somente à noite, sem permitir que ela o veja.

Contrariamente ao que se seguirá, a primeira aterrissagem de Psiquê ao inconsciente transporta-a para um lugar ideal e abençoado, um paraíso ilusório de amor e beatitude. Entretanto, como em todo conto de fadas similar, isso não dura muito tempo. Para Psiquê, o evento pode mesmo parecer um acontecimento sortudo e auspicioso, mas, do ponto de vista humano, representa uma perda. Uma mulher que, já de início e de forma acentuada, se imbui de carrear aquilo que Vênus significa está fadada a desaparecer no inconsciente, e isto é uma "perda da alma" no nível humano. Sempre que um novo conteúdo do inconsciente se aproxima da consciência ele consome energia, e isso se traduz, num primeiro momento, como uma perda de libido, uma depressão, um vazio, até que se compreenda o que está emergindo das profundezas e o que está sendo produzido. Desse modo, não se pode simplesmente culpar as duas irmãs ciumentas por envenenar Psiquê com suas intrigas ao insinuarem que Eros era um dragão, assim que descobrem o quão feliz ela se encontrava neste país remoto.

A hipótese de que Eros pudesse ser um monstro é bastante significativa, pois, na Antiguidade, Eros era, muitas vezes, representado na forma de um dragão ou de uma serpente. Harpócrates, ou seja, Osíris renascido de seu próprio filho, era frequentemente pictografado também como um dragão.

Na alquimia, a serpente ou o dragão é um símbolo da *prima materia*, da pedra filosofal ou da criança divina. As irmãs não estão, portanto, completamente erradas nas suas insinuações. Num certo sentido, elas têm razão, pois, se a questão amorosa regride novamente às camadas profundas do inconsciente, a forma de amar se torna completamente fria e inumana. Tanto o dragão quanto a serpente sempre foram associados a conteúdos inconscientes não humanos, às vezes num sentido positivo como algo divino, e outras vezes no negativo, como demoníaco. Em ambos os casos, não se pode falar de sentimentos nem de possibilidade de contato humano. Jung sempre salientava que, como afirmam os alimentadores dos zoológicos, nem mesmo os especialistas em contato animal eram capazes de estabelecer qualquer relação *afetiva* com as cobras ou com quaisquer outros animais que lhe eram inferiores na escala evolutiva. Pode-se tentar domar e manipular cobras por anos a fio, mas um dia elas picam, e mesmo um indivíduo com muita prática nesse manejo não é capaz de prever esse tipo de reação. Já com os animais de sangue quente, quando se tem prática e habilidades suficientes, é possível antecipar ou mesmo prever determinadas reações. Se convivermos de perto com estes animais, desenvolve-se em nós certa empatia em relação às suas reações afetivas, mas, quando se trata de animais de sangue frio, isso não é possível. Do ponto de vista prático, quando um conteúdo do inconsciente surge sob a forma de serpente, como por exemplo num material onírico, é sempre muito difícil fazer com que o sonhador tenha uma compreensão adequada imediata. Normalmente o indivíduo não tem uma vinculação com os conteúdos do inconsciente que frequentemente se manifestam por sintomas físicos, sobretudo se estiverem sob influência do sistema nervoso simpático. É quase impossível estabelecer uma relação com um conteúdo do inconsciente que se apresenta dessa forma e nem mesmo adivinhar, ainda que de forma aproximada, do que se trata. O indivíduo continua sua vida, inocentemente, sentindo que aquilo não lhe diz respeito e, geralmente, na minha experiência, vários meses se passam até que o conteúdo se torne claro o bastante, e então ele diz: "Ah, isto era então a serpente!" Se, portanto, as irmãs caluniam Eros equalizando-o a uma serpente, elas apenas o descrevem como ele assim se parece quando observado aqui na terra. Ele é um tanto quanto distante do mundo humano e é por isso que o paraíso divino e irreal em que Psiquê vive precisa ser destruído.

Naturalmente, é também possível conectar as duas irmãs com o instinto de poder, que é bem visível nelas. Mas não se deve esquecer de que esta pulsão também possui um valor igualmente positivo, uma vez que o poder e o instinto de preservação são intimamente ligados. Se um animal expande seu território combatendo seu vizinho, seria isso um simples ato de autopreservação para garantir segurança e alimentação adequadas, ou apenas luta por poder? No que diz respeito à manutenção de um equilíbrio, estaríamos então falando de instinto de preservação, mas, se extrapolar o que é necessário, é evidente que estamos diante de dominação. Há, contudo, apenas uma tênue linha que delimita essas pulsões. O instinto de autopreservação, contaminado pelo poder e perversão, irrompe-se sobre o paraíso de Psiquê. Diante da instigação das irmãs, ela decide munir-se de um candeeiro e de um punhal a fim de descobrir quem era seu marido, o que, como se sabe, era exatamente aquilo que lhe havia sido interditado. Se ela descobrisse que ele realmente era um dragão, ela então poderia cravar-lhe o punhal. Assim, com uma disposição para acabar com a vida de Eros, Psiquê acende o candeeiro e se dirige para onde dorme seu marido. Mas, para sua surpresa, ela descobre que seu esposo era um belíssimo rapaz alado. Ela se vê tão atrapalhada com essa revelação que deixa cair o punhal e, do candeeiro aceso, uma gota de óleo quente respinga sobre Eros. Ele desperta e inflige-lhe uma gravíssima punição que só os deuses são capazes: ele a deixa! Ter sido abandonada pelo deus do Amor foi a pior forma de punição que ele poderia impor a ela. Agora, junto de sua longa, interminável e dolorosa jornada para reencontrar Eros, começam as verdadeiras aventuras de Psiquê.

O simbolismo do candeeiro com o óleo ardente que queima Eros tem um significado duplo. Num conto moderno, de origem alemã, coletado pelos Irmãos Grimm[50], pode-se observar um paralelo com a nossa estória, mas nele a luz persegue somente o amado da heroína que é mantido escondido. A luz, em todos os contextos mitológicos, simboliza a consciência. A luz que emana de uma lâmpada, lamparina, candeeiro etc. representa mais particularmente a consciência que está à mão e sob o controle do ser humano, em contraste com a luz do sol que é de natureza divina e cósmica. C.G. Jung enfatizou várias vezes que não é possível descrever a vida da psique inconsciente por meio de categorias conscientes claras e lógicas. As analogias simbólicas se mostram mais adequadas porque, quando se trata de realidade psíquica, não cabe dizer que ela seja "nada mais que" isto ou aquilo, mas uma entidade viva com numerosas facetas. A luz do candeeiro de Psiquê representa um ponto de vista consciente prestes a ver que Eros não passa de um animal, ou seja, este tipo de consciência

---

50. IRMÃOS GRIMM. *A andorinha que canta e que pula.*

não enxerga "nada mais que" a sexualidade, e foi justamente esta atitude, aliás, o que afugentou o deus. Além disso, o óleo fervente do candeeiro faz com que ele sofra profundamente. Em qualquer interpretação derrogatória das personificações e dos eventos psíquicos desse tipo, pode-se dizer que há uma motivação emocional e secreta que dissimula o desejo de descortinar o aspecto "divino" presente em todas manifestações arquetípicas das camadas mais profundas do inconsciente. *A verdadeira motivação desta depreciação racionalista é o medo!* Vemos este tipo de depreciação nas proposições de algumas teorias psicológicas modernas, tais como a de Freud ou de Adler, em que os grandes símbolos divinos do inconsciente são considerados "apenas" do ponto de vista da sexualidade ou do instinto de poder.

Há também a questão acerca do óleo do candeeiro que, além do medo, é um elemento da paixão ardente, mas um tipo de paixão mais afeita ao poder e à possessividade do que ao amor verdadeiro. Psiquê encarna claramente aqui certos traços pessoais da *anima* de Lúcio-Apuleio: a sua paixão pelo *conhecimento* (*curiositas*) e seu pendor pela magia, uma técnica cujo propósito é manipular os poderes divinos em vez de prestar serviço a eles. Essas qualidades intelectuais da *anima* de Apuleio impedem-no de conhecer, pela experiência, a deusa Ísis e de se submeter aos mistérios inefáveis da alma. O amor não tolera um ponto de vista puramente intelectual, posto que essa visão "não passa de interpretações", e também não suporta a paixão possessiva. Desse modo, Eros, profundamente machucado, some e Psiquê adentra uma penosa jornada para reencontrá-lo.

Como salientou Neumann[51], no momento em que ela começa a amá-lo verdadeiramente, ela interrompe sua condição de estar perdida na inconsciência de um paraíso distante de prazer e de morte, e desperta diante de Eros o companheiro amoroso. O amor pessoal substituiu o "princípio do prazer" não individualizado e puramente coletivo, mas é neste momento preciso que este amor se torna trágico.

Nos contos de fada, de modo geral, a mulher percorre o caminho de sua individuação suportando seu sofrimento, enquanto os heróis masculinos o fazem de forma mais ativa. Existem as exceções, mas os heróis usualmente têm que matar dragões, combater gigantes, atravessar mares ou escalar montanhas, mas, no que diz respeito às heroínas, é mais comum que elas tenham que perseverar no sofrimento sem se desanimar. Psiquê é um exemplo típico; tal qual a dolorosa queda de Sofia, ela aceitou seu mal e empreitou uma longa busca para encontrar Eros.

Um fato, contudo, foi definitivamente alterado com a intrusão das irmãs perversas. É uma pequena questão que Neumann não comenta em seu livro, mas que é, na verdade, essencial: ao abandoná-la, Eros declara à Psiquê que a criança que ela carrega em seu ventre se transformará numa menina, em vez de um menino. "Se você não tivesse violado o segredo", ele diz, "a criança seria um menino, mas, por causa do que você fez, você não o abortará, mas dará à luz a uma menina." Sabemos que, no fim da estória, quando ela é admitida no Olimpo, nasce uma menina que tomará o nome de *Voluptas* (Volúpia), o prazer sensual. Não sabemos qual teria sido o

---

51. NEUMANN, E. *Amor e Psiquê* – Uma contribuição para o desenvolvimento da psique feminina. São Paulo: Cultrix, 1990.

nome da criança caso ela não tivesse quebrado o encanto ao desobedecer ao Amor.

Se retomássemos toda esta estória e nos perguntássemos o que ela significaria do ponto de vista do indivíduo e a conectássemos mais particularmente a Apuleio, veríamos que Psiquê é uma imagem coletiva da *anima* e Cárites um aspecto mais pessoal da mesma figura que emerge de seu inconsciente. Psiquê/Cárites é uma imagem ligada ao aspecto positivo do complexo materno, bem como a uma grande ingenuidade, típica do *Puer Aeternus*. Como já disse, um homem com um complexo materno positivo encontra-se diretamente identificado com a criança divina. Ele se considera um deus alado e recusa todas as tarefas essenciais da vida, tais como trabalhar, submeter-se, garantir o próprio sustento, estabelecer família etc. Essa é uma situação bem conhecida.

Lúcio, como vimos no início, tem um complexo materno negativo. Seu ego não está, portanto, identificado com o *Puer Aeternus* que, ao contrário, mostra-se constelado nos seus bastidores, ou seja, no inconsciente. Como sempre acontece com um homem cujo complexo materno negativo é dominante, sua atitude visível se revela cínica e negativa no que diz respeito às mulheres, além de exibir um realismo intelectual bastante frio. Mas, quando se trabalha esta questão e se tenta resgatar os sentimentos que porventura ainda não foram completamente destruídos pela mãe negativa, pode-se observar que as coisas reais que ele sente são exatamente o oposto. Eles são completamente falseados, infantis e deliciosamente ingênuos, e com toda a vulnerabilidade irrealística que permeia essa candura. Se este homem, por meio de uma transferência positiva sobre uma mulher, descobre, de repente, todo o vasto mundo de emoções que ele reprimiu até então, esse mundo se volta para ele com todo o esplendor de um paraíso intocado. Ele passa a se comportar de maneira totalmente confiante e, consequentemente, ainda mal-adaptada, já que se revela muito terrivelmente vulnerável, ou seja, seu sentimento é susceptível a ser destruído novamente diante de uma nova experiência concreta negativa. Pode-se dizer que Lúcio, sob a forma de asno, encontra-se profundamente adoecido pelo aspecto negativo do arquétipo da mãe. O Mito de Psiquê e Eros anuncia uma enantiodromia, um movimento compensatório que surge do inconsciente. Mas aquele aspecto positivo se mostra ainda totalmente inadaptado e irreal, e por isso as irmãs imiscuem-se.

Isso nos leva a indagar sobre o que seria a criança do sexo masculino que teria nascido. A colimação do *hieros gamos*, do casamento sagrado, entre Eros e Psiquê certamente resultaria no nascimento de uma nova *imagem do Self*. Uma criança divina teria surgido, e isso é o que nós reconheceríamos como sendo o afloramento do Self no que diz respeito à psicologia de Lúcio. É de se supor, naturalmente, que o arquétipo do casamento sagrado só acontece, igualmente, no inconsciente.

Mas qual seria o sentido do nascimento da pequena menina para os seres humanos que vivem sobre a terra, e também para o desafortunado asno? Por um lado, visto do ponto de vista da psicologia masculina, ela seria somente uma nova forma da *anima*, e até surpreendente, pois ela é a Volúpia, o prazer sensual, o que, acreditávamos, Lúcio já vinha se esbaldando. Por outro lado, a garotinha nascida no Olimpo guarda certa proximidade com o mundo dos homens, o que significa então que algo do humano é conduzido para o domínio do inconsciente coletivo. Um processo, até certo ponto paralelo ao aqui descrito e também comentado por Jung em seu livro *Resposta a Jó*[52], pode ser visto no Apocalipse de São João. Uma mulher grávida, trazendo sobre a cabeça uma coroa de doze estrelas e tendo a lua a seus pés, é perseguida por um dragão vermelho. No momento em que ela se encontra prestes a dar à luz a uma nova figura do Salvador, ela é removida aos céus, longe da terra, de forma que a criança divina não se encarna na terra. Ou seja, esta outra tentativa de nascimento do novo símbolo do Self permaneceu reprimida no inconsciente. Isso significa que os tempos ainda não são adequados para o aparecimento dessa forma no consciente coletivo. Isso são apenas germes, percebidos ora aqui ora ali, mas que tornam a desaparecer. O nascimento abortado do Menino mencionado deve ser visto, portanto, como um paralelo destes mitos – nasce, então, uma filha que é transportada para o mundo do além. Mas por que essa criança é justamente a Volúpia, o prazer sensual? Eu gostaria de deixar este tópico para o final da estória, no momento em que Psiquê toma conhecimento da "caixinha de belezas" no outro mundo, já que ambos estão conectados. A integração do aspecto divino, transpessoal e libertador do casamento sagrado é um problema essencial que ainda permanece sem solução – ou bem as pessoas se permitem ser tomadas pelo aspecto "divino" e romântico do amor, ou elas se mantêm cinicamente fiéis ao seu aspecto banal.

O romance de Gérard de Nerval, *Aurélia*[53], é um exemplo maravilhoso dessa dicotomia. Nerval era um homem cujos sentimentos mais profundos não se afinavam com suas ideias conscientes. Desse modo, ele, por assim dizer, simplesmente

---

52. JUNG, C.G. *Resposta a Jó*. Op. cit.

53. NERVAL, G. *Aurélia*. São Paulo: Iluminuras, 1991.

"atirou seu lado romântico para o outro lado do rio". Ele também gostava muito de viajar para a Alemanha, onde se sentia muito bem ao visitar seus tios na Floresta Negra. Ele era um homem jovem e um escritor dotado, mas acabou caindo de amores por uma jovem vendedora. Completamente tomado por seus sentimentos e emoções, ele chegou até mesmo a escrever-lhe romances e poemas, e ficou absolutamente convencido de que o encontro entre Dante e Beatriz não fora algo maior do que ele agora experimentara. Mas, de uma hora para outra, o racionalismo francês e o cinismo gaulês emergiram e ele decide que, afinal de contas, ela *qu'une femme ordinaire de notre siècle* (ela não passava de uma mulher ordinária do nosso século), e ele então lhe dá um fora. A garota que estava realmente apaixonada por ele se desespera. Mais tarde, uma amiga tentou fazer com que os dois se reconciliassem, mas, devido provavelmente à sua atitude cínica, ele a recusa e acaba destruindo os sentimentos de ambos, uma ruptura que não teve mais conserto. Durante esse reencontro infrutífero, a jovem moça olhava-o com ar de reprovação e com lágrimas nos olhos, e isso foi um grande choque para ele. Na noite seguinte, ele sonhou que passeava por um jardim e viu uma estátua de uma mulher muito bonita tombada e partida ao meio sobre a grama, e cada uma das metades caídas para um lado diferente. Esse sonho representa bem o que se produziu na realidade, ou seja, a mulher para ele ou era uma deusa intocável, ou somente *qu'une femme ordinaire de notre siècle* com a qual ele poderia se ligar apenas por prazer. O homem nunca mais pôde reaproximar esses dois aspectos de sua *anima*. A partir desse momento, ele progressivamente entra em crises psicóticas que se tornam muito intensas até que, finalmente, ele se enforca num poste de luz. Certamente ele já tinha um perfil psicótico de base, embora tal dissociação talvez pudesse ser superada caso ele tivesse, pelo menos, entendido que toda relação humana profunda é algo paradoxal, ou seja, existe, sim, o sagrado, o *hieros gamos*, mas também o aspecto ordinário, e ambos coexistem. O amor é um mistério profundo, divino, único, mas ao mesmo tempo apenas um evento humano ordinário. Esse mesmo tipo de dissociação também está constelada aqui neste conto, pois, como num movimento pendular, primeiro se observa que os amantes se afastam bastante para o reino divino, para o mundo do além, onde Eros e Psiquê vivem numa espécie de paraíso imaginário. Mas esta felicidade é então destruída por um movimento inverso quando surgem as irmãs que trazem consigo todos os aspectos perversos e cínicos da vida, rompendo assim essa conexão.

Um movimento pendular semelhante, que vai de um extremo ao outro, também pode ser observado no Mito da Queda de Sofia. Como dito, enquanto procurava pelo Pai Celestial, ela cai nas garras do demônio leoncefálico da matéria, Jaldabaoth, e, a seguir, compreendendo o engano em que se metera, anseia por retornar à outra esfera junto, novamente, do Pai Celestial. A intrusão das irmãs mesquinhas corresponde à queda súbita de Sofia do paraíso no aspecto realista e cínico, mostrando que nem mesmo os eventos arquetípicos emergentes no nosso psiquismo estão imunes quando tocam a consciência humana. Creio que nessas circunstâncias o senso de humor revela todo seu valor, porque esta é a única qualidade que possibilita reaproximar estes aspectos irreconciliáveis inerentes a toda experiência amorosa profunda. Mas, pessoas como Gérard de Nerval não possuem esta qualidade, e é por isso que acabam sendo vitimadas pela psicose. Porque lhe faltava senso de humor ele não foi capaz de aceitar o paradoxo e dizer: "Certo, as duas são igualmente verdadeiras [...]. Beatriz é sim a experiência da mulher divina, mas ela também o é *qu'une femme ordinaire de notre siècle*". Quando uma mulher passa por esse processo, seu *animus* (seu polo interior masculino) é quem ocupa o lugar do comentador cínico que se esforça para destruir todo movimento sentimental mais profundo.

Mas, o que teria acontecido se Psiquê tivesse se recusado a desobedecer a seu marido? A reposta é simples: *as leis mitológicas devem sempre ser transgredidas*, pois, de outro modo, não haveria uma estória a ser contada! Entretanto, há, com certeza, mais coisas além disso. Os estágios de harmonia no inconsciente, como os que se observam na estória do Paraíso, resultam numa estagnação da vida onde a crise e os impulsos perversos são excluídos. Algumas pessoas, por meio de um grande esforço intelectual e psicológico, sacrificam ou suprimem um dos polos de um dado conflito crucial na esperança de estabelecer certa paz em suas almas com aquilo que subsiste. Por exemplo, na vida monástica o dinheiro e sexo são suprimidos e, com isto, se afasta também uma fonte inumerável de conflitos, sendo que, ao se retirar dessas dificuldades, espera-se encontrar certa serenidade. A ideia cristã de paz interior se orienta totalmente nesta direção, ou seja, suprimem-se certos aspectos do mal que parecem impossíveis de ser integrados e depois tenta-se criar uma harmonia artificial com o que resta. A humanidade, no mundo todo, tende a agir dessa maneira. Essa questão é em parte inevitável já que, de tempos em tempos, é necessário que os problemas insolúveis sejam pelo menos postos de lado. É como se existissem ilhas de descanso onde se pode desfrutar de um momento de paz, mesmo que ainda se reconheça que o problema não esteja solucionado e que poderá ressurgir a qualquer instante. Isso pode ser percebido quando o indivíduo desenha uma mandala e registra alguns motivos no exterior do círculo mágico. Ou seja, naquele momento, ele alcançou uma relativa plenitude, mas alguns aspectos da realidade foram excluídos e, portanto, é certo que esse equilíbrio relativo durará por pouco tempo. Alguns desses elementos perturbadores que foram deixados de lado eventualmente irromperão e causarão alguma ruptura, de forma que um novo processo de integração se inicia. Desse modo, não se encontra nos mitos nada que perdure como um paraíso inconsciente eterno.

Aqui temos, portanto, a essência de todo o romance porque, no curso da obra (embora o autor às vezes dá mostra de ter sido tomado pelos sentimentos), constatamos um tom jocoso, cético e de julgamento de valores análogo ao cutelo que Psiquê traz na mão. Quando as coisas vão bem, o diabo nos assopra aos ouvidos um "isto não é nada mais que [...]", ou seja, uma depreciação racionalística que a tudo destrói. Nas mulheres, é geralmente o *animus* o artista deste espetáculo e, nos homens, esse é um aspecto de sua *anima*. Quanto mais sensível, delicado e vulnerável o homem se mostra, maior é sua tendência para ridicularizar-se a si próprio. Os suíços reconhecem esse tipo de celibatários, tal como o poeta Gottfried Keller que, por um lado, demonstrava uma grande elevação e delicadeza de sentimentos e, por outro, exibia o típico escárnio de um solteirão, que é uma forma de defesa contra tamanha sensibilidade. Ele abusava do álcool e não foi capaz de confrontar o seu problema com a *anima*. Apuleio-Lúcio tem também algumas dessas mesmas características.

Chegamos agora no ponto do livro que trata dos diferentes estágios da peregrinação de Psiquê à procura de Eros. De volta aos céus, Eros é aprisionado por sua mãe indignada. No seu estado de desespero Psiquê tenta se suicidar atirando-se a um rio, mas o deus do curso das águas a retorna para a margem do rio onde ela se encontra com Pã[54], o deus pastor que, em sua grande sabedoria, a aconselha a não pôr fim a seus dias, mas, ao contrário, honrar a Eros, "o mais elevado dos deuses", por meio de orações. O grande deus da natureza cósmica a auxilia, portanto, a manter-se viva. Enquanto isso, Vênus, consumida pela raiva, a procura por todos os cantos. Psiquê, decidida a abraçar os conselhos de Pã, chega ao palácio celestial de Vênus onde é aprisionada por suas servas, Tristeza e Inquietação, que a torturam antes de trazerem-na diante da deusa. Esta passagem, acredito, é compreensível para qualquer pessoa que tenha passado por uma experiência de amor infeliz. Vênus ordena que Psiquê cate e separe uma grande quantidade espalhada de sementes misturadas, num tempo equivalente a uma noite. Esse tema de selecionar grãos se repete em vários contos de fada paralelos como, por exemplo, no conto russo *A bela Wassilissa*[55]. Aqui, da mesma forma, uma jovem e infeliz donzela adentra uma floresta onde vive a grande feiticeira Baba Yaga, deusa da natureza e da morte, e lá também tem que catar e separar os grãos que foram espalhados. Merkelbach, na obra já citada, relaciona essa questão com os mistérios eleusinos, em que o cereal é a substância misteriosa que simboliza a deusa-mãe, a deusa da colheita.

Pode-se, de certo modo, considerar essa porção de sementes misturadas como um aspecto do inconsciente coletivo

---

54. Pã e Ísis eram veneradas juntas na Ilha de Meroé.

55. Cf. na obra da mesma autora: *O feminino nos contos de fada*. 3. ed. Petrópolis: Vozes, 2010. • *A sombra e o mal nos contos de fada*. 3. ed. São Paulo: Paulus, 2002.

que representa tanto uma essência única quanto uma multiplicidade enorme de imagens e de formas em potencial. Nesse sentido, enquanto os arquétipos do inconsciente coletivo não se fizerem conscientes no ser humano, eles ainda não se configuram como algo real, ou seja, são apenas germes imprecisos. Eles não se constituem como realidades psicológicas até que sejam experienciados pela psique humana. É por isso que os arquétipos do inconsciente coletivo são como uma coleção de virtualidades caóticas dormentes; eles são inatos em cada ser humano, mas, se não forem ativados pelo contato com a consciência, podem ser considerados tanto existentes como inexistentes. Se quisermos saber com o que se parece este conjunto de conteúdos arquetípicos *in potentia*, basta observar um indivíduo num episódio esquizofrênico. Num primeiro momento deste episódio, o indivíduo despeja uma fantasia após a outra, mas no momento seguinte ele não se lembra de nada do que foi dito. Os conteúdos mais impressionantes e mais belos simplesmente fluem dessas pessoas, mas nada deles é retido na memória. O inconsciente coletivo parece então como se fosse um grupamento caótico de conteúdos sendo que, cada um deles, de forma latente, tem a possibilidade de causar uma impressão na consciência humana. Mas, em vez de fazer sentido, reina a confusão, pois a consciência se encontra muito frágil para interromper este caudal[56]. Poderíamos dizer que um bom intelecto é necessário para disciplinar todo o fluxo de material, mas isso não é o bastante porque não é apenas intelectualmente que se consegue impor certa ordem nesses domínios. Na verdade, é necessário

---

[56]. Erich Neumann interpreta as sementes como "promiscuidade sexual". Cf. *Amor e Psiquê*. Op. cit.

que a função do sentimento esteja presente, a função da escolha, da valoração, que diz: "Agora vou focar este aspecto e rejeitar o restante" e "Investirei nesta percepção consciente e vou tentar sustentá-la". Sem a capacidade de estabelecer valores que é próprio da função sentimento, não é possível discernir aquilo que é importante daquilo que não é. Nessa condição patológica não se pode separar o joio do trigo que emerge do inconsciente. O esquizofrênico produz uma miscelânea do mais belo e significativo material arquetípico misturado a banalidades, cinismo e absurdidades, tudo num mesmo pacote.

Psiquê não tinha como separar os grãos bons com a ajuda apenas de seu intelecto. Literalmente, a função humana do sentimento (valoração) foi submergida. Nesses casos, há ainda uma possibilidade de salvação, pois o caos do inconsciente está sempre próximo do seu oposto, ou seja, a ordem. Quando se fala do inconsciente é sempre necessário que se pense em paradoxos porque, se salientamos o seu lado caótico, também sabemos (e podemos contar com isso!) que o inconsciente não é apenas caos, mas também a ordem. Apenas a ordem nascida do inconsciente pode conquistar o caos que brota também do próprio inconsciente. O indivíduo não tem nada a fazer a não ser manter-se atento ao problema e suportar o desespero até que a ordem se revele.

Isso é o que os teólogos cristãos chamam de fé. Ter fé é fazer o seu melhor quando confrontado com o que parece não ter mais esperanças e, mesmo que haja falhas, o indivíduo saberá que terá feito o melhor que pôde. Isso é uma prerrogativa essencialmente humana que nem um deus ou um animal não usufruem. Nesse sentido, o mesmo inconsciente multiforme e caótico cura sua própria desordem pelo surgimento de outro caos multiforme representado, em nosso conto, pela intervenção das formigas.

Nos países ocidentais fala-se mais das formigas no seu aspecto negativo quando se diz, por exemplo, "isso aqui está parecendo um formigueiro", quando se quer referir a uma situação que se encaminha para um caos completo. Mas, na mitologia, as formigas têm um acento mais positivo. Segundo Heródoto, de acordo com um mito hindu, elas ajudam a travessia do sol durante sua jornada noturna sob a terra, um papel que, no Egito, é desempenhado pelo escaravelho[57]. Em outras variantes também hindus, a formiga extrai ouro da terra. Elas simbolizam o princípio ordenatório presente no inconsciente coletivo, distinta da nossa rígida organização consciente. Karl Kérényi relaciona as formigas aos mirmidones que eram, segundo os gregos, os povos autóctones originais da terra[58]. Crê-se que esses povos tenham nascido diretamente da terra-mãe. Nas comédias áticas, cujos textos foram infelizmente perdidos, havia os tais *myrmekanthropoid* (mirmecantropoide), os homens-formiga, que representavam o homem original. De maneira inversa à da mãe destruidora Afrodite-Vênus, estes filhos da Terra-mãe vieram em auxílio de Psiquê. As formigas, e mais particularmente seus primos, os cupins, possuem, na verdade, algumas qualidades misteriosas ainda não explicáveis. Sabemos que várias centenas de cupins são capazes de construir uma estrutura arquitetônica completa. Numa tentativa de descobrir se existia alguma forma

---

57. Cf. GUBERNATIS, A. *Die Tiere in der indogermanischen Mythologie.* Leipizig: [s.e.], 1874, p. 374s.

58. Cf. NEUMANN, E. *Amor e Psiquê* – Uma contribuição para o desenvolvimento da psique feminina. Op. cit. • KÉRÉNYI, K. *Urmensch und Mysterien.* Zurique: Rhein, 1948, p. 56-57 [Eranos Jahrbuch, vol. XV].

de comunicação entre esses insetos durante a construção, foi colocada uma placa de chumbo no meio do cupinzeiro separando-o em duas metades. Os cupins de cada lado fizeram a construção de tal modo que as galerias se conectavam com exatidão; foi só retirar a placa para que se observassem que as duas metades coincidiam. A única conclusão é de que eles não possuem comunicação telegráfica, mas fica ainda sem resposta como é que eles conseguem executar essa atividade de modo tão sincronizado. Sabemos que as abelhas se comunicam umas com as outras por movimentos abdominais e por meio de diversas evoluções que executam no ar, mas, em relação aos cupins, encontramo-nos ainda em total ignorância. A organização das formigas, contudo, é uma realidade!

Coisas semelhantes também se produzem assim em nós, no inconsciente. Um artista que tinha vivido por muito tempo em Bali veio ao Instituto Junguiano de Zurique para proferir uma palestra, em que ele descrevia um processo bastante semelhante. Havia um templo em ruínas, todo destruído e, por algum motivo, os habitantes locais decidiram reconstruir um novo e maior. Para sua surpresa, ele constatou que não havia nenhuma pessoa encarregada da organização, planejamento, projeto arquitetônico nem mesmo um mestre de obras responsável pela supervisão da dos trabalhos. Um dos habitantes se assentou num dos cantos e fez uma coluna, outro se instalou num canto próximo para talhar as pedras. Não havia qualquer comunicação entre eles, eles apenas trabalhavam e trabalhavam. Ao final, quando eles se reuniram para montar o templo, cada pedra se encaixava no seu lugar devido. Ele jamais conseguiu descobrir como eles haviam conseguido aquilo. Eles colaboravam uns com os outros apenas através da interioridade de cada um, ou seja, o templo era uma imagem interna viva compartilhada por todos. Desse modo, pode-se dizer que, diante de um sentimento legítimo, a fé, ou, melhor dizendo, a *pistis*, se torna um engendramento. A lealdade à lei interior é a aquisição mais alta do sentimento, e é justamente aí que o homem encontra suas possibilidades. Quando essa lealdade, ou sentimento, se constela, ela arregimenta o princípio ordenatório presente no caos do inconsciente.

Depois disso, Psiquê é incumbida de obter a lã dourada dos carneiros solares que são selvagens e agressivos, e de difícil aproximação. Lá ela é novamente auxiliada pelo farfalhar dos juncos que sussurram-lhe para que não se aproxime dessas bestas no meio do dia e que aguarde até o final da tarde, quando a disposição deles se arrefece e eles se tornam mais calmos. Se ela se aproximasse deles muito cedo, eles a fariam em pedaços. Os juncos, como salientou Merkelbach, tiveram um grande significado no Egito – e aqui, aos poucos, retornamos aos motivos egípcios. Na escrita hieroglífica, o junco representa Hórus, o sol nascente, o deus solar renascido, que é o novo rei do Egito. Ele simboliza, portanto, o rei no momento de renovação de sua realeza, ou seja, o rei na sua forma germinal quando é transformado e ressuscitado em seu filho.

Em diferentes contos de fada, os juncos revelam, por assim dizer, um conhecimento secreto muitas vezes de caráter salvífico. Nas tradições folclóricas existem inúmeras estórias que relatam o assassínio de alguém cujo corpo fora atirado num pântano e que um pastor, num belo dia, se aproxima do local, corta um pedaço de junco e constrói uma flauta. A flauta encantada revela então o segredo do morto, e o assassino acaba sendo descoberto e punido. Os juncos traem um segredo ou comunicam uma sabedoria divina ao homem graças ao vento que sopra através deles. Existe na psique humana um instinto supremo da verdade que, no fundo, não há como ser suprimido indefinidamente. Podemos até fazer de conta que ele não existe, mas ele persevera no inconsciente. E Psiquê, nesta estória, tem um tipo de inspiração secreta que a auxilia na forma de lidar com a questão. O ressoar do junco tem um papel análogo ao das formigas, ou seja, tanto um quanto o outro são como os pequenos lampejos de verdades que recebemos do inconsciente. A verdade nunca fala em voz alta. Seu sussurro se manifesta, muitas vezes, por um mal-estar, ou por um sentimento de peso na consciência ou qualquer intuição subliminar deste gênero. É necessária uma grande tranquilidade para se poder prestar atenção a essas pequenas e autênticas intuições. Quando o inconsciente começa a falar alto e agir sobre o ego por meio de doenças, acidentes de carro ou outros, a situação já se revela muito grave. Mas, habitualmente, o que se observa é que o inconsciente já vinha sussurrando por anos a fio, antes de acontecerem essas calamidades. Quando prestamos atenção aos nossos sonhos, o que fazemos é tentar prestar atenção ao que os juncos outrora sussurraram.

O junco, como vimos, está conectado mitologicamente ao renascimento do deus solar sob a forma de Hórus. No Egito, o faraó era o representante terrestre ou a encarnação de Rá – o Sol. Na ocasião da primeira noite de núpcias, no momento do *hieros gamos*, quando o novo rei engendra com a rainha seu primeiro filho e sucessor, este soberano personifica o deus-sol e sua rainha incorpora a figura de Ísis. Aquele aspecto de sofrimento que se reprime no rei, no princípio solar, fica personificado em Osíris. Todos os dias, durante as doze horas diárias, cada indivíduo é apenas a metade do que é. Para que possamos fazer nossas obrigações, é necessário que reprimamos uma série de reações vitais interiores. Às vezes nem podemos permitir que se aproximem da consciência. Porquanto dure uma atividade consciente, somente uma parte da psique pode expressar-se, a outra metade fica relegada à situação do deus que sofre no além-mundo, no inconsciente. É por isso que, quando o faraó envelhece e morre, ele toma, no momento de seu falecimento, o nome de Osíris, como se vê pelas inscrições: *Unas Osiris, Pepi Osiris* etc. Mas, nesse exato momento, o novo rei já terá nascido e então seu nome é agora Hórus. Nós nos aprofundaremos nesse ponto mais tarde porque é o pano de fundo estrutural interno de toda a estória. Eu me contentarei em salientar, por enquanto, que o junco está relacionado a Hórus, o princípio solar que anuncia o que virá. Ele que antecipa a verdade e a vida futura.

Neumann escreveu uma bela interpretação do carneiro[59], e creio que ele seja óbvio para qualquer um que já tenha lido sobre horóscopo nos jornais. Ele representa o signo zodiacal da primavera e, portanto, simboliza um impulso agressivo, que age de forma temperamental, um tanto quanto irreflexivo e com uma certa dose de iniciativa masculina ingênua. Para uma mulher, ele estaria certamente conectado ao *animus*, ou seja, o aspecto da mulher concernido com seu substrato inconsciente masculino. Mas aqui ele se encontra do lado da *anima*. E isso significa que um dos maiores perigos que o homem corre quando começa a se dar conta de sua *anima* é se deixar levar por impulsos não refletidos. É muito mais difícil para homem do que para mulher o fato de ter que aguardar por uma decisão. Basta ver nos jornais. Quando acontece algum tipo de problema, seja muita chuva, avalanche,

---

[59]. No Egito, o carneiro de Mendes era igualmente associado a Ísis.

congestionamento de veículos etc., pode-se ler: "Nós temos que fazer alguma coisa, devemos organizar um comitê, nós precisamos [...]". Ninguém sugere que a pessoa aguarde e veja como andam as coisas! O indivíduo parece que precisa procurar as causas, não pode aguardar. Algumas mulheres também são, naturalmente, ameaçadas pelo carneiro, mas os homens o são muito mais intensamente. É claro, este animal tem também o seu aspecto positivo. Mas para um homem que necessita realizar sua *anima*, isso é mortal. Se este homem for possuído pelo carneiro, ele nunca terá a possibilidade de compreender o que ela significa. O sentimento no homem é, em geral, uma reação ligeiramente secundária. Isto significa ter que esperar e escutar o que o substrato feminino tem a dizer, mas caso ele simplesmente passe por cima disto ele nunca se tornará cônscio de sua *anima*. Se você é pego numa situação que urge uma ação imediata, você saberá o quão difícil é ter que aguardar para agir, além de ter que ser paciente para permitir que o tempo passe. Portanto, Psiquê não tem nada a fazer a não ser aguardar e, então, recolher uma porção de lã do velo do carneiro.

Existe um material mitológico muito interessante acerca deste tema registrado num conto grego antigo sobre Frixo e Hele. Trata-se da estória de um irmão e sua pequena irmã que são perseguidos por sua madrasta que queria matá-los. Quando se dão conta da situação, eles fogem montados num carneiro que voa em direção ao céu, fora do alcance da madrasta demoníaca. No caminho, Hele se inclina para olhar para baixo e cai no mar, e essa é a justificativa da existência do Helesponto[60], que literalmente significa "o mar de Hele". Frixo chega a

---

60. Helesponto é um estreito no noroeste da Turquia ligando o Mar Egeu ao Mar de Mármara. Atualmente Estreito de Dardanelos [N.T.].

seu destino e recebe a ordem de sacrificar o carneiro e dependurar seu velo numa árvore. Desde então, o velocino de ouro se tornou o símbolo do tesouro inacessível, motivo da longa viagem dos Argonautas. Na interpretação cristã tardia, a pele de ouro de carneiro dependurada na árvore foi considerada como uma prefiguração de Cristo, o cordeiro sacrificado. Essa estória, com suas amplificações do simbolismo de Cristo, foi muito popular entre os patriarcas da Igreja. Entre os membros da Ordem dos Cavalheiros do Velocino de Ouro, aqueles de maior patente tinham o costume de usar uma corrente com um pequeno velo de ouro dependurado e, quando eles a depositam sobre qualquer mesa, esta se tornava um altar consagrado[61].

Aqui Apuleio faz uma alusão à estória de Frixo e Hele. O tufo de lã de ouro, o tesouro impossível de se obter, é portanto o que Psiquê tem que arrancar dos carneiros. Toda emoção mais forte não deve ser vista apenas como algo quente, mas é também algo que pode iluminar. Geralmente ela é 80% constituída de fogo destrutivo, mas 20% de luz! Portanto, quando o indivíduo constata que foi assolado ou invadido por uma terrível emoção, a arte consiste em não se deixar despedaçar por ela, mas encontrar seu sentido, procurar pelo aspecto luminoso que essa emoção pode carrear. Por exemplo, vamos supor que exista alguém que você deteste. Todas as vezes que você encontra a pessoa você se torna demasiadamente emocional e irracional. Isto é a típica "reação carneiro". Mas você tem tanto a possibilidade de viver a emoção, o que normalmente leva a uma situação catastrófica, ou você pode reprimi-la, o

---

61. Cf. a célebre pintura que retrata Philippe de Bon, Duque de Bourgogne, feita por Roger van der Weyden, no Museu de Dijón. Plilippe le Bon criou a Ordem do Velocino de Ouro, em Bruges, em 1492.

que não lhe terá propiciado qualquer aprendizado. A terceira possibilidade é não ceder à emoção, mas procurar compreender seu significado. Por que eu me sinto assim? O que me pegou? Com frequência este tipo de atitude permite que se descubram coisas importantes. Desse modo, pode-se dizer que, diante de uma emoção destrutiva, há sempre também uma luz, e a arte é descobrir esta iluminação sem se deixar ser dragado pela primitividade das emoções descontroladas. Isso é o que significa ser capaz de aguardar pelo momento oportuno para se obter a lã dos carneiros.

VII Os trabalhos de Psiquê

I. O Rio Estige, o Ocno

A próxima tarefa a ser realizada por Psiquê é apanhar água da cachoeira gelada do Rio Estige num frasco talhado em cristal; entretanto, isso é algo impossível. Temos aqui, portanto, um motivo típico de contos de fada, pois surge, nesse momento, a águia de Zeus, a intervenção divina, que toma-lhe o frasco, colhe a água e o traz de volta para ela. Merkelbach, de modo bastante apropriado, conecta o Estige com o Nilo. Ao final do romance, chegaremos à questão do vaso místico que contém as águas do Nilo, sendo que este se configura como "o" indizível mistério de Ísis. O tema da água da morte e da ressurreição se apresenta, portanto, pela primeira vez nesse contexto grego do conto.

Estige, em grego, é uma palavra feminina que se refere ao nome da mais antiga deusa, que rege todas as coisas. Sua água mortal destrói qualquer ser humano, animal ou pássaro, e nenhum recipiente normal pode contê-la, seja ele feito de vidro, chumbo ou ouro. Portanto, estas águas são mais destrutivas do que a água alquímica que só pode ser conservada num recipiente de ouro. Até mesmo os deuses temem essas águas, diante das quais eles prestam seu juramento. Caso algum deles descumpra uma promessa feita em nome do Estige, ele permanecerá morto por um ano completo, após o qual será banido do Olimpo por um período de nove anos. Temos aqui o aspecto aterrador do arquétipo da mãe e, num certo sentido, do inconsciente coletivo. O fato de que não é possível conter tal água parece-me bastante significativo. Não é possível modificar ou manipular o inconsciente coletivo, pois ele é como um rio indômito de energia psíquica que não se pode confrontar nem aprisionar. O inconsciente coletivo é um processo inexorável que o homem não pode influenciar por sua própria vontade.

A única maneira possível de se ter nas mãos as águas do Estige é por meio da utilização do casco de um cavalo sagrado ou do chifre do asno cita que era um animal mítico unicorne. O corno, como símbolo fálico, representa a força criativa do Self[62]. O casco do cavalo tem, grosso modo, o mesmo tipo de conexão porque no passado cria-se que os cavalos podiam fazer jorrar água da terra com seus cascos e traziam fertilidade à terra quando nela batiam com suas patas. Pode-se deduzir, portanto, que é apenas o princípio de criatividade da alma humana que é capaz de conter o efeito destrutivo das águas do Estige.

O homem jamais pôde – e este mitologema parece indicar que ele nunca poderá – manipular, influenciar voluntariamente ou possuir, ainda que de forma parcial, o inconsciente coletivo. O princípio da natureza apenas segue seu próprio curso na história. Ele sustenta ou faz sucumbir nações e civilizações inteiras, e nada pode prevalecê-lo. Pode-se dizer, por exemplo, que o Império Romano nos tempos de Apuleio foi condenado

---

62. Sobre o símbolo do unicórnio cf. JUNG, C.G. *Psicologia e alquimia*. OC, vol. 12, § 435s.

pelas águas do Estige. Existe uma relação entre este rio e a deusa Nêmesis que representa a figura misteriosa e vingativa justiça da Natureza. Se um império ou sistema religioso está fadado ao perecimento porque o inconsciente já não mais se expressa por ele, o homem não tem escapatória, não há salvação. As águas do Estige governam as vitórias ou derrotas militares e, delas, nasceu Nike, a Vitória, este misterioso destino que, no curso das batalhas, aniquila uma civilização ou permite-lhe continuar a viver. Se olharmos para os destroços da história e observarmos quantas conquistas maravilhosas alcançadas pelos homens foram e vêm sendo destruídas por forças bárbaras, então compreendemos o que significam as águas do Estige. Sua lei é inescapável e não tem nada a ver com os sentimentos e nem com a justiça humana. Ele se organiza a partir de outra linha de justiça: a justiça cruel da Natureza que não temos como impedir. É por isso que somos incapazes de conter essas águas. Se Nêmesis decidiu-se pela destruição de algo nas águas do Estige, não há como evitar, a não ser por meio do casco do cavalo. Esse é o único conforto que se obtém do mito. A Natureza parece querer proteger seu poder criativo mais profundo contra qualquer coisa, e parece agregar um valor à criatividade humana que se revela superior a qualquer outra atividade. O fato de que Psiquê, ou seja, a *anima* do homem, consiga conter as águas do Estige num recipiente significa que, se nos pusermos em contato com nossa psique inconsciente, é possível que sejamos criativos. O grande cabedal criativo se origina sempre das profundezas e, portanto, se nos mantivermos em contato com estas camadas mais profundas de nossa psique, poderemos então dar forma àquilo que quer ser expresso. Por vezes, isso se torna uma questão de vida ou morte, pois simplesmente não sabemos se seremos capazes de dar substância àquela demanda. Mas se nós conseguimos, a Natureza revela então o quão alto é o valor que ela imputa ao sucesso, pois a psique criativa é o único vaso capaz de conter as águas do Estige.

Psiquê não pode aproximar-se das águas mortais por si própria. Sua separação de Eros torna essa tarefa intransponível. Com sua ajuda, contudo, ela provavelmente teria conseguido, mas, sozinha, ela se vê diante de uma impossibilidade. Entretanto, graças à intervenção divina – a águia de Zeus –, a tarefa é cumprida. Psicologicamente, a águia representa um certo pairar nas alturas que acontece tão logo somos acometidos por uma intuição espiritual sublime. No exato momento em que a psique humana consciente se vê incapaz de agir por si própria, surge um espírito heroico e intuitivo, como se fora oferecido lá do fundo do inconsciente. Nesse contexto específico, nós também poderíamos dizer que isso são as misteriosas forças da esperança, pois quando nos deparamos com uma situação impossível, tem-se a intuição de que as coisas se arranjarão se apenas pudermos esperar um pouco mais. É como um ato de graça. Aqui, uma vez que Psiquê fez uma tentativa honesta e corajosa, ela é salva por um ato de graça sob a forma da percepção intuitiva que antecipa o que ela ainda não pode realizar.

Como podemos observar no prosseguimento do conto, a solução do problema aqui encenado ainda não alcançou o nível da consciência. Talvez isso se deva ao fato de que Psiquê ainda não obteve a água do Estige. A águia – uma intuição autônoma – intervém como, aliás, Eros acabará intervindo mais tarde quando, ao abrir a caixinha de belezas, ela cai num sono profundo. Mas, enquanto isso, Psiquê tem que descer aos infernos.

De fato, após entregar a água do Estige para Vênus, ela empreita uma viagem ao mundo subterrâneo dos mortos para obter de Perséfone, a rainha dos Infernos – aspecto sombrio de Ísis –, certa Caixa de Belezas. Desesperada, Psiquê está pronta para se suicidar atirando-se de uma torre alta. Mas a torre começa a falar-lhe, aconselha-a descer ao Hades e, para tanto, dá-lhe as instruções devidas para a jornada. A torre, como salientou Neumann, é um símbolo da grande deusa-mãe. Ela é uma metáfora para a introversão e o recolhimento em si mesmo. E esse refúgio permite que Psiquê confronte as tarefas que ainda estão à sua frente para serem realizadas.

Assim que inicia sua travessia pelo rio subterrâneo no barco de Caronte, Psiquê se depara com um velho moribundo metido naquelas águas que suplica-lhe que lhe tenha pena e que o tire de lá. Mas ela não pode se deixar levar por sentimentos de piedade que o velho demanda. A inclinação natural do feminino é de ser mãe, de cuidar e de se compadecer com tudo. Sempre que um animal de três pernas aparecer por perto ou qualquer coisa que toque essa qualidade maternal feminina, é bem provável que ela irá se ocupar com a situação. Dizer um "não" a um velho decrépito é um ato que requer muito mais coragem por parte da mulher do que do homem. Não demonstrar sentimentalidade em relação àquilo que está fadado a morrer e que precisa perecer é algo bastante difícil. Algumas situações neuróticas de determinados analisandos naturalmente conclamam nosso sentimento de piedade, mas ceder significa nutrir aquilo que está morrendo ou já está morto. Combinar o sentimento de pena e amor com a frívola crueldade de se permitir morrer aquilo fadado a não mais existir é algo que, na prática, é muito difícil de se conseguir.

É muito mais fácil ser sentimental e ceder à inclinação feminina e simpatizar com a situação. Ter uma faca na mão e, em certos casos, simplesmente remover uma atitude equivocada, sem dar ouvidos aos clamores do paciente, é algo bastante doloroso. O mesmo vale, evidentemente, para os conteúdos do inconsciente cuja serventia já está ultrapassada. Não é conveniente que se caia numa sentimentalidade retrospectiva, mas que se viva o que há ainda a ser vivido, deixando que os "mortos enterrem seus mortos". Assim, Psiquê deve ignorar o velho moribundo, enquanto o colérico e mal-humorado Caronte a conduz pelo rio.

Caronte aparece aqui como é normalmente representado na mitologia antiga, ou seja, como um velho emburrado, mal-humorado cujo único mister é conduzir pelas águas do submundo aqueles que podem pagar-lhe pelo trabalho. Num certo sentido, ele é a personificação daquilo que Jung denominou "função transcendente", isto é, a faculdade de criar símbolos presentes no inconsciente. Esta função é "transcendente" porque ela transcende nossa apercepção consciente e, além disso, devido à sua capacidade de formação de símbolos, somente ela possibilita ao ser humano a passar de um estado psíquico para outro. Nós ficaríamos para sempre presos às disposições habituais da consciência caso esta função psíquica não nos auxiliasse aceder a novas atitudes ao criar um novo símbolo que participa dos dois mundos. Esse símbolo está associado tanto com o estado psíquico do presente como o do futuro; é por isso que ele nos auxilia a nos movermos de um para o outro. *"Habentibus symbolum facilis est transitus"*[63]. Num processo analítico, é bastante comum observar que o

---

63. Para aqueles que possuem o símbolo, a travessia é fácil [N.T.].

indivíduo já tenha superado uma dada etapa na sua vida, mas ainda se encontra confuso e perdido em relação a uma futura atitude a ser adotada. Nesse interregno, resta ao indivíduo apenas se apegar à cadeia de símbolos produzida pela psique, ou seja, ficar atento sobretudo aos sonhos que nunca nos deixam na mão, mas nos transportam com segurança de uma etapa já vencida para uma nova atitude que nos é vital. Quando o indivíduo se percebe assim, como que suspenso entre os dois mundos, consciente e inconsciente, é normal que se sinta numa condição deprimida e de limitação, mas, nesse momento, é também necessário que se ancore nas pequenas coisas da vida.

Existia no Egito um deus – Achéron – que, devido provavelmente à semelhança fonética, foi assimilado ao nome de Caronte (Kharon, em grego), em virtude do sincretismo religioso egípcio-greco-romano[64]. Achéron, contudo, tem uma função mais positiva. Ele é representado como um camponês que planta e colhe trigo e é interpretado em vários textos funerários egípcios como o agente secreto da ressurreição. Seria possível concluir, portanto, que essa condição, do ponto de vista da extroversão, parece negativa, já que há uma progressiva redução da luz da consciência e apenas os sonhos se apresentam como os produtores de símbolos com o potencial de se fazer alcançar a outra margem do rio. Mas os egípcios, devido a uma disposição mais introvertida da sua própria civilização, viam nisto algo mais positivo que os romanos. Eles compreendiam toda a encenação como uma atividade de semeadura do trigo, que fenece na terra para depois tornar a

---

64. Ele aparece num escrito alquímico como Acharantos ou Achaab. Cf. BETHELOT, M. *Collection des Anciens Alchimistes Grecs*. Vol. 1. Paris: Steinheil, 1887-1888, p. 30-32: "A Profetisa Ísis a seu filho".

nascer. Até mesmo Jesus fez alusão a esse mistério osírico da ressurreição do trigo[65].

Pode-se então compreender a crença antiga geral de que qualquer indivíduo devia reservar uma moeda destinada a Caronte. Na maioria das sepulturas daquela época podia-se encontrar uma moeda sob a língua do defunto para dar de pagamento a Caronte, já que, se não o recebesse, abandonaria o morto às margens do rio, entre os dois mundos. Isso mostra que a função transcendente requer um mínimo de energia para que possa agir utilmente. Esta função salvadora do inconsciente não pode nos transportar de forma automática para a outra margem do rio se não investirmos algum dinheiro, ou seja, libido ou atenção consciente. Essa é uma condição que tragicamente se constata entre pessoas que se arrastam por anos sob o peso de um terrível sintoma neurótico. Às vezes eles nos informam que padecem desses sintomas por dez ou quinze anos e que já tentaram isto ou aquilo e várias outras soluções, mas o trágico sofrimento continua na sua evolução sem fim. É como se eles tivessem ficado presos numa das margens do rio, por falta de uma moeda para oferecer a Caronte! A questão, portanto, é ter capacidade para entregar este dracma, ou seja, a pessoa foi mal instruída, não tem o instinto correto, ou desconhece a generosidade.

Psiquê então chega até um homem de nome Ocno que fabrica e torce uma corda. *Ocnus* significa hesitação e, novamente, Psiquê não deve dar atenção a ele, mas seguir seu caminho, não importando o que ele lhe diga, pois corre o risco de ser imobilizada por ele. Essa corda, descrita como sendo

---

65. "Se o grão de trigo, caindo na terra, não morrer, ele fica só; mas, se morrer, dará muito fruto" (Jo 12,24).

branca e preta em outras representações de Ocno e também em várias estórias paralelas, se refere a um tema mitológico geral. Ele diz respeito à alternância entre o dia e a noite ou entre quaisquer outros opostos. Desse modo, pode-se dizer que Ocno – a hesitação – se mantém de maneira infinita num ininterrupto encadeamento de opostos no inconsciente, tecendo uma corda sem fim sem jamais concretizar uma ação ou resultado. Essa é outra forma clássica em que se constata que o indivíduo foi capturado pelo inconsciente. O indivíduo não consegue sair da percepção de que todas as coisas têm um lado positivo e outro negativo, de que tudo no inconsciente é ambíguo. Qualquer empreitada que eventualmente venhamos a abraçar tem uma coloração ingênua de coisa admirável, mas, ao mesmo tempo, tem também suas motivações sombrias e pessimistas. Consequentemente, o indivíduo acaba chegando à conclusão de que não é capaz de agir nem de chegar a uma decisão, ou seja, ele cai nas amarras de Ocno. Devo ou não devo agir? Toda escolha apresenta um inconveniente e qualquer caminho que eventualmente se trace para trilhar traz em si uma contrapartida. Essa constatação pode paralisar o *élan vital*. Mas o segredo é ser capaz de se dizer: "Bem, que vá para o diabo se isto parece ambíguo. Vou agir de acordo como estou sentindo e estarei pronto e disposto a pagar pelas consequências, pois qualquer coisa que eu fizer será mesmo metade errada!"

Ocno é a etapa que precede a decisão. O indivíduo se torna cônscio da necessidade de ser responsável e diz: "Está bem, a situação apresenta dois lados contrários, mas, *porque eu sou eu*, é assim que vou agir". As pessoas com uma consciência fragilizada e com uma função sentimento pouco assertiva não conseguem assumir a responsabilidade de uma decisão. Diante de um paradoxo, elas se comportam como que mutiladas. Num cenário analítico, elas argumentam de modo incessante: "Sim, na semana passada você disse que [...]! Mas não existe outra forma de ver a questão?" Em geral, esses pacientes desejam que você decida por eles; na verdade, essa é a pior coisa a se fazer, pois isso é o que os mantêm nesta condição de infantilismo. Essa situação pode até parecer algo menor, mas, na realidade, é bastante perigosa porque este é um dos cenários em que o inconsciente também revela seu caráter diabólico. Ocno é representado de maneira bastante apropriada aqui como um superdemônio de quem se deve temer e fugir.

Psiquê então cruza o caminho onde se encontram agora três velhas fiandeiras que lhe rogam ajuda. Do ponto de vista mitológico, é evidente que estas velhas são análogas às Nornas germânicas ou às *Parkai* – as Parcas gregas, as deusas que tecem o destino dos homens[66]. Mas ela tem que deixá-las sozinhas, ou seja, ela precisa perpassá-las. As velhas figuram aqui como uma tentação para as mulheres, assim como a *anima* o é para os homens no que se refere à tentação de "traçar destinos" e armar intrigas. É bastante significativo que essas três mulheres sejam apresentadas logo após Ocno, pois pode-se dizer que a trama de ardis geralmente surge quando se esgotam as esperanças ou se perde o sentido da vida. Se uma mulher, por exemplo, ama um homem e se vê completamente sem esperanças de tê-lo, ela, no mesmo instante, irá conspirar para agarrá-lo. Caso ela tivesse confiança no seu destino, as coisas apenas aconteceriam do modo como deveriam aconte-

---

[66]. R. Merkelbach as interpreta diferentemente como símbolo dos não iniciados. Cf. MERKELBACH, R. *Roman und Mysterium in der Antike*. Op. cit., p. 46.

cer, ela não teria que tentar estratagemas para conseguir o objeto de seu amor. Mas o que se vê é uma tentação de *corriger la fortune*, consertar o destino. Este é um dos grandes enganos que incorrem sobretudo as mulheres, pois, como bem escreveu Jung no seu texto, "A mulher na Europa"[67], caso elas embarquem nesta jornada elas acabam por destruir seu Eros e toda a capacidade criativa. Mas esta atitude é também típica da *anima* do homem. Se um homem se dá às intrigas, pode-se dizer que ele se encontra possuído pela *anima* e, de modo recíproco, um homem obsedado pela *anima* também guarda no seu psiquismo alguma disposição ardilosa ainda não reconhecida. Um exemplo crasso disto pode ser visto quando um homem está realmente interessado na conta bancária de sua noiva. Isso, contudo, não é admitido na consciência, de forma que ele dá um jeito de manipular seus sentimentos para crer que realmente a ama. O que ele quer de verdade é o dinheiro, mas não consegue separar isto daquilo que seja um verdadeiro sentimento de amor sem interesses. Desse modo, ele preserva debaixo de um balaio aquilo que lhe faz crer que esta seja verdadeiramente a mulher ideal para que ele se case. Há sim uma atração real pela moça, mas há também um pequena coisa por trás – o pai dela é muito rico!

Uma questão que intriga os comentadores desta estória é o fato de que Psiquê, que representa a alma, se comunica nesta passagem com sua própria alma, exatamente como o faria um ser humano. Entretanto, se nos aproximarmos desta questão do ponto de vista psicológico, isso não é surpreendente, já que a alma (ou seja, a psique feminina do homem) é, por um

---

[67]. JUNG, C.G. *Civilização em transição*. OC, vol. 10/3. "A Mulher na Europa", § 113-133.

lado, um fenômeno puramente intrapsíquico, mas, por outro, quando ela se encarna por meio da projeção numa mulher real, ela assume todos os traços de um ser humano concreto. Logo que parece à primeira vista como algo "ilógico" na descrição de Apuleio é, no entanto, uma sutileza remarcável e repleta de sentido.

II. A caixinha de beleza

A última tarefa imposta à Psiquê é sua descida aos infernos para obter de Prosérpina uma caixa contento a beleza divina, e trazê-la para Vênus. Como bem o salientou Merkelbach, essa é uma alusão ao Mito de Koré-Perséfone. Perséfone (ou Prosérpina) é uma variante de *Vênus-Ísis*, no seu aspecto infernal (do submundo). Mas eis que Psiquê desobedece, abre o cofre de unguentos e cai imediatamente num sono profundo e mortal. Eros vem e a desperta e, finalmente, graças à intervenção de Zeus, eles se casam no Olimpo onde Psiquê dá à luz a uma filha.

Na terra dos mortos, a beleza reservada aos deuses é um veneno para o ser humano e, portanto, ela lhe é proibitiva. Podemos comparar esta passagem com o livro bíblico do Gênesis, em que Adão e Eva roubam a consciência a Deus no Paraíso, sob a forma do fruto da árvore do conhecimento. Desse ato decorre toda a tragédia da raça humana uma vez que a consciência era uma prerrogativa exclusiva divina. Mas o pecado aqui nesta estória não consiste em adquirir a "consciência do bem e do mal", mas compartilhar de uma certa parte da beleza dos deuses.

Este episódio pode ser analisado de modo variado. A questão da beleza é um problema para o homem, já que sua *anima* é quem lhe sussurra que o que é belo é também bom, mas numa acepção platônica, ou seja, *Kalón k'agathon*, o bom e o belo se constituem num par. Uma das maiores dificuldades do homem é a incapacidade de, muitas vezes, amar uma mulher caso ela lhe pareça excessivamente comum. Ele não consegue separar o seu sentimento da sua percepção estética. É como a estória do homem que não conseguia decidir-se entre duas mulheres: uma era bela e a outra destituída de atrativos físicos, embora cantasse lindamente. Após uma longa peleja, a cantora foi a eleita. Na primeira manhã subsequente à noite de lua de mel ele acorda, olha para ela, sacode-a e lhe diz: "Pelo amor de Deus, cante!" O homem naturalmente sente que a beleza física é algo divino e inseparável daquilo que é bom, enquanto o mal e a feiura sejam sempre um par que caminham de mãos dadas.

Mas por que a questão da beleza foi problematizada aqui? Psiquê, obviamente, abre a caixinha, como aliás é de se esperar, pois tudo que é interditado nos contos de fada convoca à transgressão. E o que sucede é que a jovem entra num estado de confusão e cai numa bruma soporífica que a coloca numa sonolência semelhante à morte. Esse unguento tem, portanto, um papel negativo nesse nosso contexto, pois ele não se destina a Psiquê. Ele é reservado à Vênus que o queria apenas para realçar seu próprio charme, o que, aliás, é bastante legítimo. Vênus, considerando sua condição puramente divina, não cairia vítima deste sono profundo caso ela própria tivesse aberto a caixinha. Desse modo, é necessário que investiguemos um pouco mais acerca do unguento e tentar descobrir o porquê de ele ser "de beleza".

O óleo e todo tipo de unguentos na forma de creme tinham, no Egito, uma função religiosa e sacramental. Eles representavam a substância da vida. Os egípcios, por exemplo, banhavam e ungiam as estátuas de seus deuses. Eles traziam suas estátuas até as margens do Nilo e lavavam-nas periodicamente, diária ou anualmente, e depois as esfregavam com uma substância oleosa. A ideia era infundir-lhes vida. Eles concebiam, pelo menos de forma projetada, que mesmo os deuses estariam mortos ou destituídos de que qualquer função vital ou importância, caso o homem não lhes fornecesse a substância psíquica da vida.

Na tradição cristã, o óleo santo ainda desempenha um papel muito importante nos sacramentos católicos, no qual ele representa o Espírito Santo e seus dons. Se considerarmos o Espírito Santo como um espírito que nos doa a vida, constatamos, *mutatis mutandis*, a continuidade do mesmo simbolismo. É por isso que o rei era também igualmente ungido, já que ele representava o princípio divino – "ele era um deus".

A palavra *Cristo* significa ungido. Jesus é "o ungido", o "Rei dos reis", mas de uma forma menos aparente que os reis egípcios. Em todo o Oriente e também no judaísmo é recorrente o tema do óleo sagrado e da unção[68]. Pode-se dizer, portanto, que ele representa a substância da vida psíquica, um aspecto da mais suprema devoção espiritual, ou seja, uma devoção ligada a uma reverência total. Ao esfregar unguentos sobre suas estátuas, os egípcios estavam, na verdade, ofertando aquilo que consideravam como sendo o de melhor. Na realidade, o que encenavam eram o seu temor e seu respeito incondicional, pois isso era o que dava sustentação à vida desses deuses.

---

68. HOFMEISTER, P. *Die heiligen Oele in der morgen- und abendländischen Kiche* [Os óleos santos nas igrejas ocidentais e orientais]. Würzbur: Augustinus, 1948.

O unguento concerne, portanto, ao amor e ao temor reverencial que um ser humano deve ter em relação àquilo que lhe é superior. De forma análoga, se um indivíduo não resguarda uma atitude sóbria para com o que o inconsciente lhe revela e até mesmo tenta manipular seus sonhos e intuições em proveito próprio, tudo acaba mal. Toda a possível progressão no sentido da individuação encrua e, de modo bastante justificável, o sujeito começa a duvidar de seu processo analítico e de seus sonhos, chegando mesmo a questionar se tudo isso irá realmente levá-lo a algum lugar. O ponto de partida para essa atitude falaciosa começa quando o indivíduo falha em manter uma postura de devoção incondicional, recusando-se a reconhecer que a vida do mistério que habita sua própria alma necessita ser fomentado, pois o amor devocional é uma condição inerente que o mistério pressupõe. É portanto correto que o unguento deva pertencer a Vênus e não a esta jovem figura humana feminina. O ser humano não deve se apropriar dele, pois, se o fizer, seu efeito será soporífico como o que vimos aqui. Psiquê não morreu, mas caiu numa completa inconsciência, e isto quer dizer que ela se identificou com os deuses e perdeu, desse modo, o senso de sua própria individualidade.

Esta untura na nossa estória é identificada especificamente pelo nome de "beleza", é um "creme de beleza". Devemos nos lembrar de que a filha que mais tarde nascerá de Psiquê se chamará *Volúpia*, o prazer sensual. É claro, neste contexto, que ela se refere à questão da *anima*. A *anima* do homem da atualidade é bastante semelhante àquela da Antiguidade Tardia. Como já observamos, é natural que a *anima* creia num *Kalón k'agathon* platônico. Identificar os valores mais sublimes com a beleza leva a um tipo de esteticismo que não se adapta à vida, uma vez que, independente do ângulo que se aproxime, a vida será sempre feita de opostos. Ela é bela, mas o é também igualmente ordinária. Perseguir apenas a beleza e o esteticismo, ainda que na sua forma mais elevada, produz um tipo de húbris, uma inflação, uma atitude irrealista que se torna um campo fértil para que *anima* exerça sua sedução. A beleza eterna simplesmente não existe na natureza; há sempre umas pinceladas de bizarrice e horror, e o mesmo acontece nas nossas vidas. No *I-Ching*, por exemplo, o hexagrama 22 versa sobre a questão da Graça e da Beleza. Lá pode-se ler que quando o grande sábio, Confúcio, obteve este hexagrama, ele ficou bastante deprimido, pois ele constatou que o esteticismo não era uma resposta adequada para a maioria das questões da vida.

Nós também temos uma atitude demasiadamente estética no que diz respeito à religião. As igrejas, as imagens e as músicas tocadas, tudo deve ser o mais belo possível, pois só assim agradaremos a Deus. Quando consideramos que tudo que é feio, sujo e desarmônico não lhe convém, estamos dando uma prova do quanto este tipo de preconceito ainda nos domina. Mas aí a gente se pergunta como alguns dos nossos jovens podem dançar suas verdadeiras danças religiosas nos porões, transpirando na imundice e viver experiências interiores muito mais intensas que aquelas vividas na beleza sóbria das igrejas.

Os chineses, devido a sua alta cultura e gosto refinado, sempre estiveram ameaçados pelo esteticismo. Entretanto, eles desenvolveram um comportamento compensatório, um verdadeiro truque que é, contudo, bastante significativo. Nas áureas épocas Han, Soung e Ming, quando os majestosos trabalhos de arte foram executados, sempre que um artesão produzia um vasilhame de cerâmica ou um vaso de bronze, ele, propositadamente, deixava um pequeno defeito. Poderia ser uma leve indentação ou mesmo a inclusão de um colorimento inadequado, apenas para evitar que a peça ficasse perfeita. Qualquer coisa que seja perfeita é imperfeita, num sentido mais profundo do termo, uma vez que os opostos não são incluídos. Mas os próprios chineses também veneravam bastante a beleza. Nós ainda identificamos nossos valores mais sublimes com os valores estéticos. Uma mudança se mostra evidente, contudo, na arte moderna. Hoje, a arte quer destruir um falso esteticismo e mostrar a verdade nua e crua do ser humano como ele é. Poderíamos interpretar assim o unguento da beleza que fez com que Psiquê perdesse sua consciência como o perigo em se deixar fascinar pela beleza divina do além-mundo, de se manter fixado num certo tipo de êxtase e de se desinteressar da vida concreta e cotidiana. Psiquê regressou, portanto, ao domínio dos deuses – de Vênus particularmente – e agora não se move mais no caminho da encarnação, em direção ao mundo dos homens.

Quando Jung iniciou suas atividades psiquiátricas no célebre hospital Burghölzli, em Zurique, ele se interessou por um caso de uma velha senhora com diagnóstico de esquizofrenia. Ela se revelou numa fonte de material interessante para seus estudos que mais tarde se converteram em publicações. Um dia, Freud veio visitar o hospital onde encontrou essa paciente e exclamou: "Como você pode trabalhar por tantos anos com uma velha assim tão repulsiva?" Ele não compreendia como um homem jovem feito Jung podia trabalhar tão intensamente num caso como aquele e com tamanha dedicação sentimental. Jung nos disse que ele próprio nunca havia reparado na feiura da senhora. Se um psicoterapeuta não conhece bem sua *anima* ela pode interferir no processo analítico; ou ele pode até mesmo cair numa atitude de supercompensação pela falta de atração pelo paciente.

Para a mulher também, o esteticismo da *anima* se torna igualmente um problema. Vamos supor que, por exemplo, uma mulher bonita adoeça ou que tenha de se submeter a uma cirurgia. Não é incomum que algumas dessas mulheres receiem que seus maridos deixarão de amá-las. Isso mostra que o amor depende inteiramente do quesito beleza, o que revela que a relação afetiva não é verdadeira, ou que este homem e esta mulher não sejam bem-casados.

Na Antiguidade, a beleza se constituía num elo muito mais forte entre os indivíduos. Aqui também, o cristianismo trouxe alguma mudança, mas a questão ainda não se desenvolveu completamente e requer melhor compreensão. A beleza e a forma, e sua conexão ou falta de conexão com a verdade interior são problemas que ainda continuamos a ter que enfrentar. E esse é um dos maiores problemas que ameaçam Psiquê. Desse modo, é possível compreender o porquê do nascimento de uma filha com o nome de Volúpia, ou seja, ao final da estória tudo retorna ao reino inconsciente da *anima*.

Neste momento último e trágico, Eros desce do Olimpo e desperta Psiquê e, com a ajuda de Zeus, um final feliz acontece no Além. No Olimpo, Eros se casa com Psiquê, eles têm uma filha e se reconciliam com Vênus. A estória termina com uma grande celebração num verdadeiro banquete divino. Do ponto de vista humano, o Olimpo equivale ao inconsciente coletivo, portanto, todas as coisas desaparecem da superfície da terra. Acontece, sim, uma solução, mas ela é invisível. Ela aparece num estado de inconsciência e não é integrada no reino humano e concreto. Esta questão ainda se encontra em suspenso, virtual e, desse modo, o problema permanece em aberto.

A despeito deste final ambivalente, é claro que, de certo modo, era necessário que Psiquê abrisse a caixinha, já que foi isso que fez com que Eros voasse em seu socorro. No final das contas, é o mesmo tipo de problema que vimos no Jardim do Éden, pois se Adão e Eva não tivessem experimentado da maçã, ainda estaríamos assentados sobre nossas imensas caudas e nos coçando encarapitados sobre as árvores. A Igreja Católica se refere ao pecado original como uma *felix culpa*, ou seja, um pecado que resulta em consequências positivas. Todas as desobediências que acontecem nos contos de fada são *felices culpae* porque elas usualmente conduzem a um nível superior de consciência. Porém, no que se refere à questão do creme de beleza e do esteticismo na psicologia feminina, estou convicta de que esse motivo não se aplica. As mulheres têm um problema diferente no que se refere à beleza. O salão de beleza, o uso de cosméticos e todas as coisas desse tipo ocupam um grande espaço na vida das mulheres, mas isso faz parte de sua *persona*, de sua personalidade consciente e social, e não me parece ser algo crucial num processo mais profundo de individuação. O fato de que o tema da caixinha de beleza não aparece em outros contos folclóricos paralelos, sejam antigos ou modernos, parece confirmar que foi algo incluído especificamente por Apuleio. Outros motivos de sua estória podem ser amplificados por meio de outras estórias, mas não este.

Portanto, isso confirma minha opinião de que essas questões se referem ao problema da *anima*, e não a um problema da mulher. É instintivo o fato de que uma mulher queira se parecer da forma com que o homem que ela ama queira vê-la.

Sustentar a projeção daquilo que a rodeia é, num certo sentido, a essência da feminilidade. Algumas mulheres agem de forma muito natural nesse sentido e, às vezes, o fazem tão bem que no nosso jargão psicológico nós nos referimos a elas como *mulheres-anima* ou do *tipo anima*, indicando o quão instintivamente elas desempenham esse papel. Mesmo as meninas novinhas fazem a mesma coisa. Por exemplo: uma filhinha quer chocolate que é proibido pela mãe; mas, quando o papai chega em casa, ela se aproxima, toda melosa, com aquele sorriso maravilhoso, e diz: "Papai, deixa eu comer? Só desta vez?" Naturalmente, ele cede, já que se encontra cansado e praticamente vê a filha apenas à noite. Ela assim obtém do pai tudo que a mamãe proíbe. Não é incomum observar que as pequenas mocinhas de três ou quatro anos já desempenham perfeitamente o papel da *anima* para seus papais. Essa é uma reação instintiva que, ao se tornar um hábito, produz o clássico tipo de "mulher-*anima*".

A atitude de sedução é legítima até certo ponto, mas algumas mulheres acabam por abdicar completamente de suas personalidades próprias para desempenhar apenas o papel de *anima*. Quando as mulheres se submetem a análise com outra mulher, elas usualmente colapsam numa sensação de profundo vazio, já que elas não percebem qualquer substância em si mesmas. Elas nem sabem quem são, nem como devem agir, nem se poderiam ser outra coisa além de simplesmente atuar como a *anima* de um homem. De certo modo, seu direito de existir mais parece um empréstimo que elas contraem no momento em que assumem o papel de carreadoras da projeção da *anima* e são aniquiladas quanto à sua própria personalidade feminina. Mas chega um momento em que o homem abusa da situação e a mulher conclui, como qualquer outro ser humano, que é chegada a hora de definir um posicionamento diferente da projeção que recebe do homem que ela ama, mesmo que isso o desaponte ou provoque uma profunda crise no seu relacionamento. Poucas mulheres, contudo, têm o amor, a honestidade e coragem suficientes para fazê-lo. Esse é o problema *par excellence* que as mulheres se deparam nas questões do amor, um problema, aliás, bastante difícil de ser encarado, já que elas são profundamente amorosas. Devido ao receio de colocar em risco sua relação, a mulher prefere continuar a desempenhar tal papel, traindo uma verdade instintiva que elas percebem existir dentro de si mesmas. Porém, ao se comportar dessa maneira, ela também mantém o seu homem num estado de inconsciência, pois ele nunca será capaz de se tornar consciente de sua *anima* nem de recolher sua projeção já que sua mulher continua a desempenhar essa atividade. Mas, se porventura um dia ela abdica da tarefa, o homem irá dizer: "Oh, meu Deus, ela é muito diferente daquilo que eu pensava!"

Jung disse que esta foi a forma pela qual ele primeiro se deu conta da existência da *anima*. Ele disse que uma mulher, na qual ele estava muito interessado, subitamente se comportou de modo muito diferente daquela que ele esperava e ele se viu bastante desapontado. Mas, em vez de fugir da situação, como a maioria dos homens neste caso assim o faz, ele foi para casa e se perguntou por que ele havia criado a expectativa de que ela se comportasse de modo diferente. Ele concluiu que havia dentro dele uma imagem da mulher ideal, ou uma imagem de como uma mulher devia ser, mas agora aquela mulher não se comportava como tal. Para ele, este foi um passo em direção à conscientização da figura da *anima*.

Se, portanto, uma mulher encena continuamente o papel que se espera dela, ela também impede que o homem venha a conhecer a imagem interior da mulher que ele carreia dentro de si, ou seja, sua própria *anima*. Mas grande parte das mulheres temem ser abandonadas por saberem que muitos homens as rejeitariam tão logo elas se comportem diferentemente daquilo que eles sentimentalmente esperam delas e, assim, elas preferem não arriscar. Consequentemente, as mulheres se veem numa situação de conflito entre aquilo que representa a sua verdade interior e o risco de perder o relacionamento, e é nesse momento que entra em cena a criação de ardis ou intrigas. Nesse sentido, esta passagem se aplica também ao problema da mulher que é crucial, mas que, na verdade, deriva da *anima*.

Psiquê cai então num sono mortal e é agora que Eros reaparece para salvá-la. Eros, como salientou Merkelbach, é uma prefiguração de Osíris que irá surgir na culminação da iniciação de Lúcio-Apuleio ao final do livro. Os gregos identificavam Eros com Osíris e, de acordo com os egípcios, Osíris foi quem ensinou aos homens e mulheres o verdadeiro amor mútuo[69]. Eros e Osíris são ambos, psicologicamente falando, símbolos do Self.

Este núcleo psíquico "divino" da alma, que Jung designou pelo termo de Self, encontra-se geralmente ativado nas situações de perigo extremo. Aqui, Eros aparece quando Psiquê encontra-se no limite de suas possibilidades. Mas ele vem do Olimpo, do mundo dos deuses. E não é por acaso que, nesta narrativa, o Amor-Cupido se apresenta como um adolescente

---

69. Cf. HOPFNER, T. *Plutarch*: über Isis und Osiris. 2 vols. Darmstadt, 1967, vol. 1, p 30-31, 33 e 36.

desprovido de maturidade. Parece que Lúcio não sofrera o bastante para que o Self adquira força suficiente nele próprio e, portanto, ainda não se encontra maduro o bastante para viver uma experiência religiosa profunda.

VIII. A sombra ctônica

Chegamos ao fim da estória de Psiquê e de Cupido, um final feliz, mas projetado no além. Todo o processo retornou ao inconsciente coletivo de onde, aliás, ele procedeu. O que significa que *a sua realização no plano da consciência coletiva não foi ainda possível*.

Vemos esse tipo de fenômeno, numa menor escala, na vida psíquica do indivíduo. Não é incomum que as pessoas tenham sonhos numinosos, mas a capacidade de compreensão do universo do inconsciente ainda é algo bem distante delas. E mesmo que o analista explique o sentido simbólico das imagens, isso ainda não alcança a consciência das pessoas; é como se tais coisas tivessem acontecendo no *além* sem serem compreendidas. Não obstante, realidade onírica continua a existir de alguma forma nessas pessoas já que, mesmo não sendo compreendida e habitando de modo apenas invisível no inconsciente, ela produz um efeito prospectivo.

Na nossa estória o efeito benéfico é percebido da seguinte forma: só depois (e não antes) que Cárites e o asno ouviram a velha megera contar a lenda de Eros e Psiquê é que Lúcio decidiu fugir. O conto parece tê-lo vivificado de algum modo, infundindo-lhe esperanças para continuar a viver, mesmo que a mensagem ainda se encontre num nível inconsciente. Cárites também foi influenciada na mesma medida, já que quando o asno iniciou sua fuga ela saltou sobre seu lombo a fim de escapar junto dele. E quando a velha tentou impedir-lhes a debandada, Lúcio desfere-lhe um belo coice que a faz perder os sentidos, e eles, então, sucedem na rota de escape.

Este conto resulta, portanto, em consequências positivas, mesmo que seu conteúdo essencial ainda tenha passado despercebido. No plano consciente, Lúcio, contudo, foi tocado apenas por Volúpia – o prazer sensual – pela beleza da estória, uma vez que quando termina de ouvir a narração ele exclama: "Que estória maravilhosa! Se pelo menos eu tivesse como escrevê-la [...]". Aqui se vê bem os efeitos do esteticismo sobre Lúcio, pois ele não consegue apreciar a narrativa para além de sua forma. Tivesse ele sido capaz de compreender seu significado, ele teria se beneficiado bastante do conteúdo. A atitude estética acaba tendo um efeito soporífico sobre ele. Não obstante, o conto incita o asno a escoicear a velha perversa, ou seja, a figura materna, e se salvar. Infelizmente, Cárites põe tudo a perder mais uma vez quando insiste em tomar a estrada à direita para retornar imediatamente à casa de seus pais. Mas Lúcio, sabendo que por ali tornariam a encontrar os bandidos e, portanto, seriam aprisionados novamente, insiste em tomar o caminho da esquerda. Mas ela é uma "filhinha da mamãe", aliás, como pode ser lido no próprio romance, "ela foi tirada do colo de sua mãe". A ligação sentimental com a mãe acaba impedindo a fuga comum, pois Lúcio cede aos seus apelos e eles caem novamente nas mãos do bando.

No prosseguimento do romance, um certo Hemo (de *haema* = sangue, o "Sanguinário") se junta ao grupo à custa de autopromoção, pabulagens e presumidos grandes feitos, e se faz ser aceito como um superladrão. Mais tarde, sabemos que ele é na verdade Tlepólemo, o esposo de Cárites que se infiltrara no bando com nome falso para libertar sua mulher. Após terem recapturado Lúcio e Cárites, os ladrões decidem punir o casal. Eles planejam matar o asno, retirar todas suas entranhas, colocar a jovem dentro de sua barriga e costurá-la lá dentro, deixando apenas sua cabeça do lado de fora. Assim ela ficará exposta ao calor escaldante do sol e perecerá numa morte lenta, imobilizada na carcaça fétida do jumento. Esse planejamento sádico tem um sentido simbólico estranho se nos lembrarmos de que Lúcio necessita integrar sua *anima*. Seu problema é que ele não realiza sua tarefa, mas continua observando apenas o aspecto exterior das coisas, contentando-se em contemplá-las superficialmente, de forma estética, sem jamais tentar interiorizá-las. O fato de que Cárites viria ser costurada dentro de seu ventre representa, como imagem, a integração da *anima*, já que ela estaria assim colocada no interior de Lúcio.

Seria muito interessante que se fizesse um estudo acerca das punições mitológicas, pois elas representam, do ponto de vista negativo, a realização de um destino. Assim é o que aconteceu com Íxion que, desejando desposar uma deusa, tenta raptar Hera e acaba sendo aprisionado a uma roda de fogo nos infernos; ou Tântalo que fora amarrado a uma árvore frutífera sobre um lago padecendo eternamente de fome e de sede; ou ainda Sísifo condenado a rolar uma pedra, infinitamente, até o alto de uma montanha. *Roda, árvore, pedra* são todas símbolos do Self e esse conjunto de imagens significa que esses indivíduos acabaram ficando conectados ao princípio de individuação. Se você quer ser um deus, então tudo bem, seja um deus! Grande parte das punições e fantasias sádicas de torturas guarda em si um caráter mitológico em que os símbolos de individuação aparecem de forma negativa e destrutiva. Parece mesmo que o processo de individuação se configura numa lei natural inexorável e inescapável da psique humana e que, diante da recusa do indivíduo em abraçá-la, ela se impõe de qualquer forma, mesmo que de forma negativa[70]. Esses sofrimentos míticos são reveladores das razões profundas e do sentido das torturas eternas, tais como os que são vividos nos estados neuróticos e psicóticos.

Assim, como Lúcio ainda não foi capaz de conceber a *anima* como algo que pertença à sua interioridade, os bandidos sádicos planejam fazer com que ele a integre à força e de modo apavorante. Entretanto, isso acaba não acontecendo, pois Hemo, o sanguinário, interrompe a encenação propondo que, em vez disso, eles deveriam vender o asno e colocar a jovem num bordel a fim de amealharem ainda mais dinheiro. Dessa forma, ele salva a vida dos dois. Mais tarde, ele liberta sua esposa depois de amarrar os bandidos que, devido ao vinho que lhes fora servido misturado a soporífico, caíram num sono profundo. Na sequência, os bandidos são mortos e o esconderijo destruído. Tlepólemo faz aqui o que deveria fazer Lúcio, ou seja, ele age! Analisando a questão do ponto de vista de Lúcio como asno, vemos que esse é um aspecto da sombra ctônica masculina autônoma que ainda não foi integrada pelo ego. Como o que acontece no inconsciente ou num estado de semiconsciência, isso faz com que a progressão de Lúcio aconteça, mas de modo indireto.

No transcorrer do livro, sabemos, entretanto, que o final da estória de Tlepólemo e Cárites acaba mal. Trasilo (o

---

70. Como diz um provérbio latino: *"Fata volentes ducunt, nolentes trahunt"* (O destino conduz a quem consente e arrasta quem não o consente) [N.T.].

Corajoso, aquele que ousa, mas aqui numa acepção negativa do termo) está apaixonado por Cárites e assassina Tlepólemo durante uma caçada a javalis. Merkelbach salienta, apropriadamente, a relação que existe entre a forma com que Tlepólemo morreu e o Mito de Ísis-Osíris já que, em algumas versões, Seth também tira a vida de Osíris durante uma caçada a javalis. Esse motivo também se repete igualmente na estória de Attis que, sob a forma de um javali, foi morto por Ares. Estamos diante aqui do *tema da morte do Puer Aeternus*, isto é, o filho divino da mãe é destruído pelas potências masculinas obscuras, brutais e ctônicas. Já comentei extensivamente alhures acerca do problema da identificação com o *Puer Aeternus*, isto é, a respeito da condição do homem que, devido ao seu complexo materno, encontra-se dissociado de sua virilidade instintiva e que se imagina ser um homem divino[71]. Na nossa estória, a sombra viril aparece primeiro sob a forma dos bandidos vencidos por Tlepólemo e, depois, na figura de Trasilo. A virilidade ctônica, ou a capacidade para realização de feitos masculinos que Lúcio deveria possuir, permanece inconsciente e, por conseguinte, autônoma, num ciclo de ajuda e destruição. Essa sombra avança e retrocede, sem que se alcance resultados mais profundos. Mas por que cargas d'água Lúcio cedeu aos apelos de Cárites durante a fuga, sabendo que ela estava errada em desejar tomar o caminho da direita? Falta-lhe, portanto, a qualidade Tlepólemo/ Trasilo. Ele se contenta em flertar com Cárites e em tentar beijar-lhe o pé, o que é uma simples perda de tempo, mas o suficiente para que os bandidos os recapturem. No prosseguimento da estória, ocorre então uma sucessão de altos e baixos

---

71. Cf. VON FRANZ, M.-L. *Puer Aeternus*. Op. cit.

em que a sombra ctônica nunca se apresenta funcionando em conexão ao ego de Lúcio, de forma que todo o esforço feito é perdido novamente.

O destino dos dois casais é igualmente trágico: Cárites e Tlepólemo são separados, tornam-se a unir novamente e, depois, morrem. Amor e Psiquê também voltam a se unir, mas desaparecem no reino do Além, no Olimpo.

É interessante observar o fato de que Cárites era, muitas vezes, representada como esposa de Eros nos entalhes de pedras preciosas e outras imagens pictográficas da Antiguidade. Ela frequentemente substituía Psiquê, de modo que ficava claro para as pessoas que um casal era a réplica do outro. Pode-se dizer que, juntos, eles estabelecem um casamento quaternário, tal como Jung o descreve no seu livro *A psicologia da transferência*[72]. Nesta sua obra, Jung faz uso de um conjunto de gravuras obtidas de um tratado alquímico do século XVI, cujo título é *Rosarium philosophorum*[73]. As quatro pessoas presentes neste texto são, de um lado, o Alquimista e sua Soror (sua companheira, irmã mística), e, do outro, as figuras arquetípicas do Rei e da Rainha. Aqui, Cárites e Tlepólemo ocupam uma posição paralela à de Amor e Psiquê. Lúcio, por sua passividade e falta de virilidade, é excluído da quaternidade e a criança do sexo masculino acaba não mais nascendo. Nesse caso, *nem o Ego nem o Self estão presentes na totalidade*. O Ego não compreende o que está acontecendo e isso não é algo incomum. No material que se produz nos estados esquizofrênicos, por exemplo, todo o pro-

---

[72]. JUNG, C.G. OC, vol. 16/1. Op. cit.

[73]. Tratado alquímico anônimo, Frankfurt, 1550. Tanto o texto quanto as gravuras serviram de base para o texto *A psicologia da transferência*. OC, vol. 16/1. Op. cit.

cesso de individuação pode ser apreciado de forma simbólica, mas, de repente, tudo termina de forma triste. Quando se atinge o clímax, tudo vai por água abaixo. O último passo fica faltando. Na nossa estória, o ego consciente não compreende esses processos internos, uma vez que se encontra excluído da quaternidade. O que teria sido correto era o casamento de Lúcio e Cárites, pois então teríamos um par humano e sua contraparte arquetípica, o casal divino, equivalente ao Rei e Rainha. Mas como Lúcio não integrou sua sombra Tlepólemo, a continuidade do processo foi arrestada.

Essa é uma questão geralmente negligenciada pelos analistas, tanto junguianos como os de outras escolas. Ainda que a representação do arquétipo do Self se faça presente desde o primeiro sonho do indivíduo, deve ficar claro sempre que a integração da sombra não pode ficar negligenciada, como se pode ler nos escritos de Jung. Do ponto de vista prático, o início do processo analítico pressupõe o trabalho de integração da sombra, e isso é algo que não se pode escapar, pois, caso contrário, o ego não se caleja o bastante e não adquire força para romper no processo de evolução interior. Por fim, se o ego não adquire substância necessária para assimilação da sombra, em vez da integração, o que teremos é uma perda da alma. É como se fisgássemos um peixe enorme e não conseguíssemos içá-lo até a margem do rio e ele acabasse escapando devido ao rompimento do anzol. Quanto mais sombra o ego puder integrar, mais vital, substancial e forte ele se torna, de forma que, no momento decisivo, ele é capaz de trazer o peixe para terra firme. As qualidades morais e éticas do indivíduo e a honestidade para consigo próprio são decisivas, pois não há como empreitar uma jornada interior calcada em mentiras. Isso é o tipo de realidade tão simples, mas que grande parte das pessoas não consegue abraçar e, como resultado, o processo infelizmente acaba sendo abortado. A vida em si e os próprios desfortúnios podem contribuir para a integração da sombra e fortalecimento do ego. Constatar-se numa situação de perseguição, preocupação, assédio ou de devoramento pelas pessoas ao redor, ou qualquer outro tipo de pressão como pobreza, pode contribuir para fortalecer o ego. Mas o verdadeiro segredo consiste, sobretudo, na manutenção de um trabalho regular. Jung salientava bastante esse ponto em seus seminários quando dizia que o trabalho é a única forma de se prevalecer diante do complexo materno e não se sucumbir ao inconsciente.

Eu me lembro de um jovem rapaz, muito inteligente, que tinha um forte complexo materno e veio para análise, mas, sobretudo, com um interesse intelectual. Entretanto, ele era muito preguiçoso, um vício que, aliás, assola o ser humano. Nas suas conversas com a *anima*, que sempre aparecia sob a forma de uma deusa, ele tentava se defender adotando uma atitude realista, mas sem obter muito sucesso. Quando ele lhe perguntava por que ela o irritava e o que ela queria, ela lhe respondia que queria que ele se tornasse um homem. Ele retrucava dizendo que ela deveria dar-lhe uma chance. Quando ela o admoestava por ser fraco, ele pedia-lhe que ela lhe mostrasse como ele poderia fazer-se mais adequado. Ela respondeu que ele deveria olhar para a plantação de milho que estava atrás dela, fazer a colheita e armazenar a produção; então, ele seria verdadeiramente um homem. As pessoas que possuem um ego muito frágil são facilmente submergidas pelo inconsciente e, por conseguinte, encontram muita dificuldade em trabalhar com regularidade. Qualquer pessoa, quando entusiasmada, pode realizar praticamente todo tipo de trabalho, mas a questão da preguiça ganha vulto quando o indivíduo precisa fazer algo que ele não goste. A preguiça é o laço com o qual a grande mãe retém os homens; este é o seu mais poderoso feitiço.

Tlepólemo é aquele que "topa guerrear" enquanto Lúcio foi forçado a entrar no conflito por força do destino, ou seja, de forma completamente involuntária. Na mitologia, Ares, o pai de Eros em algumas versões, encarna a guerra, e no nome de Tlepólemo há uma alusão à imagem deste deus. Cárites é, secretamente, una com Psiquê, e Tlepólemo é, de certo modo, um aspecto de Ares. A sombra (a coragem masculina agressiva, a resistência, a capacidade de suportar o conflito e prevalecer) não está integrada e isso significa que Lúcio ainda está longe de seu lado masculino ctônico. Um homem deste tipo receia as mulheres porque ele sente que, no momento crucial, ele não saberá como reagir instintivamente de modo superior. Se um homem tem medo das mulheres, ele não é capaz de amá-las, pois não se pode amar aquilo que se teme, e a relação, então, se torna uma questão de dominação. O verdadeiro amor é feito, em grande parte, a partir da confiança, mas, caso haja algum receio, isso significa que um não pode mais creditar-se no outro. É por isso que o "filhinho da mamãe" tem medo das mulheres e lhes passa um sentimento bizarro de frieza e de distanciamento, pois ele sabe que se as mulheres se mostrarem muito aborrecidas, ele não tem como enfrentar a situação. Ele não dá conta de pegar de volta o buquê de flores, bater a porta e dizer alguma coisa agressiva o bastante para calar a boca do *animus* negativo da mulher.

No casamento, os homens que não assimilaram sua masculinidade se transformam apenas em carregadores de malas. Alguns desses homens, quando a esposa faz alguma cena violenta, recorrem para pedir conselhos a um amigo que lhes diz que eles devem se posicionar e tomar as rédeas da situação. Mas acaba não sendo de muita ajuda, pois a mulher acaba rindo desse tipo de marido, dizendo que alguém provavelmente o aconselhou a tomar aquela atitude. Se a postura é, de algum modo, ensaiada, torna-se estúpida e sem a menor possibilidade de causar qualquer impressão positiva. Esse tipo de comportamento deve acontecer de maneira espontânea e praticado no momento certo, numa reação instintiva que um homem só é capaz de fazer caso ele tenha integrado seu Tlepólemo. Desse modo, sua reação será "no ponto" e de forma criativa, pois neste momento ele terá uma inspiração correta e dirá a coisa que deve ser dita. Pode até mesmo ser uma piada, caso a mulher sobrevoe em rasantes ao seu redor com seu *animus* destrutivo.

Após a morte de Tlepólemo, há uma estranha passagem no romance em que se noticia Cárites cultuando a morte de seu marido à imagem de Líber, um dos nomes de Dioniso. Ela o adora, portanto, como se ele fosse um deus. Essa é uma alusão aos mistérios dionisíacos que, à época de Apuleio, se mesclaram aos mistérios de Attis e de Osíris. Merkelbach hipotetiza, justificadamente, que Apuleio possa ter pensado a respeito deste paralelo e, de forma superficial, alude à questão nesta passagem. Assim, uma vez mais, o *hieros gamos*, o casamento quatérnio se desintegra. Recordamos que foram os ladrões os primeiros a abortarem esta conjunção, depois Tlepólemo sob a figura de Hemo e, mais tarde, Trasilo. Tudo desapareceu novamente por motivo de morte, sem que nada de concreto se realizasse.

Quando deixamos passar a oportunidade de nos tornarmos conscientes de algum fato, caímos numa depressão bem pior do que a que nos encontrávamos anteriormente. Nos contos de fada temos o motivo do tesouro que faz sua aparição num poço ou na terra a cada nove anos e, caso se perca a chance de resgatá-lo no momento em que surge, são necessários outros nove anos até que ele se mostre novamente. Existem determinados momentos numinosos na vida em que a realização de algo é possível, mas se o indivíduo o deixa escapar, perde-se a possibilidade. Eu me recordo de um homem que se apaixonou por uma mulher e que, por motivos convencionais e morais, não assumiu o romance. Seus sonhos, contudo, não lhe deixavam em paz em relação a essa questão, embora ele tivesse razões bastante éticas e razoáveis para evitar o relacionamento. Mas um dia ele acordou de um sonho em que uma voz lhe dizia: "Se alguém deixa passar certas coisas em determinados momentos, perde-se toda uma vida!" E isso o assustou bastante para que se decidisse.

Por gratidão, Tlepólemo transfere Lúcio para os cuidados de um pecuarista, de modo que ele viesse a desfrutar de uma vida boa e feliz. Mas o homem, depois de se distanciar da cidade, o utiliza para tocar seu moinho. Na Antiguidade, a moagem dos grãos se fazia pela trituração entre duas pedras. Um animal, uma vaca, cavalo, jumento ou mesmo um escravo tinha que fazer girar as mós. No Egito ainda se pode ver esse tipo de atividade em que os animais são também utilizados para fazer girar uma bomba e retirar águas de poços. Fazer girar o moinho significa ficar aprisionado a um complexo. Quando um indivíduo se torna prisioneiro de um complexo neurótico, uma mesma ideia dá voltas sem cessar ao redor da cabeça. Ele não consegue sair do problema e não para de dizer as mesmas coisas, indefinidamente. Como vimos, há algo de numinoso no complexo e que, no ponto mais nevrálgico da neurose ou da psicose, eis que encontramos um símbolo do Self. E é isso o que faz as pessoas ficarem fascinadas e também empacadas na situação. Caso se invista em apenas reprimir essa condição patológica, o símbolo do Self também ficará reprimido. É por isso que, muitas vezes, as pessoas perpetuam seus sintomas e resistem serem curadas. Elas sabem, por intuição, que o melhor delas mesmas reside lá, naquele ponto nevrálgico, e isso é algo bastante difícil de lidar.

No fundo das neuroses, assim como das psicoses, existe, geralmente, um símbolo do Self, mas constelado de uma forma ainda inacessível. Lúcio encontra-se atado à roda do moinho, mas sem compreender nada. A imagem se revela ainda mais significativa, contudo, quando verificamos que uma venda negra era colocada sobre os olhos dos animais ou dos escravos para se evitar que tenham vertigem. E, na neurose, a condição é bem assim: o grão é moído com os olhos fechados, girando-se ao redor do centro psíquico sem se tornar consciente e incapacitado de penetrar no sentido do próprio sofrimento. Esse é o motivo clássico da *circumambulatio*, mas numa forma negativa.

Depois disso, o asno é vendido para uma velhaca, mãe de um adolescente. O rapaz o leva para as montanhas com a intenção de utilizá-lo no carreto de lenha. Entretanto, quando chegam lá, e estando sozinho com o asno, este jovem inicia uma sessão sadística de tortura com o animal. Ele também inventa estórias caluniosas a seu respeito, acusando-o de sodomizar mulheres, até que o asno se vê condenado a ser castrado.

O jovem representa a forma bastante negativa do arquétipo do *Puer Aeternus*. Ele funciona como uma figura de sombra em relação a Attis, Osíris e também em relação a Lúcio, considerando o modo com que ele se apresenta no início do romance. Essa é a típica sombra de um homem, cujos centros da emoção e sentimento são imaturos, e que conserva a atitude típica da puberdade, como um adolescente, que joga álcool sobre um mendigo e depois ateia fogo, por puro prazer de apreciar o espetáculo. Vemos que este tipo de jovens rapazes, castrados pela "boa educação", estes "meninos tão gentis filhos de mamães tão bondosas", têm uma secreta atração pelo que chamaríamos de lado cruel e sanguinário da vida. É normal que estes moços, no momento da puberdade, cultivem uma curiosidade pelo aspecto abominável e sombrio da vida, como visitar o cemitério à noite ou bisbilhotar o matadouro ou o necrotério para verificar o estado dos cadáveres. Isso, contudo, e numa certa medida, é um instinto saudável que pertence ao homem jovem. Isso significa que ele procura pela verdade da vida e necessita saber como as coisas acontecem na realidade. Obviamente, se isso passa dos limites acaba se tornando patológico. E, aqui, o que acontece é o seguinte: Lúcio não age de maneira cruel nem mesmo firme com Cárites. Se ele tivesse simplesmente dito – "Agora cala a boca! Nós seguiremos é por ali, depois vamos transar, e então você pode chorar mais tarde se quiser, mas é isso que eu decidi e é o que vou fazer agora!" –, ele teria agido como um homem. Mas ele deixa passar a oportunidade de, no momento propício, demonstrar sua aparente rudeza para com a sentimentalidade tola de Cárites. É por isso que sua sombra cruel e destrutiva se torna autônoma e passa a atormentá-lo daí em diante. Lúcio passa a ser constantemente chicoteado, castigado e torturado por esse tipo de autocrítica adolescente que não o leva a lugar algum. Mas isso é justificável já que ele cometeu um engano e não se dá conta disso. As coisas se encaminham de tal forma que a mãe do rapaz sádico planeja castrá-lo e é apenas no momento em que ele urina sobre ela que ele consegue escapar.

Na alquimia, a urina é uma substância muito positiva. *Urina puerorum*, a urina das crianças, é um dos nomes da *prima materia* do processo alquímico. Até mesmo no século XIX, o poeta Gustave Meyrink, que praticava alquimia secretamente, ainda acreditava nisso. Em Praga, ele desembolsou uma boa quantia de dinheiro para se apropriar de uma latrina antiga e escavou-a durante anos por causa de tudo que havia lido a esse respeito. No cantão suíço de Appenzel, a prática leiga de medicina, sem diploma universitário, ainda é permitida e, portanto, existe lá uma grande quantidade de curandeiros, bons e também maus. Alguns deles orientam as pessoas a beberem sua própria urina, por acreditarem ser o melhor remédio contra praticamente todos os males. A necessidade de urinar é uma das funções corporais mais difíceis de se controlar. Inclusive no serviço militar, o direito de se ausentar para satisfazer esta necessidade é garantido, nem mesmo o general pode coibi-lo. Urinar é um símbolo da nossa mais verdadeira e mais íntima natureza e se revela, portanto, como algo do mais alto valor. É por isso que há tantas piadas e ditos acerca do tema, tais como "Até mesmo o Imperador é obrigado a urinar!" O indivíduo se depara com algo que é mais forte que sua vontade egoica. O sono e a fome, ao contrário, podem ser reprimidos por longo tempo, mas o desejo de urinar é incontrolável. É como um deus mais poderoso que nós, pois é capaz de se opor aos nossos projetos. Durante a sessão analítica, se o sujeito não manifesta de forma verdadeira aquilo que deve ser comunicado, não admite uma transferência, ou Deus sabe lá o que mais, e tenta dissimular alguma coisa, logo vem uma vontade de urinar e, por três ou quatro vezes, ele se levanta para ir ao banheiro durante a hora analítica. Jung relata o caso de uma mulher que, após sentar-se diante dele, mostrou-se incomodada e estranha por cerca de cinco minutos. Ele sentiu um desejo de urinar, muito embora ele tivesse se aliviado pouco tempo antes do início da sessão. Ele então se levanta, pede licença e, quando retorna, ela murmura timidamente: "Eu também preciso ir!" E ele exclama: "Puxa vida, até isso eu tenho que fazer por você!" Em situações de pesadelos é comum que o indivíduo perambule com esse tipo de necessidade sem poder encontrar um lugar adequado para satisfazê-la, e isso usualmente significa que a expressão de sua verdadeira natureza, sua espontaneidade, não lhe tem sido possível. Este é um fato altamente simbólico e, portanto, se Lúcio aqui consegue escapar porque urina, significa que ele readquire, enfim, uma capacidade de expressão de si mesmo completamente natural e verdadeira e, como resultado, salva sua vida. Isso mostra que aquilo de mais genuinamente espontâneo em Lúcio não foi corrompido em sua totalidade e, diante de uma situação de total subjugo, ainda assim ela se fez presente, mesmo que contra a vontade. Também é desse modo que o princípio de individuação se manifesta, ou seja, de forma rudimentar e um tanto quanto estranha.

Com a morte de Tlepólemo e de Cárites, desaparece do romance toda a vida amorosa normal. A partir desse ponto, nada além de homossexualidade e sodomia é o que se verifica até o final do romance. O tema do livro daqui para frente é perversão, crime e tortura.

O rapaz sádico é morto por um urso e sua mãe tem uma explosão de ódio contra o asno a quem ela acusa de ter sido o responsável pelo trágico fim de seu filho. A acusação também tem um valor simbólico, pois o urso um é símbolo da grande mãe, é um dos animais de Ártemis. Tanto no folclore dos índios norte-americanos quanto na Grécia, ele está associado à loucura e também ao poder de cura.

Em grego, a palavra *arktos*, "urso", demanda o artigo feminino. O jovem cheio de maldades foi, portanto, devorado na realidade pela mesma mãe destrutiva que ameaça Lúcio. Os elementos negativos se destroem mutuamente, e é isso o que permite a Lúcio escapar. Qual seria, pois, a atitude consciente necessária para que algo do tipo aconteça? Nos contos de fada há um dado momento em que o herói se encontra com três gigantes discutindo entre si e eles o escolhem para arbitrar a questão. Os gigantes acabam matando uns aos outros, e o herói toma posse do objeto mágico que teria sido a causa da querela. O fato de que os opostos aniquilam uns aos outros é, evidentemente, uma situação ideal, mas para que ela aconteça é necessário que o ego mantenha uma atitude de distanciamento. O ego deve suportar o conflito e não se identificar com nenhuma das partes, pois caso ele não se identifique com quaisquer das forças de oposição, elas simplesmente se devorarão umas às outras. Quando as pessoas se encontram em conflito, elas sempre tentam aliciar você para a causa delas, mas se você não tiver nenhum motivo para entrar no mérito da questão, é bem provável que elas se devorarão mutuamente. Às vezes é necessário que tomemos partido, mas nem sempre. Como se viu, foi apenas quando a mãe negativa atacou Lúcio diretamente que ele se defendeu por meio de uma reação muito espontânea.

A partir desse momento, a estória se torna um tanto quanto tediosa. Uma série de casos repugnantes se sucedem. Mas, psicologicamente, a repetição maçante não é acidental.

Isso é o que também acontece durante um processo analítico. É geralmente um período em que a dissociação existente parece se cristalizar ou estabilizar, e o processo se mostra menos fluido que antes. Há uma certa desestruturação psíquica que pode levar a algo catastrófico e, desse modo, o processo neurótico constrói uma série de mecanismos de defesa. O indivíduo se sente como se uma parte da vida tivesse deixado de existir, já que o mesmo padrão de experiências ruins acontece e de forma repetitiva. Ele está sempre no aguardo de que algo possa se modificar, mas nada lhe acontece. A percepção é de uma dissociação consolidada. É como se o complexo materno tivesse aprisionado uma parcela do indivíduo dentro de um saco impermeável. Uma parte das experiências afetivas fica reprimida, de forma que a grande emoção capaz de chacoalhar a fixação neurótica não tem como penetrar. Esse é o longo período de estagnação numa situação neurótica que encontramos a partir deste momento no romance.

Desconheço uma solução que possa ser genericamente válida em casos como este. Sinto que o trabalho analítico deveria ser capaz de penetrar o bloqueio e forçar uma questão, mas não se tem como chegar ao núcleo da personalidade do paciente. O analista se sente tentado a desistir do caso e encaminhar o analisando para um colega. Outra possibilidade é continuar na labuta e aguardar dois ou três anos se necessário, na esperança de que um dia o inconsciente tenha acumulado energia suficiente para vencer a resistência. E isso é o que eventualmente acontece ao final do romance. Até então, Lúcio viveu as boas aventuras que representamos no nosso gráfico, tanto acima como abaixo da linha horizontal, mas, de agora em diante, os eventos acima da linha não passam de absurdidades e nada de substancial acontece na parte de baixo. Portanto, a gente se pergunta para onde escoou a energia psíquica.

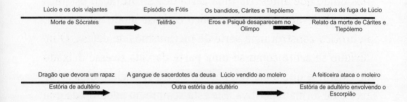

Mas, ao final desta longa viagem tenebrosa, eis que acontece a grande aparição da deusa Ísis. Não obstante, é só após o evento que se constata que, durante o período em que se trabalharam os absurdos e a lama existencial, toda a energia vital vinha se acumulando nas camadas profundas do inconsciente, à espera de um momento oportuno para que o arquétipo curador se irrompesse de modo repentino. A despeito das várias tentativas de se fazer notada, a natureza necessitou primeiro acumular uma quantidade suficiente de energia para lograr êxito. Mas esse momento também se revela perigoso, já que a energia insurgente pode se mostrar de modo brutal. Nessas circunstâncias, a solução pode vir sob a forma de um choque, ou algo catastrófico, pois a natureza não se importa com adjetivações. Nos casos em que a resistência do indivíduo seja demasiadamente exagerada, não é incomum que a apercepção interior talvez só venha ocorrer no leito de morte. É até mesmo possível que, por exemplo, o indivíduo venha a ser diagnosticado com um câncer sem que o mais íntimo do seu ser seja tocado, até que, nas últimas horas de vida, essa realização aconteça. Por outro lado, enquanto a natureza se encontra no período de acumulação, a energia é calma. Vemos uma alusão a essa questão num episódio posterior do livro, aparentemente sem sentido. O asno e seu dono atravessam as cercanias de um lugar onde reside um dragão que devora a todos que vê. E o fato de que não há qualquer luta contra tal monstro significa que a mãe devoradora assume agora sua forma mais inconsciente, mais fria e a mais mortal para, a seguir, desaparecer novamente nas entranhas da terra. O complexo materno alcançou aqui o mais profundo e total perfil assassino. Nada se produz mais no âmbito da consciência. O deus Seth era algumas vezes representado sob a forma de um crocodilo ou dragão, indicando, portanto, que ele domina todo o cenário da consciência. Se um arquétipo assume a forma de uma serpente ou de um dragão, indica que seu conteúdo se encontra alojado em camadas muito profundas, que se revelam a não ser no plano somático, em nível do sistema nervoso simpático. Consequentemente, o conflito anunciado é de forma tal que não pode ainda ser assimilado. É bem possível que nem mesmo sonhos importantes aconteçam nesse sentido. É como a bonança antes da tempestade.

A morte trágica de Tlepólemo e de Cárites, que desaparecem no submundo, é um episódio secundário presente na narrativa principal. Este detalhe assinala, contudo, um momento capital na trama, pois, a partir daí, os eventos que acontecem no nível da consciência são absorvidos para o reino do Além, sob a forma de contos inseridos. Eles desaparecem no Hades, a terra dos mortos. Tanto o Olimpo quanto o Hades são governados por Zeus-Plutão, sendo que um dos casais desaparece no primeiro, e o outro, no segundo. Ambos se submergem no domínio do inconsciente, perdendo, portanto, qualquer relação com a vida humana. De certo modo, o casamento quatérnio se realizou, mas no outro mundo, num lugar sobre o qual nada sabemos. E o fato é que também não mais haverá outra tentativa nesse sentido no resto do romance.

Não obstante, ao fim do livro, um movimento contrário acontece nesta direção quando Ísis surge do mundo dos deuses subterrâneos. O que houve foi uma perda substancial e desaparecimento de energia no âmbito da consciência que se acumulou e, eventualmente, ressurgiu dos abismos, provocando uma profunda experiência religiosa. Desse modo, a morte de Cárites e Tlepólemo se relaciona com o processo de renascimento que acontece ao final da estória.

No decurso de sua fuga, Lúcio toma conhecimento, num albergue, da estória de um escravo que, tendo se apaixonado por uma mulher livre, viu sua própria esposa matar a si própria e a seu filho. Seu patrão, ao tomar conhecimento do fato, manda amarrar o escravo nu a uma árvore, com o corpo recoberto de mel para que as formigas o devorem. O mel, substância sagrada nos vários cultos à mãe, foi utilizado para atrair as formigas. Poderíamos comparar aqui as formigas com a ação dissolvente do complexo materno. O que poderia ser uma das experiências mais unificadoras (lembrar o papel positivo das formigas no caso de Psiquê) se torna aqui algo destrutivo. Quando formigas voadoras, vespas, moscas etc. aparecem em sonhos, pode representar um processo de dissociação psíquica, por vezes se revelando bastante perigoso. Antes da instalação de seu processo psicótico e após ter assassinado a própria mãe, o Imperador Nero sonhou que estava sendo perseguido por um enxame de formigas voadoras. O escravo apaixonado pela mulher livre personifica, provavelmente, um aspecto do próprio Lúcio. Da mesma forma com que as pessoas ainda hoje projetam sua sombra nos empregados e nos serviçais, também na Roma antiga a classe dominante projetava suas reações mais vulgares e inferiores sobre os escravos. Robert Graves, na sua introdução ao romance[74], considera que este seja um dos mais importantes aspectos do livro.

Sabemos que se um homem tem um complexo materno positivo ele é, de certo modo, apartado de sua virilidade ctônica, ou seja, de suas reações mais vulgares e instintivas. O *animus* pedagógico de sua mãe se incumbe de reprimir as reações que são, na verdade, o esterco adequado para o crescimento dos bons frutos. O *animus* castrador da mãe recusa não apenas a sexualidade, mas também as reações mais "baixas" e primitivas de seu filho. Poderíamos pensar que nos nossos dias atuais isso seria uma consequência da educação cristã o que, em parte, é verdadeiro já que este catecismo reforça a rejeição das partes animais do homem. Mas se lermos Platão, ou um romance desse tipo, veremos que o problema já existe bem antes do próprio cristianismo. Sempre houve uma tendência em anular o que se considera "inferior" para que se alcance aquilo considerado com a mais elevada diferenciação. Entretanto, se o processo não for conduzido de forma apropriada, ou se o indivíduo é frágil, produz-se uma dissociação e o sujeito acaba não tendo uma base terrena fértil, primitiva, sobre a qual ele possa se apoiar.

Recordo-me de um homem que cultivava ideias muito nobres e, sobretudo, cristãs, e se portava como um verdadeiro cavalheiro. Ele se casou e tudo parecia ir bem até que sua esposa teve um *affair* com outro homem. Quando recebi este homem pela primeira vez, esperava ouvir toda uma cantilena sobre seus ciúmes e outros sentimentos violentos. Entretanto,

---

[74]. M.-L. von Franz se refere à tradução do livro *O asno de ouro* de Apuleio para o inglês, realizada por Robert Graves e publicada pela Penguin Books, em 1950 [N.T.].

ele não se mostrou ciumento! Explicou-me que ele e sua esposa haviam concordado em se permitirem completa liberdade um ao outro, já que teria sido mesquinho aprisionarem-se às convencionalidades. Disse-lhe que sim, que estava tudo bem, mas que, não obstante, em algum lugar de nós próprios sempre existe uma reação primitiva. Mas ele era de tal forma idealista que isso não lhe tocou de modo algum. Ele, contudo, teve um sonho em que o porão de sua casa estava em chamas e, enquanto toda sua casa estava se queimando, um homem furioso se agitava de um lado para o outro. Ele experimentou, de maneira clara, uma reação normal de ciúmes, mas completamente reprimida e, portanto, bem mais destrutiva do que a que teria sido caso ele a tivesse percebido. Estas são as nossas "reações de escravo"; uma região em nós mesmos que não é nobre nem razoável.

Nós somos os joguetes de nossas paixões e de nossas cobiças. Somos os escravos, as vítimas passivas dos eventos da vida dos quais é mister prestar atenção. Mas diante de condição neurótica, não permitimos que essas tais emoções "inferiores" se manifestem ou talvez nem mesmo chegamos a percebê-las. É verdade, contudo, que também se deve ser capaz de refrear parcialmente a expressão das emoções, mas mesmo assim é necessário notar e sentir as reações primitivas, de reconhecê-las, ou seja, fazê-las conscientes. Há pessoas que se identificam tão cabalmente com suas próprias ideias que acabam por ceifar todas suas reações emocionais e, portanto, afirmam, e de forma bastante honesta, que não sentem nada mesmo em relação a esse tipo de coisa. Mas "o porão está pegando fogo". E lá, naturalmente, alojam as reações vulgares, básicas, primitivas ou animalescas das quais o indivíduo não está livre, pois ali ele é cativo de suas próprias paixões que usualmente são projetadas sobre as classes dos trabalhadores, judeus, comunistas etc.

Conheço um homem de fino trato, de boa família, um tipo nobre de *fin de race*[75] que, provavelmente, se julga diferente dos outros mesmo quando vai ao toalete ou assoa o nariz. Ele sonha quase todas as noites que os comunistas irão invadir sua magnífica mansão. No sonho, homens vulgares adentram a residência e reviram todas suas coisas maravilhosas que herdou de seus ancestrais. Uma vez que ele não se encontra em processo analítico, ele não compreende o sentido subjetivo e toma essas imagens como se fossem predições mediúnicas daquilo que possa objetivamente acontecer na realidade. Ele imagina que os comunistas irão devastar a Europa, mas não percebe que o sonho tem implicações pessoais bastante importantes para ele. Ele reprime o homem de rua que existe dentro dele que tem reações ordinárias e o projeta nos comunistas. Qualquer indivíduo com uma dissociação desse tipo terá um secreto fascínio pelos comunistas e, sem mesmo se dar conta, contribuirá para sua propagação, pois uma parte dele próprio encontra-se do outro lado da cortina de ferro aguardando a invasão da Europa pelos Vermelhos. Podemos constatar que as pessoas que mais receiam o comunismo são as que primeiro sucumbem ao seu regime, suportam suas ideias e se simpatizam com eles. Os comunistas ancoram, portanto, a projeção do homem comum, coletivo, que ainda não foi integrado.

Nós todos temos dentro de nós um homem comum, ou uma mulher comum, que tem as reações do homem de rua e o

---

75. Expressão presente no texto em francês que se refere ao esgotamento, últimos suspiros ou decadência de uma dada estirpe, raça ou era.

mais estranho é que isso é um aspecto do Self. É por isso que, embora Cristo seja chamado de o "Rei dos Reis", Ele também foi crucificado na cruz como um escravo. É um paradoxo! As pessoas que não conhecem bem a Psicologia Analítica Junguiana acham que isso é algo esotérico ou mesmo aristocrático. Elas não percebem que o processo se desenvolve sempre em duas direções opostas: por um lado, o sujeito passa a se identificar menos com suas emoções, encaminhando-se no sentido de se tornar mais um indivíduo e mais diferenciado; mas, ao mesmo tempo, é imprescindível que o homem de rua também seja integrado. O processo de individuação implica uma expansão da personalidade em direção a estes dois polos. Tanto as qualidades mais coletivas quanto as mais humildes devem ser integradas, pois, caso contrário, um falso individualismo se faz presente. Quanto mais em direção ao céu a árvore cresce, mais profundamente devem penetrar suas raízes. E por mais que o indivíduo se desenvolva, maior será a necessidade de uma aceitação simples e humilde das reações humanas ordinárias. Nesse sentido, o escravo simboliza uma outra figura da sombra de Lúcio que anseia por ser redimido num mundo livre. Não obstante, o escravo busca sua liberdade de modo egoísta, pois, por um lado, ele age por conta própria, sem prestar atenção aos sinais dos deuses e, de outra parte, ele negligencia sua esposa e seu filho. É por isso que ele não alcança seu objetivo e as forças do inconsciente o destroem. Será apenas quando Ísis, a redentora, e Osíris surgirem à soleira da consciência de Lúcio que uma verdadeira libertação será possível.

Nesta estória e nas outras que se seguirão não há nada de numinoso ou mágico. A primeira e a segunda estórias tratavam de feitiçaria, enquanto a terceira, de magia. Mas após o colapso e destruição do casamento quatérnio tudo se deteriora. E isso decorre do fato de que Cárites, uma personificação dos sentimentos de Lúcio, desaparece no mundo subterrâneo e se encontra agora completamente dissociada. O que resta agora é apenas lixo pessoal. O sentimento é algo que nos permite imputar mais valor a uma coisa que à outra, mas se esta função do sentimento for suprimida da vida, não se tem como distinguir entre aquilo que é importante daquilo que é banal. Tudo se torna, portanto, nivelado na indiferenciada miséria humana. Por vezes em análise, passam-se semanas ou meses sem que nada aconteça, a não ser uma fofoquice ou lavagem de roupa suja. Nada de arquetípico ou numinoso se constela e, desse modo, não se produz qualquer alteração importante. O que nos resta é apenas perseverar e continuar imiscuindo-se na escória humana.

IX O asno a serviço de vários senhores

O asno é agora conduzido a um mercado onde é comprado por um velho homossexual – o sacerdote e chefe de um bando que perambula de um lugar para outro carregando uma estátua da deusa síria Cibele. O velho é chamado Filebo que significa "o amante dos jovens". O grupo de homens se comporta como os dervixes rodopiantes do Oriente, pois ao final da dança eles caem no chão e cortam o corpo para impressionar os espectadores. Além disso, eles se comprazem na homossexualidade e sodomias. As pessoas compram o asno para que ele possa transportar a imagem da deusa e também parte da carga que lhes pertence. Apuleio descreve como eles dançam e a maneira com que um entre eles, de repente, começa a fazer movimentos respiratórios profundos, como se estivesse em transe. Ele quer dar a impressão de que está recebendo, naquele momento, o sopro celestial da deusa e, logo a seguir, se põe a profetizar. A seguir lemos uma sentença que mostra por que Apuleio descreveu este episódio: ele critica o dançarino que, no estado de transe, parece querer dizer que, "na verdade, a presença dos deuses não eleva os homens acima de si mesmos, mas os torna fracos e doentes". Aqui ele salienta que uma conexão com o divino não tem efeito curativo e, portanto, esta é uma experiência religiosa mórbida.

Independente do fato de que Apuleio tenha escrito essa passagem no romance de forma consciente ou não, a descrição que ele faz do culto da grande deusa Cibele é um contraponto magnífico aos mistérios de Ísis que são tratados ao final do livro. A extasia e a experiência religiosa são mostradas aqui no seu aspecto caricato e destrutivo, pois o homem se encontra *possuído* pela deusa, já que ele não está a seu *serviço*.

O que então deveria ser positivo se torna negativo. Se um arquétipo procura ser realizado, essa realização pode se dar tanto de forma positiva quanto negativa. Se o indivíduo aceita a experiência e a acolhe, o resultado é positivo. Mas se ele tenta escapar, a experiência se torna negativa e obsediante, e o indivíduo se vê aprisionado. O velho homossexual está possuído pelo arquétipo da mãe e, sob essa condição, ele tem uma experiência pseudorreligiosa. A homossexualidade está frequentemente acompanhada de uma forma de religiosidade. Grande parte dos homossexuais tem uma vida interior um tanto quanto rica, um certo veio artístico e também um pendor religioso. Mas se observarmos um pouco mais de perto, veremos que algo está faltando. É uma situação difícil de definir; é uma questão de sentimento. Embora seja algo admirável e que, portanto, a vida interior tenha uma certa dimensão e profundidade, o sentimento é que, de algum modo, falta realidade, falta substância. Algo não convence e não chega às vias de fato.

Há outro aspecto aqui que concerne um dos grandes problemas do nosso tempo, em que a dança do *rock and roll* toma o lugar da dança extática. Nossa situação é, em vários aspectos, paralela à que existia nos tempos do Império Romano. O que se tem oferecido atualmente aos jovens em termos religiosos é insuficiente e não alcança as camadas emocionais mais profundas. Desse modo, subsiste sempre a nostalgia por ser tomado pela extasia e por experimentar momentos na vida em que se possa se sentir transportado para além dos limites desta existência miserável. Uma vez que não tomam mais do vinho do Espírito Santo, eles bebem, em seu lugar, a água suja vendida nas ruas. Eles se voltam para o *rock and roll*, as drogas e até mesmo o crime. Para muitos jovens, as manifestações políticas de massa não têm qualquer significado político, mas representam sua forma de busca pela experiência extática. Sem ter como viver essas experiências na religião, eles se consagram aos movimentos de massa pseudopolíticos que lhes fornecem um pseudotranse religioso coletivo. Essa é uma degeneração da função religiosa, pois quanto mais o problema religioso é negligenciado, mais se produzirão compensações do tipo.

O asno agora se enrasca em novos perigos. A companhia passa a noite próximo da casa de gente rica. Um cachorro entra na cozinha e rouba um "pernil bem gordo de um cervo gigante" que seria assado e servido à noite. O cozinheiro encontra-se desesperado e a ponto de se enforcar, quando sua esposa o demove dizendo-lhe que ele deveria levar aquele asno esquisito para um lugar escondido, matá-lo, cortar um dos seus quartos, assá-lo bem assado e servi-lo com um bom molho, que ninguém notaria a diferença. O pobre asno, aterrorizado, arrebenta seu cabresto e, na fuga, adentra a sala de jantar onde provoca uma desordem sem fim entre os convivas ao tombar a mesa fazendo com que todos os comes e bebes caiam no chão. O dono da casa ordena que o prendam, mas nesse momento chega um garoto anunciando que um cachorro raivoso circula pela vila e que já mordera vários animais e também pessoas. Todos ficam tão apavorados que teriam ali mesmo matado o asno caso ele não tivesse dado um jeito de se salvar entrando no quarto de dormir do dono da casa. Lá ele foi trancado e acabou se deitando na cama onde dormiu toda a noite "como um homem", acordando só pela manhã seguinte e bastante revigorado. As pessoas, ao espiá-lo pela porta entreaberta, constatavam que ele estava tranquilo e passivo e, portanto, conjecturavam o que deveria ser feito com o asno. Sugeriu-se que se oferecesse água a ele para se certificarem se ele havia contraído a raiva ou não, mas o asno provou sua sanidade ao sorver de um gole só toda a água contida no balde. Ele então é arreado novamente com o carregamento da deusa síria e de outros badulaques e despachado. Após escapar de ser comido, ele continua sua rota junto a seus donos, os sacerdotes de Cibele.

Neste episódio, podemos perceber, ainda que por um período muito curto, que o asno se comporta como um ser humano. É interessante observar que as pessoas ao redor interpretam sua humanização como uma insanidade. Isso é algo que nos remete ao processo analítico, pois sempre que um paciente começa a recuperar sua sanidade, as pessoas que lhe são próximas normalmente dizem que ele está pior agora do que antes, e fazem de tudo para que o indivíduo retorne ao seu estado anterior. O retorno à normalidade é algo chocante para o grupo. Refutar a projeção da loucura, ou seja, aceitar que não sou eu quem é o louco é algo paralisante para um grupo ordinário de pessoas. Caso a pessoa sobre a qual se tenha projetado o sofrimento mental se normalize, não há mais bode expiatório e, assim, o equilíbrio social se rompe.

Existe, em qualquer grupo, uma tendência inconsciente de atravancar o processo de desenvolvimento individual e que sempre devemos levar em consideração.

Quando visitei um grande hospital nos Estados Unidos, tive uma experiência bem-interessante nesse sentido. Um analista do nosso grupo havia selecionado alguns pacientes para que se submetessem a análise individual. Entre os pacientes, ele selecionou uma garota de quinze anos que fora violentada sexualmente pelo pai, um bêbado, e que fora admitida no hospital e diagnosticada como esquizofrênica catatônica. O analista vinha tratando dela, e sua condição mental havia melhorado. Um dia, essa garota, sentindo-se um pouco melhor, foi até a cozinha e roubou um grande bolo de chocolate. Ela não o comeu, mas levou-o para a ala das crianças e o repartiu. Eles fizeram uma festa maravilhosa e tudo ficou lambuzado de chocolate. A enfermeira-chefe apareceu chispando de raiva, dizendo que a menina estava completamente louca, que deveria ser isolada, que a psicoterapia estava fazendo mais mal que bem, e que ela deveria ser tratada com eletrochoque. Este é um exemplo grosseiro de como se comporta um *animus* sem rédeas. O analista responsável pela menina disse: "Mas, você não vê que isto é uma melhora? Que ela agora tem sentimentos pelas outras crianças e que foi capaz de estabelecer um contato com elas?" Mas, tecnicamente, isso foi percebido como um distúrbio e que sua condição era pior e, portanto, ela seria submetida novamente a sessões de eletroconvulsoterapia. Quando os pacientes começam a ficar mais normais, eles atravessam um estágio em que são percebidos com muita estranheza pela coletividade, já que não são nem loucos nem completamente adaptados à vida social. E aqueles que se encontram nas adjacências ficam bastante excitados, pois não gostam que as coisas se modifiquem. Aqui, o asno começa a se comportar de modo mais parecido com um ser humano, mas é interpretado como se estivesse rabídico.

O romance prossegue então com outra estória inserida acerca do carpinteiro que retorna, inesperadamente, à sua casa pela manhã, quando o amante de sua esposa lá se encontrava. A mulher esconde o amante atrás de um tonel e escorraça o marido por ficar perambulando e perdendo tempo, enquanto ela tem tanto trabalho a fazer. Ele a responde que, ao contrário, ele esteve ocupado e que havia conseguido vender por cinco denários aquele tonel que servia para entulhar a residência. A mulher, contudo, rebate dizendo que ela havia feito melhor ao vendê-lo por sete denários e que o interessado encontrava-se lá agora inspecionando a mercadoria. O amante então sai do esconderijo e diz que o tonel está muito sujo para que possa saber se há ou não rachaduras, e pede ao marido que traga uma lamparina. O insuspeito marido traz a lamparina e diz que ele próprio fará a limpeza e, enquanto ele assim procede, os outros dois, colocados atrás do tonel, continuam a fornicar sem ser descobertos.

A estória não contém qualquer elemento mágico ou sobrenatural; é simplesmente um conto de adultério. Enquanto anteriormente as estórias alocadas acima do nível da consciência eram reais e aquelas colocadas abaixo tinham um caráter numinoso, estas últimas são banais e, na vida consciente de Lúcio, não revelam mais que uma falsa espiritualidade. Isso é algo típico de acontecer quando a relação com o elemento religioso não se desenvolve de modo sóbrio. O ego se inebria de falsa extasia, e o inconsciente se retrai e se obscurece. A *anima*, que deveria ser a mediatriz entre as camadas mais profundas da psique, não realiza mais sua função. O casamento é um achaque e o adultério não passa de uma distração puramente sexual, sem sentimento e sem amor. A *anima* entra, assim, num estado de indiferenciação e de imoralidade.

Na continuação da estória, os sacerdotes da deusa síria são pegos e acusados de roubo e, uma vez mais, o asno é vendido. Agora ele é comprado por um padeiro que o utiliza para fazer girar o moinho. Este episódio nos permite conhecer um pouco melhor as condições sociais daquele tempo. Lúcio vê a situação miserável que se encontravam os pobres escravos que trabalhavam quase sem decência vestidos com trapos que mal lhes cobriam o corpo e outros marcados a ferro quente no rosto. As faces de alguns deles eram cobertas por uma fuligem negra de fumaça e outros pelo pó da farinha que era produzida. Eles tossiam continuamente e seus flancos se encontravam em carne viva pelo uso de correias sem proteção, além das costelas fraturadas devido ao contínuo espancamento. Os cavalos também já eram velhos e muitos tinham o lombo coberto de pisaduras. Era uma cena horrorosa e Lúcio refletia, com remorso, sobre seu próprio comportamento quando ainda era um ser humano. Seu único consolo diante do presente desfortúnio era que ele podia ouvir e compreender o que se passava ao seu redor, pois ninguém o temia ou guardava-lhe suspeição, já que ele não passava de um asno. Ele então se recorda de Homero que qualifica como "sábio, aquele que viaja por vários países e nações" e, assim, agradece sua forma asinina por essas experiências.

Quando admiramos os monumentos da Grécia e de Roma e o guia de turismo nos informa o quão remarcáveis eram essas civilizações, é bom lembrar que essas culturas foram como uma flor do lamaçal. Temos algo estranhamente análogo na nossa civilização, onde uma camada da população se diferencia intelectual e moralmente, enquanto a grande massa permanece indiferenciada. Mas, depois de um certo tempo, aquilo que não foi diferenciado inexoravelmente solapa o que fora edificado. Do ponto de vista psicológico, esse é um problema semelhante ao que acontece com a função inferior. Se os indivíduos, em vez de excelerem sua função principal consciente, trabalhassem outras partes deles próprios mantendo-as um pouco mais próximas da consciência, essa cisão, seja individual ou social, não aconteceria, considerando que o tipo de dissociação que confrontamos do lado externo é a mesma de que padecemos internamente. Nossa situação é igual à da época de Apuleio, ou seja, o desdobramento do terrível viés do egoísmo social.

Na Antiguidade havia poucas exceções como a figura do filósofo estoico Sêneca, mas, de modo geral, as pessoas apenas se contentavam em fechar os olhos para o fato de que a maioria dos escravos viviam em condições miseráveis. Sêneca dizia que os escravos deviam ser tratados o mais humanamente possível, pelo próprio bem de quem lidava com eles, pois, ele insistia, não é possível apreciar o alimento servido por um escravo infeliz. Suas considerações, contudo, não tocavam a maioria dos romanos e assim, como dizia Jung, o Império Romano tardio, ou seja, já decadente, sofria de uma estranha melancolia que traduzia a aspiração dos escravos à liberdade. As classes dirigentes estavam deprimidas, sem compreenderem os motivos, como pode ser constatado em Horácio e seu amigo Mecena. Foi dessa melancolia que nasceu a religião cristã, oferecendo um novo sentido simbólico à vida dos escravos. Nós agora também nos encontramos numa situação parecida à do Império Romano. Precisamos, de alguma forma, sustar nosso progresso intelectual e tecnológico a fim de remediar a dissociação psíquica que ameaça nos destruir, como o lamaçal sombrio que assim traga a flor que nele desabrochou.

No moinho, o asno toma conhecimento de outras estórias de adultério. Sabemos que Apuleio tomou-as emprestado de outros romances mais antigos. Lúcio relata que o moleiro é um homem honesto e sóbrio, mas que sua esposa era a mulher mais malvada que havia no mundo, além de prostituta contumaz e infame. Havia também uma velhaca, "verdadeira mensageira do mal", que rondava diariamente a casa do moleiro e que contou a seguinte estória para a esposa depravada:

Bárbaro, o decurião da cidade a quem o povo chama Escorpião devido ao seu modo austero, por ser ciumento e ansioso por guardar a castidade de sua esposa, deixa-a sob os cuidados de um escravo de nome Mirmécio (cujo significado é formiga), ameaçando-o de morte caso algum homem encostasse um dedo sequer enquanto passasse por ela. Mirmécio, portanto, impedia que a esposa saísse, assentava-se ao seu lado enquanto ela tecia e até mesmo a acompanhava aos banhos. Mas Filesítero (que a velhaca queria recomendar à esposa do moleiro como amante) encontra-se enamorado desta mulher do decurião e tenta subornar Mirmécio oferecendo dinheiro a ser dividido entre ele e a esposa a quem deseja. Mirmécio inicialmente se recusa, mas consulta a esposa que, avarenta por dinheiro, consente. Mirmécio então traz Filesítero, disfarçado, para a casa de seu senhor. Mas, por volta da meia-noite, o marido inesperadamente retorna à sua casa. Mirmécio demora um pouco a abrir a porta para que Filesítero possa escapar, mas, na fuga, ele esquece suas sandálias que o esposo acaba encontrando pela manhã. Suspeitando de Mirmécio, Bárbaro o acorrenta. No caminho em direção ao fórum de justiça e enquanto atravessavam a praça do mercado, eles encontram

Filesítero que, aterrorizado com a possibilidade de sua aventura vir a ser descoberta, lança-se sobre o escravo e soca-lhe a cabeça acusando-o de ter-lhe roubado as sandálias no banho na noite anterior. E isso é o que salva Mirmécio.

Esta estória não necessita de muitos comentários. Ela descende de uma situação em que as pessoas portam nomes de aracnídeos e insetos, cujas reações são animalescas, cruéis e instintivas. Esse é o tipo de questão que se observa no comportamento do sistema nervoso simpático, ou seja, as reações são frias e impulsivas. Nada de humano é preservado nesse tipo de sistema. Nós nos lembramos, contudo, de que a formiga é também um símbolo do homem primitivo. Desse modo, ela supera o escorpião, animal que usualmente é interpretado como uma personificação do mal[76]. Há, portanto, um certo progresso nessa estória, pois o homem autóctone, autêntico, foi salvo.

No prosseguimento dessa estória, a mulher do moleiro decide entregar-se a Filesítero e prepara-lhe uma ceia regada a vinho e finas iguarias. Mas, mal ele se assenta à mesa, o marido retorna e a esposa faz com que Filesítero se oculte numa tina. O marido, sem saber o que se passava sob seu próprio teto, conta à sua mulher que a esposa do vizinho, a fim de esconder seu amante, coloca-o debaixo de um balaio utilizado para manter suspensos os tecidos que eram alvejados ao vapor de enxofre. Entretanto, enquanto se encontram assentados à mesa da refeição, a fumaça do enxofre se intensifica e o amante começa a espirrar. Na primeira vez, o marido pensa que foi sua esposa quem espirrou, mas, então, os espirros se

---

[76]. Cf. AURIGEMMA, L. *Le signe zodiacal du scorpion dans le traditions occidentales*. Paris/La Haye: Mouton, 1976.

sucedem, ele suspeita, descobre o amante e quase comete um assassinato, se o próprio moleiro não tivesse impedido.

Não faltou disposição à esposa do moleiro para escorraçar o que pôde a outra mulher e, ansiosa com a presença do seu próprio amante, insistiu para que seu marido fosse se deitar. Mas ele ainda estava com fome e queria comer, e ela teve que lhe servir o jantar que havia preparado para o outro. O asno, enojado com essa conduta, pisa nos dedos do amante que ficaram expostos do lado de fora da tina, esfolando-lhes a pele. O jovem moço grita e o marido então o descobre. Ele articula sua vingança trancafiando a esposa num dos cômodos da residência e conduzindo o amante para seu quarto, onde lá desfrutou ele próprio do rapaz. Na manhã seguinte ele lhe dá uma bela surra e o expulsa da casa, e se divorcia da esposa. Ela, contudo, contrata uma feiticeira para auxiliá-la. Mas, uma vez que nenhum dos "trabalhos" teve qualquer sucesso na reconciliação com seu marido, uma velha finalmente entra na residência, segura-lhe a mão e o conduz a outro quarto, fingindo ter um segredo a lhe ser revelado. Como o moleiro não mais aparecia, seus empregados arrombam a porta e encontram-no enforcado. Mas seu espírito aparece para a filha, com o laço da corda envolto ao pescoço, e conta-lhe tudo o que aconteceu com ele, as circunstâncias de sua morte e, como ele, "vitimado por um fantasma, havia descido ao inferno".

Na Antiguidade, tanto as padarias como os moinhos funcionavam também como uma espécie de bordel. O padeiro era um servo da deusa-mãe dos cereais, Deméter[77]. Aqui ele foi destruído pela mãe infernal sob seu aspecto de feiticeira.

---

77. Cf. DANCKERT, W. *Unehrliche Leute*. Berna/Munique, 1963, p. 138.

Pela primeira vez, essas estórias de adultério se tornam menos banais, pois os elementos mágicos e sobrenaturais surgem novamente, mesmo que numa forma ainda primitiva. Isso mostra que o problema desceu a um nível tão baixo que é praticamente impossível de ser integrado. A velhaca que induz o homem ao suicídio representa a função sentimento morta, aquela parte da *anima* relegada ao mundo inferior dos espíritos. Cárites se suicidou e se encontra agora num mundo espectral. Quando um homem é seduzido por uma *anima* desse tipo, a situação evolui para uma condição progressivamente mais perigosa. Ele se vê fascinado pela morte e eventualmente comete suicídio, pois este é um poder que o atrai para a autodestruição. Entretanto, ainda assim existe um aspecto positivo, considerando que, pelo menos, ressurge novamente o sobrenatural. Os poderes sombrios da mãe reaparecem, mesmo que de uma forma particularmente negativa e inquietante.

O asno é agora vendido a um pobre jardineiro. Esse jardineiro havia dado pouso, por uma noite, a um "homem honesto" da cidade vizinha que, recompensando-o mais tarde, convida-o à sua casa e lhe serve uma refeição maravilhosa. Enquanto ele janta, uma galinha bota um pintinho em vez de um ovo, a terra sob a mesa se abre e jorra sangue, e o vinho na adega entra em ebulição nos tonéis. Depois, uma doninha é avistada arrastando uma serpente morta para dentro da casa, e uma rã salta para fora da boca de um cão pastor e, logo após, um carneiro estrangula o cão. Enquanto todos se encontram aterrorizados diante desses acontecimentos, chega um mensageiro anunciando a morte dos três filhos do hóspede. O bom homem, profundamente triste e perturbado com tudo que acontecera, corta sua própria garganta. Assim, o jardineiro, da mesma forma como veio, retorna à sua casa. As forças mágicas infernais progressivamente se capitalizam.

No caminho, o jardineiro é atacado por um soldado que deseja se apossar do asno. O jardineiro, em vão, tenta dissuadi-lo e acaba atacando o soldado que é deixado caído feito morto. Ele se dirige para uma cidade próxima e pede abrigo na casa de um amigo para se esconder da polícia que agora o procura. Ele é levado para o andar superior da residência, mas o asno, inadvertidamente, coloca a cabeça para fora da janela e um dos soldados percebe sua sombra. Jardineiro e asno são, portanto, descobertos e aquele é levado à prisão.

O interessante desta passagem é que Lúcio coopera, inconscientemente, com o mal, contribuindo, desse modo, para a destruição de seu dono, que é um homem bom. Ele assim o faz quando expõe sua sombra. E esta é uma situação que se revela ainda mais significativa se nos lembrarmos de que este romance foi escrito por um filósofo neoplatônico. Os neoplatônicos criam na supremacia do bem, sendo que, para eles, o mal não passava de uma ignorância e de uma falta de autoconhecimento. Tomado por esse tipo de ideias, Platão tentou enveredar-se em política na Sicília, mas não obteve sucesso. Ele foi inclusive vendido como escravo e rechaçado pelos amigos. Próximo do final da vida ele se viu obrigado a corrigir essa visão tão otimista da existência humana e a rever suas teorias, já que suas amargas experiências haviam-lhe revelado que o mal existia e que o mundo real não correspondia à sua imagem tão idealista. Vemos aqui como o mal pode se apresentar para um filósofo neoplatônico. Até agora, as estórias concerniam ao problema das relações humanas, mas, no presente, elas dizem mais respeito, de forma geral, à questão do bem e do mal, com um colorido pessimista. As forças do mal predominam e o asno a elas atende, mesmo sem o querer.

A catequese cristã a que fomos submetidos nos ensina a ter uma opinião muito otimista da vida. Entretanto, quanto mais unilateral e idealista e desejosos de fazer o bem e o correto, tanto mais nós, involuntariamente, cooperamos com o lado demoníaco. Se, na perspectiva junguiana, procuramos tomar conhecimento do nosso "outro lado", daquilo que em nós nos é sombrio, é para evitarmos que a sombra provoque uma supercompensação ao idealismo irreal. Fazer o bem talvez ainda possa continuar sendo nosso ideal, mas nós nos tornamos mais modestos, pois sabemos que, se exagerarmos, nosso lado destrutivo se constela de forma compensatória. É mais realístico não se enveredar a praticar o bem de modo utópico, pois "a mão esquerda" se sobrecarregará com o peso do demoníaco, que depois tentamos justificar dizendo que não tínhamos ciência dessas coisas.

Esse é um problema particularmente agudo entre aqueles que querem se tornar analistas. Acontece, um sem-número de vezes, que alguns analistas, com a melhor das intenções, se comportam de maneira demasiadamente generosa para com os analisandos e colhem os resultados mais desastrosos sem mesmo se darem conta ou o desejarem. Sempre que um analisando nos telefona desesperadamente ou nos demanda algo, arriscamos a mantê-lo numa condição infantil e imatura se embarcarmos numa atitude muito piedosa para com ele. Caso se ofereça mais que o necessário, seja do ponto de vista sentimental ou cooperativo, mantém-se uma condição de dependência, o que não é o objetivo do trabalho. Esse não é o único exemplo do quanto as melhores intenções podem dar errado, caso o indivíduo não seja crítico consigo próprio e consciente de sua sombra.

As "boas intenções" são sempre ambivalentes e podem se tornar muito perigosas. E esse problema é tão sutil que vale a pena investigá-lo mais profundamente. Mas, então, o que fazer? O que pode nos guiar? Os sonhos podem nos indicar o que está acontecendo e quais são as reais motivações. Por outro lado, o equilíbrio e sanidade do analista são bem mais importantes do que as suas duvidosas boas intenções, já que, quando se caminha muito pela direita, a sinistra se faz presente. A moral cristã deriva, em grande parte, do neoplatonismo e do estoicismo, e tem uma tendência ou uma coloração idealista que é falsa e perversa, já que pavimenta uma via por onde escoa uma destrutividade involuntária. É por isso que, no capítulo subsequente do livro, as tribulações do romance estão progressivamente mais relacionadas à questão "médica", ou seja, os problemas dizem respeito a doenças e a remédios.

A próxima estória inserida se trata de uma madrasta e de seu enteado. Devemos nos relembrar aqui de que Apuleio era um homem da lei. De forma sintética, a estória é a seguinte: o asno passa às mãos de um soldado que fora surrado por um jardineiro. Eles chegam a uma pequena cidade onde o asno toma conhecimento de um jovem e de sua madrasta. Ela se encontra apaixonada por seu enteado e, atormentada por esses sentimentos, tenta trazê-lo, de alguma forma, até seu quarto. O rapaz, agindo de modo prudente, lhe diz que deveriam aguardar um momento mais conveniente, quando seu pai estivesse ausente. A mulher consegue persuadir o marido a empreitar uma viagem e, a partir daí, passa a insistir com o jovem que, entretanto, sempre arranja alguma desculpa para não se encontrar com ela. Tanto ele a evita que o amor se transforma em ódio, e ela planeja seu assassinato com a ajuda de um dos seus serviçais. O empregado compra um veneno, mas, por azar, é o filho dela, e não o enteado, quem acaba tomando o preparado letal e vem a falecer. A mulher manda chamar o marido e lhe diz que o filho deles havia sido assassinado pelo irmão, e o infeliz do pai logo vê que acabará perdendo os dois filhos. Assim que as exéquias são finalizadas, o pai denuncia o filho, repetindo as palavras da esposa que deixavam claro que seu filho teria assassinado o irmão e ameaçado sua madrasta. Os senadores e conselheiros são convocados, o réu e a vítima apresentados, e os advogados instalados para apresentarem suas teses. O serviçal é convocado como testemunha e acusa falsamente o enteado. O jovem rapaz é então condenado e sentenciado a ser costurado num couro de cachorro junto com um galo, uma cobra e um macaco, de acordo com a lei contra os fratricidas.

Mas apresenta-se neste momento um médico com a informação de que aquele serviçal havia-lhe oferecido cem coroas por uma porção de veneno. Ele apresenta as cem coroas para a assistência e revela que, antevendo alguma vilania na intenção daquela compra, decidira não fornecer o veneno, mas uma decocção feita com mandrágora capaz de pôr qualquer um num sono profundo, e que eles poderiam verificar que o jovem não estava na verdade morto naquele momento. O pai, portanto, faz com que a pedra do sepulcro seja removida e resgata seu filho com vida. A sentença é então pronunciada: a mulher é exilada e o serviçal enforcado.

Todos no tribunal de justiça estavam a favor da condenação do enteado. Se o velho médico não tivesse aparecido, as coisas teriam acabado mal e injustamente. O mecanismo da lei falhou e foi o médico quem salvou a situação. O problema do bem e do mal se tornou tão sutil e difícil que ultrapassou as categorias morais da jurisprudência. Tornou-se, na verdade, um problema de saúde ou de doença. Essa é uma questão que se vivencia com muita frequência já que uma pessoa, ainda que com a melhor das boas intenções, mas sendo neurótica, acaba causando um efeito bastante destrutivo. Desse modo, o problema do bem e do mal está conectado à saúde psíquica que se revela mais importante que a letra da lei.

Novamente revela-se aqui uma semelhança entre a civilização romana e a nossa, considerando que àquela época as pessoas iniciavam um pensamento de que a civilização poderia ser reduzida aos parágrafos da lei. Mas a saúde psíquica do indivíduo importa muito mais e foi por isso que o problema foi resolvido por um médico, e não pelos homens da lei que pronunciaram um veredicto errôneo. Nós padecemos com o fato de que nossos dirigentes políticos são neuróticos e, desse modo, este é um problema igualmente premente para nós. Nas tribos primitivas, se porventura acontecia um roubo, em vez de se convocar um representante da lei, era o curandeiro a pessoa a ser acionada para consertar a situação e para fazer juízo do bem ou do mal relativo à questão. Na nossa cultura, a lei e a saúde estão dissociadas. Creio que a descentralização talvez pudesse remediar esta situação, pelo menos até certo ponto, já que, numa pequena vila, se o chefe da comunidade for neurótico, todos o saberão, sua esposa irá comentar etc. Nos pequenos círculos a indiscrição pode ter um efeito positivo.

Merkelbach já havia interpretado esta estória em conexão com os mistérios de Osíris[78]. Os dois irmãos representam,

---

[78]. MERKELBACH, R. *Roman und Mysterium in der Antike*. Op. cit., p. 92s.

segundo ele, Osíris e Seth, ou seja, a "verdade" e a "mentira". A ressurreição do enteado inocente emula a ressurreição de Osíris, o médico sábio é uma imagem alusiva à figura de Thot-Hermes, que é, de acordo com Plutarco, o *logos* cósmico[79] e o "grande médico". Nestas imagens, ainda que, em princípio, banais, já se prepara a revelação dos grandes símbolos do mistério iniciático presentes ao final do livro. Pela primeira vez, ou quase, o elemento positivo – a verdade – prevalece sobre as forças infernais. Imperceptivelmente, uma reviravolta se delineia no processo psíquico, insinuando um retorno das energias positivas.

Lúcio agora é vendido uma vez mais na praça do mercado. Por sorte, seus novos donos são dois escravos: um cozinheiro e um padeiro. Ambos estão a serviço de um homem rico encarregados de suprir a casa com toda sorte de carnes, doces e petiscos. O asno Lúcio descobre a comida e passa a roubar porções diárias, e os dois homens ficam sem entender como o alimento vem desaparecendo. Eles, contudo, desconfiam do asno e passam a vigiá-lo para ver o que está realmente acontecendo. Eles então convocam o patrão para que ele próprio possa apreciar o estranho hábito do animal que, a partir de então, é instalado a uma mesa, com um guardanapo em volta do pescoço. O asno tem de ser cuidadoso para não revelar que ele é realmente humano e, portanto, se engaja num processo de aprendizagem lenta dos bons modos. Mas eles estão maravilhados com sua inteligência e acabam ensinando-lhe a dançar e a responder algumas perguntas.

---

79. PLUTARCO. *De Iside et Osiride*, p. 54. A mandrágora que o médico utiliza para preparar a decocção para o serviçal é uma imagem de Osíris sem cabeça (*akephalos*). MERKELBACH. Op. cit., p. 85.

O dono dos dois escravos interessantemente chama-se Tíaso, nome também dado aos encontros orgiásticos dos mistérios dionisíacos. Naquele tempo, Dioniso era identificado como Osíris[80]. A reumanização do asno é, portanto, conduzida na atmosfera do mistério. E isso é significativo, pois, do ponto de vista da preconcepção cristã, o propósito dos mistérios dionisíacos era a bestialização do homem, ou seja, o fomento da liberação do animal que o homem guarda dentro de si. Mas, olhando de outro ângulo, esses mistérios se propunham a humanizar o animal em nós, e este era o sentido religioso mais profundo nos cultos a Dioniso. Apuleio faz alusão aqui, portanto, a esses significados secretos. Os mistérios não estavam investidos na liberação das pulsões animais, mas na transformação deste aspecto do homem numa forma mais aceitável e passível de integração. Tíaso encarna, desse modo, o deus que auxilia o asno a retornar à situação do homem, levando-o a se comportar de forma mais humana.

Uma rica matrona então se apaixona pelo asno inteligente e deseja dormir com ele. No prosseguimento dessa estranha narrativa, ficamos sabendo como ela mantém relação sexual com ele. A estória mostra como a *anima* tenta reumanizar Lúcio, que ainda se encontra num nível sub-humano. Mas ainda que esta seja uma figura de *anima* que tencione recuperá-lo, a empreitada não tem sucesso completo porque a atividade se mantém apenas no nível do prazer sexual. Mas há indícios de que a situação esteja progredindo, pois os donos do asno são menos cruéis e um ser humano se apaixona por ele. O processo de reumanização se inicia, portanto, a partir de diferentes ângulos. Iniciou-se uma enantiodromia.

---

80. HOPFNER, T. *Plutarch* – Über Isis und Osiris. Op. cit. Vol. 1, p. 5-39.

No processo analítico de um indivíduo, esse é um momento que se revela perigoso. Quando os primeiros sintomas de modificação positiva aparecem, há um perigo real de que o analisando possa inclusive cometer suicídio. O risco se mostra ainda maior quanto mais grave tenha sido a situação por que ele tenha passado. Mas quando se atinge o ponto onde surgem os primeiros indícios de uma enantiodromia, geralmente também pode-se esperar uma explosão final de forças destrutivas. Neste momento em que o "diabo" e as tendências negativas começam a perder terreno, pode-se aguardar um derradeiro ataque deste lado. A mesma coisa acontece nos exorcismos. Os demônios se comportam de modo aterrorizante no último momento, explodindo as lâmpadas da igreja e deixando para trás um odor nauseante e horrível de enxofre. Eles nunca partem de forma tranquila, mas dão uma demonstração final de suas forças destruidoras. E isso é uma verdade psicológica! É necessário estar atento em relação a esse perigoso momento quando a melhora do paciente acontece.

X   Lúcio retorna a si

Com essas últimas estórias, a deterioração da situação que até então vinha lenta chega agora a um paroxismo. Estão planejando que Lúcio se una sexualmente, em público, com uma miserável criminosa que fora condenada por ter envenenado várias pessoas e, portanto, considerada a pior personagem de todo o romance. Lúcio é tomado por uma profunda repulsão frente à ideia de manter intercurso sexual, diante de uma plateia e com uma mulher desse tipo. Pela primeira vez ele se recusa, terminantemente, a ser apanhado nesse tipo de trama da *anima*. Ele se mantém fiel a si mesmo e cônscio acerca de suas próprias reações morais. Aproveitando-se de um momento de confusão, ele escapa do circo pelas ruas da cidade e chega às costas litorâneas de uma famosa cidade e porto de nome Concreias. E, desejando evitar a populaça, ele alcança um "lugar secreto nesta costa". Ele se acomoda e, devido à exaustão, cai num sono profundo.

O fato de que ele se dirige à costa e a um lugar solitário, evitando a multidão, é algo bastante significativo. Esta situação corresponde, no gráfico anteriormente apresentado, ao ponto mais baixo de toda a estória, ou seja, ele toca o mais profundo de sua miséria. Ele tem passado por uma tragédia pessoal e vive uma experiência muito amarga. Ele agora chega à beira-mar, ou seja, simbolicamente ele se encontra à beira do inconsciente coletivo. Pela primeira vez Lúcio recusa a se deixar ser manipulado pelos outros e tenta se manter fiel a si mesmo. Mas vamos transferir a palavra para Apuleio, ou melhor, para Lúcio:

> Por volta da primeira vigília da noite [...] despertado por um súbito pavor, vi o disco da lua cheia que neste momento emergia das ondas do mar, tudo iluminando com uma viva claridade[81].

Ele acorda e se depara com a lua cheia subindo aos céus surgida do mar, e isso se constitui numa experiência bastante numinosa para ele. Ele então evoca a deusa-mãe, Ceres-Deméter, que era associada à lua, já que nesta fase de lua cheia tal deusa se encontrava no máximo de seu poder. Pensava-se que este astro governava sobre todo o mundo vegetal e animal, desde o nascimento, morte, e todo o ritmo da natureza.

> Sabendo que a augusta deusa exerce um poder soberano; que as coisas humanas estão inteiramente governadas por sua providência; que não somente os animais domésticos e as feras selvagens, mas também os seres inanimados são vivificados pela divina influência de sua luz e do seu poder tutelar; que os próprios indivíduos, na terra, no céu, no mar, crescem com seus lucros e a seguem docilmente em suas perdas; vendo que o destino, por fim saciado dos meus numerosos e cruéis infortúnios, me oferecia, embora tarde, uma esperança de salvação – resolvi implorar socorro à imagem veneranda da deusa presente aos meus olhos. Sacudindo logo o torpor do sono, levantei-me cheio

---

81. APULEIO, L. *O asno de ouro*. Rio de Janeiro: Ediouro, 2002, p. 200 [Trad. de Ruth Guimarães. Daqui para frente GUIMARÃES].

de alegre entusiasmo. Apressei-me a me purificar, indo banhar-me no oceano. Mergulhando sete vezes a cabeça nas ondas, pois este é o número que convém aos atos religiosos conforme o divino Pitágoras, com o rosto inundado de lágrimas dirigi esta prece à todo-poderosa deusa: "Ó Rainha do céu, quer sejas Ceres nutriz, mãe e criadora das messes que, na alegria de tua filha reencontrada, fizeste desaparecer o uso da bolota de carvalho de antigamente, alimento selvagem, ensinando-nos como obter um alimento melhor, oh! tu que visitas agora os campos de Elêusis; quer sejas Vênus celeste, a que, depois de ter, nos primeiros dias do mundo, unido os sexos contrários, gerando o Amor e perpetuando o gênero humano por uma constante renovação, recebe agora um culto no santuário de Pafos, cercado pelas vagas; quer sejas a irmã de Febo, que, acudindo com cuidados apaziguantes as mulheres em trabalho, orientaste povos inteiros, e és venerada hoje no templo ilustre de Éfeso; quer sejas a terrível Prosérpina, de uivos noturnos e rosto tríplice, que reprime os assaltos das larvas, manténs fechadas as prisões subterrâneas, erras de um para outro lado nos bosques sagrados, tornados propícios para os ritos piedosos – tu que expandes a luz feminina por toda parte, nutres com teus raios úmidos as sementes fecundas, e dispensas em tuas evoluções solitárias uma incerta claridade; sob qualquer aspecto pelo qual seja legítimo te invocar – assiste-me em minha desgraça, que agora atingiu o cúmulo; afirma a minha fortuna periclitante. Depois de tantas e tão cruéis passagens, concede-me paz e tréguas. Basta de trabalhos. Basta de perigos. Despoja-me

> desta maldita figura de quadrúpede. Devolve-me à vista dos meus, devolve Lúcio a Lúcio. Ou, se alguma divindade ofendida me persegue com vingança inexorável, que me seja ao menos permitido morrer, se não me permitem viver". Foi assim que me expandi em preces e chorosas lamentações, até que o sono, invadindo de novo meu espírito enlanguescido, pousou sobre mim [...][82].

Ele invoca a grande deusa nas figuras de Deméter, Vênus, Ártemis e da rainha do submundo, Prosérpina; os três aspectos luminosos da grande deusa cósmica da natureza mais seu quarto aspecto sombrio. Ele agora percorre o ciclo completo e experimenta todos os matizes deste grande arquétipo. Ao invocá-la na sua compleição quádrupla, ele se mostra consciente de grande parte dos paradoxos essenciais da grande força que governa sua vida. Ele compreende que o desfortúnio que o assolou fora obra dessa deusa na sua disposição Nêmesis, e que somente aquela que causou esses males era capaz de remediá-los. Pela primeira vez, ele nem mesmo clama por viver. Ele se encontra cansado do existir; para ele é indiferente se ela o agraciará com a vida ou o entregará à morte. O único bem que ele implora-lhe é que ela "devolva Lúcio a Lúcio". Essa atitude é a própria essência da individuação, ou seja, uma atitude que demanda o envolvimento do ego quando confrontado com seu destino. Neste momento não cabe mais querer uma coisa em detrimento de outra; o ego agora deve abdicar-se da voluntariedade própria de quem deseja ora isto, ora aquilo e sabe-se lá o que mais; viver ou morrer não são mais opções, nem tampouco a cessação do

---

[82]. GUIMARÃES, p. 220, 221.

sofrimento. O ego de Lúcio foi pisoteado a tal ponto que nada mais lhe importava, a não ser tornar a ser ele mesmo.

Nesta ocasião, pela primeira vez, Lúcio se dirige diretamente ao inconsciente. Embora seja muito simples, isso revela ser uma das mais difíceis ações psicológicas, ou seja, mesmo estando possuído por algum conteúdo do inconsciente, ainda assim ser capaz de topá-lo em vez de se permitir a ser arrebatado pelas costas. Este redirecionamento para a realidade do inconsciente, esta *re-flexão*, no sentido literal da palavra, requer um tipo de calma interior que nos permita parar e avaliar a situação em que nos encontramos, na tentativa de identificarmos aquilo que tem poder sobre nós e o que se encontra por detrás de toda a situação. Isso é algo infinitamente simples e infinitamente difícil. Mas Lúcio, depois de tanto sofrer, chega a este estágio. Ele então se banha nas águas do mar.

Em seguida, ele inicia a célebre oração que começa com estas palavras *"Regina Coeli* – Ó Rainha do Céu". Essa invocação foi parcialmente incorporada pela igreja no culto à Virgem Maria, tendo servido também como modelo para várias preces e litanias dirigidas à Mãe de Deus. Essa passagem pode parecer um tanto quanto artificial devido à variedade de nomes atribuídos à divindade, mas vimos que, no final da Antiguidade, havia muitas pessoas cultas que, surpresas com a similaridade entre os deuses das várias nações, vieram a descobrir o pano de fundo arquetípico em funcionamento por trás de todas essas expressões. Lúcio exprime a ideia de que existe sim uma grande deusa-mãe, nomeada, contudo, diferentemente por diversos grupos de pessoas e que, em cuja honra, celebram-se vários cultos. Ao assim fazê-lo, Lúcio se remete à essência da deusa, ou seja, ele vai além das aparências e se direciona ao arquétipo.

Nós poderíamos dizer que ele reconhece a existência de um único poder transcendental por trás de todas estas diferentes deusas. Portanto, ele continua: "[...] quer sejas Ceres nutriz, mãe e criadora das messes que, na alegria de tua filha reencontrada, fizeste desaparecer o uso da bolota de carvalho de antigamente, alimento selvagem, ensinando-nos como obter um alimento melhor, oh! tu que visitas agora os campos de Elêusis [...]". Aqui ele evoca os mistérios de Elêusis em que a peregrinação de Deméter à procura de Prosérpina e seu reencontro com a filha se constituem na base do culto secreto.

Lúcio faz uma discreta alusão a esses mistérios quando diz: "quer sejas Vênus celeste, a que, depois de ter, nos primeiros dias do mundo, unido os sexos contrários, gerando o Amor e perpetuando o gênero humano por uma constante renovação, recebe agora um culto no santuário de Pafos, cercado pelas vagas [...]", e se dirige aqui à deusa na qualidade de mãe de Eros-Cupido.

Ao proferir "[...] quer sejas a irmã de Febo, que, acudindo com cuidados apaziguantes as mulheres em trabalho [...]", ele invoca Ártemis. E ele completa a quadrinidade ao conclamar: "quer sejas a terrível Prosérpina, de uivos noturnos e rosto tríplice, que reprime os assaltos das larvas, manténs fechadas as prisões subterrâneas, erras de um para outro lado nos bosques sagrados [...]".

Ele invoca, portanto, a Deusa nos seus quatro aspectos: Ceres-Deméter, Diana-Ártemis, Vênus-Afrodite e, por fim, Perséfone-Hécate, a deusa dos infernos subterrâneos, senhora da morte e dos espectros, mas igualmente protetora dos seres vivos contra os espíritos dos mortos.

Lúcio atribui, de forma mais ou menos involuntária, uma quadrinidade espiritual à Deusa, ou seja, a totalidade psíquica na forma do feminino. Nessa exortação a *anima* é, consequentemente, identificada ao Self. Na série de sonhos que Jung comentou no livro *Psicologia e alquimia*[83], há dois sonhos em que uma mulher aparece com um objeto redondo e brilhante como o sol, e ele diz que, nesse caso, a *anima* e o Self são idênticos, uma vez que eles ainda não foram diferenciados.

Lúcio só se torna cônscio dessa diferença mais tarde. Ele compreende que a Deusa é uma guia, uma mediatriz que o auxilia a encontrar o símbolo do Self[84]. A realização do Self é algo que também acontece ao final do romance, mas só depois à da *anima*. Por enquanto, o Self se apresenta a ele por meio da Deusa, e é por isso que ela tem esse aspecto quádruplo. A totalidade se lhe revela numa forma puramente feminina, sem referência à sua masculinidade, o que significa que ela ainda se encontra completamente confundida com uma elação passageira e uma emoção religiosa momentânea. Se nos recordarmos do seu comportamento sensual e de seu cinismo intelectual presentes anteriormente, vemos que esta atitude em relação à Deusa representa uma mudança interior radical. Mesmo o estilo e o tom da escrita modificaram, fazendo, inclusive, que vários filólogos pensassem que certas passagens tivessem sido escritas por outros autores.

O fato de que Lúcio abandona a ironia e o gracejo, e se entrega, enfim, ingenuamente, à experiência emocional representa uma grande conquista. Essa é uma experiência da totalidade divina, viabilizada pela *anima*, revelando o que se encontrava por trás de todos os percalços por que Lúcio havia passado.

---

83. JUNG, C.G. *Psicologia e alquimia*. Op. cit.

84. No caso de uma mulher, o processo seria evidentemente inverso; a integração do *animus* conduziria a uma imagem feminina do Self [N.T.].

Hécate é um aspecto mágico da deusa-mãe, e ela transforma seus amantes em animais. Nas suas aventuras com Fótis, Lúcio fez contato primeiro com o aspecto Vênus da deusa, e depois com seu aspecto Hécate. Tudo aquilo por que ele passou aconteceu, sobretudo, do ponto de vista de um envolvimento puramente pessoal, mas agora o significado arquetípico parece surgir. O final da invocação mostra que Lúcio chegou a um ponto em que o desejo de morrer ou de viver foi transcendido. A única coisa que importa é que ele possa ser ele mesmo. Esta é uma condição análoga ao que se pode observar no texto a respeito *Diálogo de um desesperado com a sua Ba*, um texto egípcio estudado por Helmuth Jacobsohn[85]. A Ba, ou seja, a alma ou o Self de um homem, lhe diz: "Neste momento, pouco importa se você deseja retornar à vida ou morrer, já que, em todo caso, ambos vivemos na mesma pátria". O essencial é a relação individual com a Ba-Osíris, ou seja, a conexão do indivíduo com ele próprio. A realização do Self é uma experiência da eternidade que expressa um sentimento de se estar além da vida e da morte. Viver ou morrer se torna apenas um detalhe à luz de uma experiência que transcende o ego e nossa disposição habitual de atribuir importância ao tempo e espaço. Pessoas que passam por esse tipo de experiência são capazes de morrer com dignidade e calma, evitando, portanto, a revolta do ego que recusa a se submeter a seu destino. Lúcio apenas deseja retornar a si mesmo. O texto continua:

> Foi assim que me expandi em preces e chorosas lamentações, até que o sono, invadindo de novo

---

[85]. JACOBSOHN, H. *Zeitlose Dokumente der Seel*. Zurique: Rascher, 1942 [Studien aus dem C.B. Jung Institut. Trad. inglesa: *Timeless documents of the Soul*. [s.l.]: Northwestern University Press, 1968].

meu espírito enlanguescido, pesou sobre mim no mesmo lugar que já me servira de leito. Mal fechara os olhos, quando, do seio do mar, elevou-se acima das ondas um rosto divino, que pareceria adorável aos próprios deuses. Depois, pouco a pouco, o corpo inteiro se mostrou, e eu tive a visão da radiosa imagem parada diante de mim, aos embalos da onda amarga. Maravilhosa aparição, dela me esforçaria por dar-vos uma ideia, se a pobreza da linguagem humana me concedesse os meios, ou se a própria divindade me fornecesse os recursos da abundância oratória e da facilidade. Primeiro, sua rica e longa cabeleira, ligeiramente ondulada e largamente espalhada sobre a nuca divina, flutuava com um mole abandono. Uma coroa, irregularmente trançada com várias flores, cingia-lhe o cimo da cabeça. No meio, acima da fronte, um disco em forma de espelho, ou antes, imitando a Lua, lançava um alvo clarão. À direita e à esquerda, duas víboras enroscadas flanqueavam-no com as cabeças levantadas, e, mais para cima, inclinavam-se para o lado as espigas de Ceres. Sua túnica, de cor cambiante, tecida do linho mais fino, era branca como o dia, amarela como a flor do açafrão, vermelha como a chama. Porém, o que acima de tudo maravilhava os meus olhos era um manto de um negro intenso, resplandecente, de brilho sombrio. Fazendo toda a volta do corpo, passava sob o braço direito para tornar a subir até o ombro esquerdo, de onde a extremidade livre caía para a frente, formando um nó, pendendo em pregas até a barra e terminando por uma ordem de franjas que flutuavam com graça. A barra bordada, assim como o fundo do tecido, eram semeados de estrelas faiscantes, no meio das quais uma lua, na sua plenitude, expedia ígneas flamas. Ao longo da curva descrita por esse manto magnífico, corria, sem interrupção, uma grinalda composta inteiramente de flores e de frutas...[86]

A descrição da deusa contém vários detalhes que vale a pena comentar. Ela traz um espelho na testa, parecido com uma lua, comparável com um terceiro olho. Isso implica que ela possui uma visão reflexível, uma visão alcançada pela reflexão, já que o espelho nos envia de volta a imagem do objeto. Devido ao fato de que não somos capazes de nos olharmos fisicamente, exceto de forma limitada e nunca completa, e que também somos inconscientes acerca da nossa própria forma, necessitamos de algo externo que nos reflita nossa imagem. O espelho, portanto, permite que nos vejamos de forma objetiva. A experiência de se olhar subitamente no espelho pode ser chocante, assim como quando se ouve a gravação da própria voz pela primeira vez. Todas essas coisas não dão a medida do quão pouco estamos cônscios da nossa forma exterior e, ainda mais, do nosso verdadeiro caráter.

Se compararmos o possível conhecimento que adquirimos de nós próprios obtido por meio do processo analítico com as tentativas honestas de pessoas não submetidas à análise que procuram compreender e meditar acerca delas próprias, observamos que o que elas conseguiram é algo ainda bastante restrito porque a empreitada foi levada a cabo sob a premissa do ego, sem a ajuda do espelho do inconsciente que são os sonhos. A divindade é o que nos reflete e é por isso que devemos nos dedicar à reflexão, já que na ausência dessa prá-

---

86. GUIMARÃES, p. 221, 222.

tica não temos como nos conhecer objetivamente. De acordo com o léxico paulino (1Cor 13,12): *"Tunc autem cognoscam sicut et cognitus sum"* (mas então conhecerei totalmente, como eu sou conhecido), Deus nos conhece antes que nós próprios o conheçamos, e Ele também nos vê antes que nós o vejamos. Traduzido em termos psicológicos, isso se trata de um ato de reflexão, de um olhar sobre nós mesmos, de forma objetiva, como se fôramos visto do exterior. Nós só podemos obter um conhecimento reflexivo acerca de nós próprios por meio dos sonhos, sendo que a relação com os outros é igualmente necessária. A Deusa encerra, portanto, uma capacidade para a perscrutação interna; o espelho redondo é um símbolo da totalidade do Self, que nos possibilita uma via interior objetiva[87].

A lua foi interpretada pelo poeta Lucianus como um imenso espelho – e luz do luar é um símbolo para a luminosidade difusa do inconsciente, em contraste com a luminosidade artificial da consciência. O espelho é flanqueado por serpentes que são símbolos do inconsciente profundo, mas também da sabedoria da deusa[88].

Vejamos agora o tema das múltiplas cores: a vestimenta de Ísis é às vezes *branca*, às vezes *amarelada*, às vezes *avermelhada*, sendo que tudo é recoberto por uma veste *negra*. O negro se refere ao *nigredo* dos alquimistas, seguido do *albedo* (o branco), depois pelo *rubedo* (o vermelho), e, por fim, a *citrinitas* (o amarelo ouro) que se constitui na quarta cor[89].

---

87. No Japão, a deusa solar, *Amaterasu*, é representada por um espelho nos templos Shintô.

88. Estas serpentes nos reportam aos ureus dos reis e deuses egípcios. A naja era consagrada a Ísis.

89. Cf. BETHELOT, M. *Collection des Anciens Alchimistes Grecs*. Op. cit. V.1, p. 95. Cf. VON FRANZ, M.-L. *C.G. Jung*: seu mito em nossa época. São

Todas essas cores eram, na Antiguidade, atribuídas ao mundo subterrâneo e, portanto, são as cores do mundo do além. Elas simbolizam as quatro etapas do processo alquímico ao qual também se associa igualmente a totalidade da Deusa, que encerra nela própria estes quatro estágios. O negro é a cor que de imediato nos deparamos assim que penetramos a *materia prima*, pois ele nos traz um conhecimento cabal acerca de nós próprios, com nossos defeitos, limitações e nossas sombras. Quando se penetra ainda mais profundamente o inconsciente, o negrume continua a predominar por um certo tempo. E este é o caso de Lúcio, já que até então ele só vem experimentando o "nigredo" que é um estado de depressão e de desintegração do ego.

Mesmo as guirlandas de flores e frutos com as quais a deusa é adornada são um termo pertencente aos alquimistas. De modo geral, existe uma etapa intermediária entre o *nigredo* e o *albedo*. Em alguns textos, trata-se de uma *cor verde* que aparece quando há alguma experiência relacionada à vegetação e a animais. O negro, o branco e o vermelho não eram cores típicas apenas do processo alquímico mais tardio; elas já eram utilizadas desde os tempos mais antigos, particularmente na decoração de caixões, vasos e quaisquer outras coisas associadas ao culto dos mortos.

Tanto à época greco-romana quanto no Egito estas cores simbolizavam o Além. O negro e o branco não são consideradas cores propriamente ditas e, portanto, fica fácil compreender o porquê de serem associadas ao "mundo do lado de lá". Elas são os opostos extremos fora do espectro relacionado aos processos vitais. É por isso que, na Esparta antiga, por

---

Paulo: Cultrix, 1975. • PERROT, E. "La voie de la transformation d'après C.G. Jung et l'alchimie". In: *C.G. Jung et la voie des profondeurs*. Op. cit.

exemplo, o branco era a cor do luto e da morte, assim como o preto o é para nós. Na China também, o branco é a cor da morte. O negro e o branco são associados, em todos os lugares, ao Mundo do Além, fora do visível, da vida humana terrestre, enquanto o vermelho, que transcende esses opostos, era considerado como um símbolo para a essência da vida. Podem-se observar essas cores nas pinturas das tumbas egípcias e, mesmo ainda mais precocemente, nos tempos pré-históricos, onde, por exemplo, os caixões e cadáveres eram coloridos ou polvilhados com ocre vermelho, simbolizando, provavelmente, a continuação da vida no mundo do Além. Isso também era um indicador de que os defuntos não se encontravam verdadeiramente mortos, mas que viviam uma vida que lhes era própria.

Jung comparou as cores alquímicas com as etapas típicas do descenso do homem moderno ao inconsciente. O enegrecimento corresponderia à confrontação inicial com o inconsciente, no qual a atitude consciente prévia obscurece. Este é um estágio em que grande parte dos problemas relacionados à sombra aparecem, já que o *nigredo* é, num certo sentido, o encontro com a sombra. Nesse momento, todo o inconsciente se apresenta sob essa condição sombria porque tudo aquilo que foi deixado na obscuridade pela atitude consciente prévia emerge nesta oportunidade. É por isso que, com frequência, o primeiro contato com o inconsciente provoca uma profunda depressão, um desgosto consigo próprio, um sentimento de confusão, uma desorganização da atitude consciente prévia, um estado ou percepção de estar "perdido no escuro". A seguir, passa-se progressivamente ao estágio *verde*, com suas flores e seus animais, indicando que, após a travessia do estado de choque com a sombra, a vida começa a ressurgir. Mas esse é apenas um estágio transitório.

A etapa seguinte surge com o problema que representa a realização do *animus* ou da *anima*, no qual o indivíduo é ainda mantido apartado da realidade exterior. A grande tarefa ao longo dos anos seguintes será a integração destas duas grandes forças. Nesse período, o indivíduo ainda se encontrará, por assim dizer, na terra dos mortos. Não se pode trabalhar o problema da relação com a *anima* ou com o *animus* sem que se passe por uma temporada substancial de introversão. Mesmo que a *anima* ou o *animus* surjam na vida concreta de maneira transferencial, ou seja, sob a forma projetada na pessoa de uma mulher ou de um homem reais, o único aspecto que o indivíduo pode trabalhar é aquele relacionado à sua subjetividade. É um estado em que as projeções ainda se confundem com a realidade objetiva nas nossas relações com as outras pessoas. É necessário, portanto, resguardar, numa espécie de retorta, o nosso trabalho interior e se manter numa atitude de completa reflexão, na acepção literal do termo, ou seja, voltado sobre si mesmo, de modo a se tornar progressivamente mais consciente desses aspectos do inconsciente.

Nos estágios *negro* e *branco*, o alquimista é confrontado com um trabalho árduo, que é o mesmo do analisando durante o processo analítico. O *opus*, o trabalho, consiste em tentar se tornar consciente dessas forças. Portanto, quando se completa esta parte, o alquimista diz que o trabalho pesado terminou. A partir desse momento, o indivíduo precisa apenas continuar a acalentar sua própria substância por meio de um "fogo brando e doce", sem grandes esforços. A etapa do *rubedo* é a próxima que se segue. Agora pode-se abrir a retorta e, como diziam os alquimistas, "deixe o sol ou a pedra filosofal sair e governar o mundo".

Numa linguagem menos poética, isto seria o início da realização do Self. E nesse momento, *"Ele"* assume o comando do processo, de modo que o ego não precisa mais trabalhar como antes. A estrita situação de introversão reflexiva pode agora ser relaxada. No processo de realização do Self, é igualmente importante compreender que o Self deseja ser chancelado internamente, assim como também necessita que seu dinamismo seja concretizado no mundo externo. O indivíduo se torna um servo de um princípio que oscila e que se manifesta ora introvertida ora extrovertidamente. O Self pode demandar que algo seja empreendido no mundo externo, assim como também no coração do indivíduo. A retorta, desse modo, se mostra desnecessária, já que o Self não é algo que dissocia. Foi preciso que primeiro se conseguisse uma solidez no núcleo psíquico por meio do processo alquímico, como parte de um artifício destinado a impedir a desintegração da personalidade. A robustez do vaso agora se transmutou na pedra filosofal, ou seja, numa experiência interior permanente do Self que, doravante, confere ao indivíduo a mais completa firmeza, tornando supérflua toda consolidação ou solidificação exterior artificial[90].

Em vários textos alquímicos, o vaso e aquilo que nele se cozinha, ou seja, a pedra filosofal, são ambos a mesma coisa. Ela se constitui num símbolo para aquilo que é indestrutível no âmago da personalidade interior, sendo que isso, contudo, não está identificado com o ego. Em vez disso, ele se percebe

---

90. Cf. PERROT, E. "La voie de la transformation d'après C.G. Jung et l'alchimie". Op. cit., p. 244-272 passim.

mais como um serviçal neste processo. É por isso que a pedra filosofal nos textos alquímicos é chamada, entre outros nomes, de Rei, a quem se confia o governo e poder supremo que, em muito, ultrapassam aqueles que o complexo do ego possui.

A descrição da beleza em quatro cores da vestimenta de Ísis faz uma alusão a todo o processo que acabamos de falar. É Ísis, portanto, que surge como condutora do processo de transformação. Embora se possa ler, com frequência, nos textos que sumarizam as ideias de Jung, que o processo de individuação se inicia pela tomada de consciência da sombra, passando a termos com a *anima* e com o *animus* e depois com o Self, isto, contudo, é apenas *grosso modo* verdadeiro. Na verdade, no início o indivíduo se vê na presença do inconsciente na sua totalidade, junto a todos os seus aspectos, como o Self, o *animus*, a *anima* e a sombra. Mas os elementos da sombra são, muitas vezes, tudo o que as pessoas talvez sejam capazes de discernir subsequentemente ao impacto que recebem. A sombra é a única condição próxima o bastante e, portanto, passível de ser apreendida. Pode ser, talvez, a única coisa que se pode clarificar e tornar real, o restante permanece, geralmente, bastante abstrato. Só após se ter trabalhado com a sombra é que se começa, progressivamente, a discernir alguma coisa a mais. Um homem reconheceria que um elemento feminino subjacente faz parte de sua personalidade, assim como a mulher perceberia a presença de elementos tipicamente masculinos. O indivíduo, portanto, se torna cônscio de um polo sexual oposto, feminino ou masculino, complementar à sua personalidade consciente. Nesse momento, a figura do *animus* ou da *anima* são os que carreiam, novamente, todo o inconsciente. É por isso que Lúcio, na sua visão, reencontra o arquétipo da *anima* inteiramente identificado ao Self.

Veremos no prosseguimento que foi apenas após ter sido iniciado nos mistérios da Deusa e de ter vivido algum tempo em Roma, como iniciado e fâmulo de Ísis, que Lúcio é novamente convocado para sua segunda iniciação. Dessa vez, é necessário que ele realize, nele próprio, o deus Osíris, este aspecto do inconsciente que se revela ser o *núcleo* – o âmago da personalidade central, o Self. Até então, vimos, contudo, que Ísis congrega nela mesma o Self e a *anima*. Ela é, pois, toda a ordenação do inconsciente. Todas as possibilidades de desenvolvimento futuro de Lúcio estão contidas nela e, portanto, é com propriedade que ela ordena-lhe que, daqui para frente, e de forma incondicional, ele passe a servi-la.

Mais tarde, então, Lúcio foi iniciado no culto de Osíris. *Osíris* e *Ísis* figuram como polos complementares do masculino e do feminino, que corresponderiam, na alquimia, à experiência do *rubedo*. Lúcio retorna a Roma onde exerce a advocacia ao mesmo tempo em que desempenha seu papel de sacerdote leigo nos mistérios. Enquanto progredia na sua formação durante a prestação de serviços à deusa Ísis, ele teve que permanecer dentro dos precintos do templo, de forma que essa clausura interior se mostrasse suficientemente sólida tornando desnecessárias as regras externas. Quando a solidez interior é capaz de resistir ao impacto do mundo exterior, é possível que se retorne à vida ativa sem se preocupar com reflexões.

Os alquimistas abordam de maneira um tanto quanto estranha o quarto estágio, *o amarelo*, ou *multiplicatio*, comparando-o com uma semente ou grão de trigo que se multiplica milhares e milhares de vezes. Com a ajuda da pedra filosofal, é possível tornar qualquer vil metal em ouro. Sua emanação é transformadora e alcança até mesmo o cosmos. Isso significaria, simbolicamente, que nós poderíamos nos manter constantemente em harmonia com o mundo como um todo, em sincronicidade completa com os eventos tanto internos quanto externos, um estado que os chineses denominam Tao. Esse é um estado em que grande parte das pessoas só alcança por curtos períodos de tempo.

Lembramos a famosa série de imagens Zen relativas ao "O Boi e o Pastor" em que o pintor representa, de modo simbólico, o curso do desenvolvimento interno[91]. Em primeiro lugar, há a fuga do boi, depois sua captura e, a seguir, sua domesticação. O *nigredo* pertence à condição animal e aos problemas que ela enceta. Na sequência surge a imagem da lua cheia e o pastor orando em sua direção. Aqui ele se esquece do boi e também do chicote que usaria para domá-lo, e o problema todo é então deixado de lado. A imagem que se segue mostra apenas o disco lunar, um estágio de iluminação sem polaridades que transcende o ego. Essa iluminação é Buda. Não há mais nada a se fazer. Então surge um ramo de cerejeira em flor. Não é possível saber o que se anuncia, apenas que chegou o momento de retornar à vida. A última estampa mostra um velho sorridente, de ventre avantajado, caminhando na companhia de um jovem rapaz, seu serviçal que carrega sua tigela de esmolas, e, à sua frente, pedem ramos de cerejeira florida. O texto diz: "Ele esqueceu o boi, ele esqueceu sua própria grande experiência; ele até mesmo esqueceu-se de si próprio; mas, por onde ele vá, florescem as cerejeiras". Este seria o estágio do *amarelo*, ou do ouro. Ele se parece com uma condição de extrema inconsciência,

---

91. *Der Ochs und sein Hirte*. Munique: Neshe, 1957 [Ed. e comentários por Daizohkutsu R. Otsu].

mas é justamente o contrário. É um estado de união com o cosmos. Recomendo que leiam os dois últimos capítulos do *Mysterium conjunctionis* sobre o *Unus mundus*, onde esta experiência é descrita em termos alquímicos e psicológicos.

A Deusa traz consigo o sistro, uma espécie de címbalo de cobre utilizado nos cultos de Ísis para afastar os demônios e fantasmas. Ele pode ser comparado com a sineta que se faz soar durante as missas católicas convocando a concentração dos fiéis no momento da consagração; uma função, portanto, também de afugentar o profano. Esta campainha provavelmente teve origem nos cultos de Ísis e de Mitra[92]. Ísis também carrega uma lâmpada de ouro, que é um símbolo importante e central, equivalente ao tipo peculiar de frasco no qual se é possível coletar a água do Estige. A Deusa segura este símbolo de Osíris com sua mão esquerda. Nos cultos romanos, tudo que concernia às atividades ligadas ao submundo era associado à mão esquerda. A farinha com que se polvilhava o touro sacrificial era sempre espalhada com a mão esquerda. De modo contrário, tudo que dizia respeito aos deuses superiores estava conectado à mão direita.

A Deusa traz na mão esquerda, portanto, o objeto que é uma representação simbólica da etapa seguinte do processo: a realização do Self que é algo que ultrapassa a realização da *anima*. Este é um recipiente misterioso que oculta um conteúdo cuja natureza é ignorada. Ela, desse modo, tem em sua mão a possibilidade de se vir a conhecer Osíris. Ela lhe diz:

> Venho a ti, Lúcio, comovida por tuas preces, eu, mãe da Natureza inteira, dirigente de todos os

---

[92]. Na África pode-se observar uma situação análoga em que um barulho muito grande é feito para se afugentarem os demônios dos trovões e dos eclipses solares.

elementos, origem e princípio dos séculos, divindade suprema, rainha dos Manes, primeira entre as habitantes do céu, modelo uniforme dos deuses e das deusas. Os cimos luminosos do céu, os sopros salutares do mar, os silêncios desolados dos infernos, sou eu quem governa tudo isso, à minha vontade. Potência única, o mundo inteiro me venera sob formas numerosas, com ritos diversos, sob múltiplos nomes. Os frígios, primogênitos dos homens, me chamam Mãe dos deuses, e deusa do Pessinúncio; os atenienses autóctones, Minerva Cecropiana; os cipriotas banhados pelas ondas, Vênus Pafiana; os cretenses portadores de flechas, Diana Ditina; os sicilianos trilíngues, Prosérpina Estígia; os habitantes da antiga Elêusis, Ceres Acteana; uns Juno, outros Belona; estes Hécate, aqueles Ramnúsia. Mas os que o Sol ilumina com seus raios nascentes, quando se levanta, e com seus últimos raios, quando se inclina para o horizonte, os povos das duas Etiópias e os egípcios poderosos por seu antigo saber, honram-me com o culto que me é próprio, chamando-me pelo meu verdadeiro nome: Rainha Ísis. Venho movida de piedade por tuas desgraças. Venho a ti, favorável e propícia. Seca, pois, as tuas lágrimas, deixa-te de lamentos, expulsa o desgosto. Por minha providência, desponta para ti agora o dia da salvação. Então, presta às ordens que vai receber de mim uma atenção religiosa.

O dia que nascerá desta noite foi sempre, em todos os tempos, por um piedoso costume, colocado sob a invocação do meu nome. Nesse dia, acalmam-se as tempestades de inverno, não tem mais vagalhões o mar, nem furacões, torna-se o oceano navegável. Meus sacerdotes, pela dedicação de uma nave ainda virgem, oferecem-me as primícias do tráfico. Deves esperar a festa, sem apreensões nem pensamentos profanos. Porque, advertido por mim, o sacerdote, na própria procissão, levará à mão direita uma coroa de rosas amarrada ao seu sistro. Então não hesites: atravessa a multidão a passo decidido, junta-te ao cortejo, conta com a minha benevolência. Quando estiveres bem perto, docemente, como que para beijar a mão do sacerdote, colhe as rosas e, de repente, te verás despojado do couro dessa besta maldita que há muito me é odiosa. Não temas que seja difícil nada do que dispus, porquanto, neste mesmo momento em que venho a ti, apareço por outro lado ao meu sacerdote para instruí-lo durante o sono sobre o que fazer em seguida. Por minha ordem, as apertadas fileiras do povo se abrirão diante de ti. Ninguém, nessa alegre solenidade e nesse espetáculo de festa, testemunhará horror pela fealdade de tua figura de empréstimo, e tua súbita metamorfose não provocará da parte de ninguém horríveis interpretações ou insinuações malignas[93].

A procissão em honra a Ísis, com suas datas e explicações, fazia parte do calendário sazonal greco-romano, assim como também do grande calendário anual que existia no Egito[94] desde os tempos remotos. Essas celebrações também guardam algum paralelo com as liturgias católicas anuais. Determinados períodos do ano estão associados ao sagrado,

---

93. GUIMARÃES, p. 222, 223.

94. Cf. MERKELBACH, R. *Isisfeste in griechisch-römischer Zeit* – Daten un Riten. Mesenheim: Hain, 1963 [Beiträge zur klassischen Philologie, 5].

portanto, é um tempo em que psicologicamente o indivíduo permanece envolvido com as representações religiosas. Durante o inverno nos países mediterrâneos, as embarcações são estacionadas em docas secas e a navegação é praticamente suspensa. A festividade a que nos referimos aqui era celebrada no dia 5 de março, data de retomada do tráfico marítimo. Nesta data primaveril, toda a população se juntava à procissão em direção ao mar para celebrar reembarcação da frota.

A deusa Ísis era a protetora da navegação e dos marinheiros, como assim ainda o é a Virgem Maria nos países católicos. Sob o epíteto de *Stella Maris* (Estrela do Mar), ela herda tanto a função quanto o título de Ísis. A deusa promete que Lúcio encontrará as rosas durante a procissão que irá acontecer em sua honra no dia seguinte. O grande perigo para Lúcio é que, ao tentar alcançar o cortejo, as pessoas, horrorizadas por verem um asno atropelando-as e arrebatando as rosas da mão do sacerdote para comê-las, se voltem contra ele a porretadas. Desastroso também o seria quando ele, retomando sua forma, fosse visto nu por toda a multidão. Mas Ísis também cuidou dessa questão. Ela instruiu seu sacerdote, num sonho, acerca de tudo o que iria acontecer, de forma que, tão logo acontecesse a transformação de Lúcio em público, uma vestimenta adequada já estaria pronta para ser usada, sem que qualquer confusão ou escândalo se sucedesse.

XI. A deusa Ísis

É impossível compreender totalmente a grandeza da deusa Ísis, e mesmo o seu significado diante de todas as conexões apresentadas aqui. Nunca será mesmo possível esgotar o significado ou interpretar completamente um arquétipo. O mais que se pode fazer é, até certo ponto, a partir de um movimento circum-ambulatório, estudar seus diferentes aspectos e funções num contexto psicológico. Portanto, descreverei, brevemente, o papel mitológico de Ísis, mostrando as conexões e as conjunturas por que ela, repentinamente, se tornou de uma importância prodigiosa ao final da Antiguidade, ao término do período greco-romano.

Para tanto, é necessário traçar um esquema acerca do curso da história da religião egípcia. Embora eu assuma responsabilidade pelas ideias que apresento aqui, devo dizer que também me inspirei nas teses e amplificações de Helmut Jacobson[95]. Ele fez um trabalho admirável não apenas sobre o princípio da trindade e de sua representação nesta religião, mas também no que diz respeito ao problema do quarto ele-

---

95. JACOBSON, H. "Das Gegensatzproblem im altägyptischen Mythos". *Studien zur analystichen Psychologie C.G. Jungs*. Vol. 2. Zurique: Rascher, p. 171ss. [Volume pelo 80º aniversário de C.G. Jung].

mento divino presente neste sistema religioso[96]. No Egito, o nome Hórus era atribuído a dois deuses: Hórus "o Velho" e Hórus "o Jovem". Eles foram confundidos numa época mais tardia, embora, por natureza, eles sejam bastante distintos um do outro. Hórus o Velho era uma espécie de deus panteístico que incluía todo o cosmos: a matéria, o espírito, o mundo, a totalidade da natureza e da vida. Existem poucos textos com referência a ele, uma vez que, quando surgiu a escrita no Egito, ele já era considerado uma deidade ultrapassada.

Quanto a sua origem, é bem provável que a religião egípcia tenha derivado e recebido influências muito mais de fontes africanas do que da região mediterrânea ou europeia. Sua essência vem, muito provavelmente, de tribos africanas existentes ao longo do Nilo que, num percurso lento, desceram o rio até chegarem ao Egito, ou seja, uma situação inversa.

Aqueles que já conhecem o Egito certamente ficaram, eu creio, assustados com a absoluta falta de referência europeia nos documentos relativos a religião bem mais antiga deste povo que a nossa. Em todos os aspectos ela é africana, o que, do meu ponto de vista, confere-lhe um valor bastante particular. Hórus o Velho era, portanto, um princípio cósmico africano da natureza. Nos tempos clássicos, contudo, este deus não gozava mais de um papel preponderante e foi substituído por uma trindade divina dominada pelo deus solar *Rê* ou *Rá*.

---

96. Sobre o problema do "quarto elemento" cf. esp. JUNG, C.G. *Psicologia e religião*. OC, vol. 11/2, § 164s. Sobre os números 3 e 4, cf. VON FRANZ, M.L. *Number and Time*: Reflections Leading towards a Unification of Psychology & Physics. Chicago: Northwestern University Press, 1974, cap. V e VI.

O faraó era, de certo modo, a encarnação do deus solar Rá e era efetivamente tratado como tal nas inumeráveis invocações e litanias. Ele não era simplesmente um representante terrestre do deus, ele *era* o deus. Quando, por exemplo, o faraó adentrava pela primeira vez o quarto da rainha para engendrar seu sucessor, seu filho mais velho, ele era então invocado nos textos como se fora o deus-sol Rá em visita à deusa Ísis para geração de seu filho com a ajuda do *Ka-mutef*. Essa expressão quer dizer "touro de sua mãe", simbolizando seu poder viril. A primeira união do rei com a rainha na qual seu sucessor, ou seja, o novo deus solar, era engendrado se caracterizava num *hieros gamos* entre mãe e filho. A rainha era, ao mesmo tempo, a mãe, a esposa e a irmã do rei. Ela era Ísis, ele era Rá, e o poder gerador entre eles era o Ka-mutef. Jacobson salienta, apropriadamente nesse sentido, que o Ka-mutef desempenha na trindade egípcia um papel análogo ao que o Espírito Santo exerce na trindade cristã. O Ka-mutef é, desse modo, o mediador entre o Pai e o Filho, e engendra o Filho do Pai.

O Ka-mutef é, portanto, uma potência geratriz. É ele que viabiliza a reprodução do homem e do rebanho, e garante a fertilidade do país. Ele é o dinamismo da divindade que se estende por todo o império. Mas, como salienta Jung, falta neste sistema o quarto elemento da totalidade divina, ou seja, o feminino que, como veremos mais tarde, simboliza também a matéria[97]. No Egito, o quarto elemento ausente, excluído do princípio trinitário solar e iluminado, era personificado pela deusa Ísis, associado ao seu esposo Osíris o qual, nos tempos dos impérios Antigo e Médio, não tinha

---

97. Cf. JUNG, C.G. *Psicologia e religião*. OC, vol. 11/1, § 243s.

lugar na trindade solar superior. Osíris simbolizava o princípio passivo da natureza, o que sofria, o que fora vitimado e também excluído. Ele é aquilo considerado irracional e que, não sendo reconhecido, faltava à ordem consciente da civilização. Por isso, Osíris se tornou o mestre secreto do mundo subterrâneo. Em termos junguianos, pode-se dizer que ele era a personificação do *inconsciente coletivo* do seu tempo. O princípio solar, sob sua forma trinitária, encontrava-se visivelmente associado à ordem religiosa oficial. A exaltação de seu culto coincidia com o estabelecimento de fronteiras fixas sobre a superfície da terra, da mensuração dos campos, da demarcação territorial e de glebas às tribos nômades e a seus vizinhos, sob a garantia do rei e do seu exército. A invenção da escrita possibilitou a criação de arquivos para registro das possessões e das leis. Tudo isso representava um enorme progresso do gênero humano no que diz respeito à consciência.

Pela primeira vez nos tempos do Império Egípcio antigo, instaurou-se uma ordem consciente contínua que não era constantemente submersa ou corrompida por invasões do inconsciente. Porém, tanto mais a consciência se tornava rígida e contínua, fechada e sistemática, mais os outros aspectos da psique, os irracionais, eram refutados e reabsorvidos pelo inconsciente. Com o tempo, a parte irracional da psique, excluída da consciência, se diferenciou e foi possível distinguir uma segunda trindade em relação à primeira.

Para que possa ficar mais claro, vejamos o esquema a seguir:

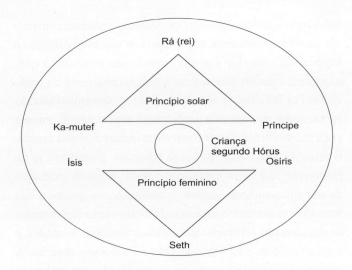

De acordo com a lenda, Osíris, o deus-homem que padece, era, na sua origem, um bom rei, de caráter agradável, grande musicista e artista. Ele se afogou ou foi brutalmente assassinado por seu inimigo Seth. Podemos ver em Seth o símbolo do mal e das forças agressivas que foram excluídas da ordem consciente. Atribui-se a ele a cor *vermelha* sendo que, na linguagem egípcia, "empreitar ações vermelhas" significa realizar ações malévolas. Seth representa a emotividade selvagem, a brutalidade e a morte. Osíris era comumente representado pelas cores *negra* ou *verde*. Realizar "ações verdes" implicava agir sob o espírito de Osíris. Podemos ler nas referências modernas que Osíris era um deus da vegetação, mas isso é algo um tanto quanto simplista. É verdade que ele estava associado ao cultivo do trigo na primavera ou após a cheia do Nilo, mas, num sentido mais profundo, ele era um símbolo da vida vegetal concebido do ponto de vista da ressurreição. Como Jacobson maravilhosamente explorou, ele estava conectado à vegetação uma vez que ele era o princípio vital passivo presente no inconsciente; aquela realidade viva e irracional, incapaz de fazer o mal. A vegetação sempre esteve associada à noção de um grande sofrimento; ela é a grande vítima desde a criação do mundo. Todo ser humano, cada animal, e todos os vermes a devora, e mesmo assim ela torna a crescer novamente. Osíris é este princípio vital, a vida sempre verdejante presente na psique humana que morre e revive, e que transcende a própria morte. Seth representa a realidade do mal e o coloquei na base da tríade inferior porque ele não é apenas o assassino de Osíris, mas, também, em vários textos egípcios, o grande inimigo de Rá, o deus-sol. Assim, a cada noite em que Rá descende com sua barca solar ao oeste, atrás da linha do horizonte, ele tem que enfrentar Seth para que possa novamente ressurgir a cada manhã no leste. Seth é, portanto, o grande adversário, o ponto mais extremo do princípio inferior obscuro em oposição ao deus solar Rá.

O mediador entre esses dois princípios opostos é, na grande maioria dos textos, o deus-babuíno *Thot*, o grande médico e espírito da sabedoria. Ele não era apenas, como o Ka--mutef, conectado ao princípio solar, mas também à natureza material propriamente dita. Thot é o predecessor e o modelo do princípio alquímico *Mercúrio*. Ele é o espírito da natureza, também dito como o aspecto dinâmico do inconsciente.

Quanto a Ísis, é dito que, após a morte de Osíris, ela pousou sobre seu cadáver sob a forma de um falcão e extraiu um pouco de esperma dos seus genitais, de forma que ela engravida após a morte do deus que, portanto, renasce novamente em seu filho, *Hórus-Harpócrates*, a criança divina de todos os mistérios do Egito tardio. Ele era representado habitualmente como um pequeno garoto trazendo o dedo à boca, significando que ele era o que havia de mais secreto nos mistérios. Ele é apropriadamente chamado de Hórus, pois ele é na verdade a plenitude restaurada, a totalidade resgatada com suas múltiplas faces. É por isso que eu o coloquei no centro do esquema, entre as duas tríades opostas. Ele contém *in nuce* todos os distintos aspectos das duas trindades. Ele é o jovem deus-sol, o princípio solar ressuscitado e o infante divino que renova toda a vida sobre a terra. Ele é o propósito espiritual secreto de Ísis. Assim que ela se revela a Lúcio, Ísis acena-lhe a promessa de um renascimento espiritual. Ísis se apresenta a Lúcio como a Mãe do Cosmos (*Domina Rerum*), é um dos que também é igualmente dado à Virgem Maria.

"Eu sou", diz Ísis, "aquela que rege a natureza; eu sou a maior entre todos os deuses e deusas; eu sou a rainha dos espíritos ancestrais". Ela governa igualmente, portanto, o mundo dos espíritos.

Existia no Egito, e também no período mais tardio da Grécia, uma forte tendência ao monoteísmo que culminou na figura de uma deusa única a quem se deu o nome de Ísis ou *Nut*. Do mesmo modo que no Egito o céu etéreo era representado por essa divindade única que abraçava todas as coisas e todos os outros deuses como se fossem corpos estelares constelados, o politeísmo deve ser visto como esse aspecto interno múltiplo contido no Uno.

Do ponto de vista psicológico, o monoteísmo tende a reforçar a consciência e a unicidade da personalidade. Nós herdamos características e elementos ancestrais, por vezes contraditórios, que se sucedem em nós mesmos, fazendo-nos passar de um estado psíquico a outro, que nem sempre a educação ou o esforço do ego são capazes de unificar. A unidade, a individualidade, não é possível de ser realizada a não ser com o que Jung nomeou de *função transcendente*, que se revela, em particular, nos sonhos[98].

Ísis, que reina sobre os espíritos ancestrais, é um símbolo da totalidade psíquica, do Self, na forma feminina. Ela governa a sociedade humana por meio dos sonhos: ela fornece instruções a Lúcio e a outras pessoas por meio dos sonhos, que são confirmados por eventos sincronísticos[99] que acontecem. Foi assim que, na mesma noite, Lúcio e o sacerdote de Ísis tiveram sonhos análogos e que, de forma sincronística, os dois personagens se encontraram para que se cumprissem os atos necessários à metamorfose de Lúcio. Mais tarde, o mesmo se sucede quanto ao momento adequado para sua iniciação[100].

Lúcio, daqui para frente, conduz sua vida totalmente guiado pelos sonhos. Ele até mesmo sonha com a quantia de dinheiro que necessitará para sua iniciação. Se, em nossos dias, uma tarifa mínima é afixada para as sessões analíticas, mas o analista sonha que ele deve atender um paciente pagando um valor menor do que aquele, o que ele fará? Esse tipo de funcionamento social por meio dos deuses, transposto para os dias atuais no que concerne ao trabalho interior, seria totalmente destruído por qualquer tipo de regulamentação

---

98. JUNG, C.G. *Tipos psicológicos*. OC, vol. 6, § 80-89. Op. cit.

99. MICHEL, A. *C.G. Jung, Synchronicity et Paracelsica*. [s.l.]: [s.e.], 1988, p. 19-119. Cf. tb. VON FRANZ, M.-L. "Symboles de l'unus mundus". In: *C.G. Jung et la voie des profondeurs*. Op. cit. Da mesma autora: *Number and Time*. Op. cit., esp. cap. 5. • *C.G. Jung: seu mito em nossa época*. São Paulo: Cultrix, 1992, cap. 12.

100. Fatos similares podem ser conferidos nos Atos dos Apóstolos: Filipe recebe, numa visão, a ordem de ir ao encontro de um eunuco, alto funcionário etíope, para batizá-lo (At 8,26-40). Pedro também acolhe a ordem, recebida numa visão, de batizar um centurião romano e de admitir os gentios na comunidade cristã (At 10,1-48; 11,1-18).

ou totalitarismo. Apenas um mínimo de organização social é conveniente, pois, de outro modo, corre-se o risco de matar o espírito espontâneo e de destruir o trabalho secreto dos deuses, ou seja, a aparição de algo irracional que propicie o surgimento do germe da transformação. Cremos ser necessário estabelecerem-se normas e programas, mas, de fato, o que ocorre é que impedimos a produção de um evento espontâneo talvez bem mais importante do que aquele que se previu e, portanto, ele acaba correndo o risco de ser relegado, desvalorizado ou rejeitado. Desse modo, a comunidade humana se esfacela. Enaltecemos o paradigma "comunitário" e acreditamos que devemos trabalhar nesse sentido pela "organização" das relações humanas, enquanto suprimimos a única coisa que poderia ser realmente efetiva: a contribuição irracional advinda dos sonhos. Os cultos de mistérios das comunidades secretas educavam seus membros para que fossem "unos" em espírito, de forma que a manifestação do irracional pudesse atuar livremente. Nas igrejas primitivas também se experimentava de um espírito vivo, um *élan* espiritual que não era nem utilitário nem "razoável".

Mas, acima de tudo, Lúcio precisa recobrar sua forma humana. A Deusa, após determinar-lhe que atendesse à procissão em sua honra no dia seguinte, dirige-se a ele nestes termos:

> Ninguém, nesta alegre solenidade e nesse espetáculo de festa, testemunhará horror pela fealdade da tua figura de empréstimo, e tua súbita metamorfose não provocará da parte de ninguém horríveis interpretações ou insinuações malignas.
>
> Mas, acima de todas estas coisas, lembra-te, e guarda sempre gravado no fundo do teu coração, que

> toda a tua carreira, até o fim da tua vida, e até o teu derradeiro suspiro, me foi penhorada. É de justiça que àquela que te restituiu o teu lugar entre os homens devas tudo o que ainda te resta para viver. Ademais, viverás feliz, viverás cheio de glória sob a minha proteção; e quando se acabar a tua trajetória terrestre e desceres aos infernos, lá ainda, nesse hemisfério subterrâneo, a mim, que estás vendo aqui, encontrarás brilhando entre as trevas do Aqueronte e reinando sobre as moradas profundas do Estige. Tu mesmo, habitando os Campos Elíseos, prestarás assídua homenagem à minha divindade propícia. E se, por uma obediência escrupulosa, numa piedosa atenção em meu serviço, uma pureza perseverante, tu te tornares digno de minha proteção divina, conhecerás que só eu tenho o poder de prolongar também tua vida para além dos limites fixados por teu destino[101].

Após pronunciar essas palavras, a divina aparição evanesce. Esses dizeres são muito importantes! A deusa demanda que Lúcio acate internamente suas exigências com a mais profunda sobriedade e inteireza. Ele deve se comprometer e se conectar totalmente com sua experiência religiosa, uma vez que, sem esse tipo de pleno engajamento, não existe experiência religiosa. Há várias pessoas que passam por vivências interiores remarcáveis sem, contudo, desfrutarem de seu benefício, por permitirem que elas se dissolvam em humores ou na extroversão. Isso acontece porque elas não acolhem essas experiências, ou não as aceitam, ou nem mesmo se sentem moralmente comprometidas com elas. A regra moral do reco-

---

101. GUIMARÃES, p. 223-224.

nhecimento e da gratidão não se aplica somente à nossa vida em sociedade, mas também no que diz respeito aos deuses. Os fatores internos têm direito à gratidão humana, à nossa lealdade e merecem uma atitude compromissária de nossa parte. As pessoas que deixam passar essas vivências consomem, por assim dizer, do fruto do paraíso, mas a experiência acaba sendo perdida nas adversidades da vida; elas, portanto, não computam qualquer aprendizado do que foi vivido. É nisto que consiste o trabalho que o alquimista indica quando diz da necessidade de se "manter a chama acesa".

Por outro lado, qual seria o sentido deste evento tão numinoso e impressionante, que foi a transformação do Lúcio-asno num ser humano, acontecer de forma assim chocante e em público? As últimas frases do livro nos dão uma pista da situação. Lúcio, comentando acerca do sacerdote de Ísis, diz assim:

> [...] Fez-me entrar para o colégio dos seus pastóforos[102], e me elevou até a classe de decurião quinquenal. Mandei raspar a cabeça completamente, então, e, nesse vetustíssimo colégio, fundado desde os tempos de Sila[103], sem velar nem proteger a calva, mas, ao contrário, expondo-a a todos os olhares, das minhas honrosas funções me desincumbi com alegria[104].

A *tonsura* era um sinal de consagração ao serviço de Ísis. Todos seus sacerdotes e seus iniciados tinham a cabeça raspada, como os monges da Igreja Católica. A última sentença destes períodos continua com as seguintes palavras que mui-

---

102. Sacerdotes que carregavam os objetos sagrados durante as procissões [N.T.].

103. Imperador romano, séc. I d.C. [N.T.].

104. GUIMARÃES, p. 240.

tas vezes são omitidas nas traduções: "sem sentir vergonha". Esse detalhe fornece a chave para responder à nossa questão. Uma experiência religiosa é uma experiência da totalidade, sem que nenhum aspecto seja excluído. Para um intelecto zombeteiro e pusilânime feito o de Lúcio de outrora, o maior ato de coragem consistiria em ter que assumir sua transformação, mesmo diante da possibilidade da ironia intelectual da sociedade romana culta a que ele pertencia, mantendo-se fiel mesmo quando confrontado pela atitude coletiva típica da qual ele anteriormente fazia parte. Ao se dissociar da vaidade social e do ceticismo intelectual, ele aceitava, assim, a experiência na sua totalidade. Essas circunstâncias se aplicavam, sobremaneira, à personalidade de Apuleio.

Por outro lado, Apuleio jamais traiu o verdadeiro segredo de sua experiência religiosa. Na Bíblia é dito que o homem que encontra "a pérola" [o Reino dos Céus] incumbe-se de resguardá-la"[105]. A pérola deve ser escondida, pois seu valor se revela apenas enquanto se a mantém na interioridade, sem declarações públicas ou nas tentativas de conversão de outrem ou na fundação de uma nova seita. Apuleio nem mesmo comenta qualquer coisa acerca de sua experiência quando ele "descende ao outro mundo". Ele se contenta com três pequenas frases: "Ele desceu ao mundo de baixo; ele contemplou o sol da meia-noite; ele retornou ao limiar do mundo superior". Ele se mantém completamente silencioso no que diz respeito à sua experiência iniciática, o que é, diga-se de passagem, bastante pertinente. Isso é a "camuflagem da pérola", da experiência única que jamais devemos divulgar, a não ser que haja alguma sinalização interna para se fazê-lo.

---

105. Mt 13,44-46.

Isto não significa, evidentemente, que não se possa mais tomar parte das atividades coletivas, mas, uma vez envolvidos nessas atividades, é necessário que nos mantenhamos firmemente conectados à nossa experiência interna, sem negá-la e, sobretudo, sem exteriorizá-la inutilmente. Se essa experiência numinosa é aceita com sinceridade, profundeza e coragem, ela produz uma "conversão", uma "metamorfose", uma transformação profunda afetando cada detalhe da vida do indivíduo, o que, consequentemente, acaba repercutindo na sua vida social.

É necessário, portanto, que duas atitudes sejam evitadas: a primeira é compartilhar da experiência com qualquer pessoa, devido ao risco de ser incompreendido e, portanto, ridicularizado. Se isso, contudo, acontece, é bem provável que o indivíduo encontre-se num estado de inflação e que uma secreta vaidade o possui, fazendo com que ele fale para impressionar a audiência, desconstruindo, assim, todo benefício que outrora lhe foi acenado. A outra atitude equivocada seria comportar-se de modo contrário, ou seja, encasular a experiência em si próprio, como se nada houvesse acontecido, insistindo na mesma e velha atitude intelectual, como um pio fariseu, ou em qualquer coisa com que se identificava no passado. Isso também não funciona, pois revela uma dissociação na personalidade.

É possível, em certa medida, dissimular a experiência numinosa sob o véu da *persona*[106], mas, se por ordens internas, o indivíduo se vê compelido a revelar algo, é necessário se ter coragem para fazê-lo. Às vezes nos vemos impelidos a dizer:

---

106. Na Antiguidade, a *persona* era a máscara que o comediante usava. Jung empregou o termo para designar o papel social com o qual, muitas vezes, o indivíduo corre o risco de identificar-se [N.T.].

"Não, amanhã eu não vou fazer nada disso!" Não há nenhuma necessidade de se dizer que essa resolução foi tomada por causa de um sonho nem mesmo explicar as razões, mas o indivíduo, tendo que fazê-lo, precisa se manter firme nesse propósito. É possível ainda que, dessa vez, tenhamos sido instruídos internamente a bancar qualquer coisa que cremos ser necessário ser dita, mesmo que isso acarrete algum tipo de patrulhamento. Pode até acontecer que venhamos a nos colocar em oposição à opinião coletiva caso a percebamos errônea sem, contudo, nos fazermos passar pelo grande sábio que veio para iluminar a plebe ignara, ou mesmo ter que bancar o mártir. Naturalmente, o introvertido se encontrará sempre tentado reter muito dessas coisas dentro de si próprio, enquanto o extrovertido tenderá a compartilhá-las. Não obstante, as principais polaridades psíquicas, tais as que oscilam entre os polos da *introversão* e da *extroversão*, são daqui para frente, diante dessa experiência, regidas pelo Self. Em geral, os sonhos indicam claramente como se deve agir, mesmo no que se refere ao plano externo, de modo que o indivíduo não caia num estado de dissociação. O Self indica quando se deve expor o segredo e quando se deve resguardá-lo.

É muito significativo que Apuleio, sendo um homem acanhado no que tange à exposição de seus sentimentos mais ingênuos, tivesse que se mostrar corajoso o bastante diante da sociedade romana. Certamente, haveria gozações e os mais diversos comentários derrogatórios seriam feitos em relação às pessoas que se comportavam dessa forma. Assim, essa situação era um verdadeiro teste de coragem para ele. O fato de ele ter sido capaz de bancar a situação prova que sua aceitação foi total e que sua experiência não foi apenas um deleite emotivo que ele manteria para si, conduzindo sua vida com a mesma atitude de outrora. Ísis sabia o que fazia ao impor-lhe essa provação pública!

Devemos agora nos perguntar por que a redenção de Lúcio aconteceu, precisamente, por meio de um culto de mistério egípcio. Por que o mistério de Ísis-Osíris se mostrou de maior poder redentor do que os cultos cristão ou mitraico? Como Apuleio conhecia bem os outros cultos, deveria haver uma razão pessoal para que ele tivesse sido tocado e atraído pelos mistérios egípcios. É possível compreender suas razões se nos recordarmos que o culto de Mitra, assim como a religião cristã, eram ambos de base patriarcal. Além disso, em função de seu complexo materno, um culto místico no qual o arquétipo masculino ocupa o primeiro plano não se mostrava suficientemente significativo para ele (embora tivesse sido útil que ele primeiramente frequentasse cultos masculinos do tipo, em vez de ter caído nas mãos dos bandidos). Mas agora, quando a questão é penetrar fundo no complexo materno e tentar compreender seu significado mais profundo, um culto patriarcal feito o mitraico está fora de questão. O mesmo ocorre também com o culto cristão porque foi só a partir do século III que o culto à Virgem Maria começou a ganhar vitalidade e a se encorpar, particularmente em Éfeso. À época de Apuleio, essa devoção não estava muito em evidência e, mesmo mais tarde, seu reconhecimento era muito mais local. Além do mais, é provável que a origem norte-africana de Apuleio talvez tenha também contribuído para isso. Toda a civilização africana era dominada pelo Egito e, se agora esta experiência do inconsciente sob a forma egípcia agora lhe acorre, significa que é toda a sua terra natal e todas as reminiscências de sua primeira infância estão vindo ao seu encontro.

Para melhor compreender em que extensão isso vem ao encontro do problema de Apuleio-Lúcio, precisamos rever novamente o culto de Ísis e de Osíris tal como eles se apresentavam na religião egípcia tardia. A deusa sempre desempenhou um papel importante, mas é apenas no fim da Antiguidade que se observa uma dominação absoluta de Ísis e Osíris[107]. Helmut Jacobson, num artigo muito interessante, desenvolveu a ideia de que, no decurso dos três milênios de duração dessa religião, ela se submeteu a um processo evolutivo que se completou dentro do cristianismo. É como se a religião egípcia fosse uma espécie de prefiguração do desenvolvimento de perspectivas religiosas que passaram a existir numa época que correspondeu, aproximadamente, à nossa própria civilização. Após ter assinalado a analogia entre a Trindade Egípcia e a Trindade Cristã, Jacobson salientou que havia dois ritmos básicos relativos à aparição de um deus e sua apercepção no consciente. A primeira fase se refere à emanação e criação, e a segunda, ao retorno em si próprio e reagrupamento daquilo que foi disperso. O ritmo de *Brahma*, por exemplo, corresponde ao que poderia se dizer uma diástole, simbolizado entre os hindus pelo sacrifício do cavalo, enquanto *Atma* corresponderia ao movimento de retorno, a sístole, representado, por vezes, pela aranha que tece sua teia para em seguida absorvê-la. O deus perde a si mesmo na sua própria criação e, depois, num processo inverso, ele se retira e se torna consciente de si mesmo. O crescimento progressivo do papel de Osíris na religião egípcia tardia é prosseguido por este movimento de sístole: ao se afastar da multiplicidade de sua criação, o deus se condensa de novo e se torna cons-

---

107. Cf. BERGMAN, J. *Ich bin Isis*. Op. cit.

ciente. Mas, enquanto na Índia esse movimento seja cíclico e se estenda por milhares de anos, o mito egípcio contém um elemento novo de progressão ou de evolução, pois o retorno do deus não se mostra semelhante à sua primeira aparição; não é, portanto, uma simples repetição. Se tentarmos esquematizar esse movimento, faríamos uso de uma espiral e não de um círculo. Esta renovação qualitativa pode ser vista da seguinte forma: Osíris, quando renasce, assim o faz na qualidade de *Ka*, ou seja, como uma alma humana; ele, de agora em diante, com sua morte e ressurreição, adquiriu algo de místico que é a individualidade humana realizada adicionada de uma qualidade divina.

Esse processo se repetia com o advento de cada novo rei-solar. No Egito, quando o faraó falecia, ele, na verdade, se transformava em Osíris e, então, o príncipe, seu sucessor, era quem conduzia todos os ritos sacrificiais mortuários, desempenhando, assim, o papel de sacerdote do Sol. Utilizando-se de um gancho de ferro, ele abria a boca do morto, da múmia, para que ele pudesse receber alimento, beber água e se comunicar lá do mundo do além.

O que isso significa do ponto de vista psicológico? Vamos comparar este mito com o que acontece ao ser humano. Um homem, num tempo primal, se identifica com o princípio da consciência; ele aprende a dominar seu próprio espírito, percebe-se apto para o trabalho, propaga sua própria espécie e, em seguida, tende a se mostrar um ser adaptado socialmente. Numa escala menor, seu desenvolvimento é análogo ao da deidade. Ele sente que pode dizer "Eu existo", "Eu penso". Ele acredita ser o dono de seus pensamentos e de seu espírito, e arroga para si a condição de um pequeno sol. Mas, supondo que no curso de sua vida ele venha a enfrentar uma crise, é como se o sol se encaminhasse para um descenso no horizonte. Todos os valores da consciência desaparecem; ele nem mais sabe se ele, aquilo que ele pensa é justo e duvida daquilo que ele é. Este estágio é figurado pela morte do rei, morte que não será, contudo, definitiva. Numa situação feito esta, o analista tentaria, sobretudo, ajudar o analisando a perseverar. Naturalmente, o analisando desejaria, instintivamente, abandonar tudo e se manter completamente passivo e, num certo sentido, isso talvez seja sábio. Mas ele não pode simplesmente se contentar em se manter nessa condição e aguardar que ela passe; alguma coisa no indivíduo deve assegurar-lhe uma condição de continuidade. É necessária uma certa atitude interior neste período e eu comparo tal atitude com a figura de Hórus o Jovem. Ele representa a imagem do consciente que permanece vigilante em relação à morte e trabalha sobre o cadáver do rei morto. É ele que traz "redenção para a morte de seu pai".

No processo de individuação, o jovem Hórus seria aquela atitude psicológica que mantém o ego com uma disposição energética e o leva, por exemplo, a dizer: "Eu vou escrever meus sonhos (o processo de abertura da boca), pois assim a depressão irá, ela própria, me dizer acerca da sua natureza". Quando, numa condição de depressão profunda, como se estivéssemos num estado de morte, somos capazes de nos mantermos vigilantes em relação a nós próprios, o que estamos fazendo, na verdade, é nos ocuparmos com este Self maior. Hórus representa a atitude psicológica necessária nos tempos da mais completa obscuridade. No Egito do período pré-dinástico, quando o rei morria, durante três dias era permitido que se roubasse e se cometessem assassinatos. Era um período sem lei e pode-se imaginar o que acontecia. Este era o *interregnum* (interregno), um costume que já existia por muito tempo antes do período das dinastias. Se, durante este período de morte, a loucura coletiva total não se irrompia era porque Hórus estava de vigília. Ele representa, portanto, a semiconsciência psíquica que nos preserva, mesmo quando nos sentimos derrotados, e que augura o surgimento de um novo princípio de consciência.

Outros deuses egípcios, como *Thot*, também tiveram parte nesta função de renovação do inconsciente. Mas como Apuleio não mencionou Thot, nem Seth nem Anúbis, eu me contentarei em salientar o papel positivo de Seth e sua ligação com a luz da superfície, já que todas as noites era ele que matava a serpente Apófis. Enquanto ele atuava de forma cooperativa com o deus solar, ele representava a agressividade que fora integrada, em vez de uma agressividade e brutalidade autônomas.

Podemos perceber que, no desenvolvimento da religião egípcia, houve, em projeção, um processo de integração e de realização da totalidade psíquica. Isso é o que hoje denominamos, seguindo o léxico junguiano, de *processo de individuação*[108]. Mas aqui este processo se encontra projetado em imagens e nos dramas míticos acerca do destino dos deuses e do rei. Pode-se dizer que este é um processo, no curso do qual "o deus" se tornava gradualmente consciente da sua humanidade. No princípio, somente o faraó passava por esse proces-

---

108. Sobre o processo de individuação, termo pelo qual se designa a realização da totalidade do indivíduo ou do Self, veja a exposição de C.G. Jung na introdução do seu livro *Psicologia e alquimia*. Op. cit. Cf. tb. VON FRANZ, M.-L. *C.G. "Jung: seu Mito em nossa época"*. Op. cit. • JUNG, C.G. "O homem e seus símbolos". 6. ed. Rio de Janeiro; Nova Fronteira, s.d., cap. 6: "O processo de individuação". • *A individuação nos contos de fada*. São Paulo: Paulus, 1984.

so de imortalidade e, apenas mais tarde, é que foi estendido progressivamente a todos, deixando de ser uma prerrogativa real. Paralelamente, próximo do fim desta civilização, por volta de 2000 a.C., os problemas relativos ao inconsciente e ao princípio feminino começaram a se acumular na consciência. Podemos relacionar essa questão com a evolução, na nossa época, dos movimentos feministas, de exaltação do princípio feminino pelo papa ao declarar, oficialmente, o dogma da Assunção da Virgem Maria.

Naquele tempo, quando a problematização da restauração da totalidade se fez particularmente urgente, a única divindade que conservou sua unicidade sem jamais dissociar-se em outras figuras foi Ísis. É por isso que ela foi incontestavelmente designada para guiar Lúcio em direção à totalidade. De acordo com o mito, Ísis recolheu os ossos de Osíris morto e realizou os rituais necessários para sua ressurreição; ela é, pois, o instrumento do renascimento. Os caixões egípcios frequentemente mostram representações do defunto repousando nos braços da deusa-mãe, sendo que a imagem da deusa é pintada sobre toda a urna e também na sua tampa. O defunto repousa assim, aguardando o renascimento. Psicologicamente, Ísis deve ser compreendida como aquela experiência emotiva e afetiva da totalidade que indica o caminho. Mais tarde o indivíduo pode vir a perceber este processo conscientemente, mas é ela quem propicia a experiência emocional.

Mas é necessário destacar um outro aspecto. No caso de homens feito Apuleio, que evitam ou ignoram seus sentimentos por causa do complexo materno negativo, a *anima* aparece, frequentemente, como uma feiticeira ou uma prostituta. Quando esta figura apareca num sonho, interpretamo-la, geralmente, como algo puramente afeito à sexualidade e à fantasia erótica num nível relativamente impessoal. De um modo geral, esta hipótese interpretativa é correta, mas eu também tenho visto sonhos em que essas imagens não correspondem a fantasias sexuais, mas a um tipo de prostituição moral. É como se o sonhador se revelasse incapaz de se manter fiel a uma ideia ou imagem mental. É como se ele estivesse apenas flertando com as imagens ou simplesmente fazendo uso delas de forma inadequada e utilitária, da mesma forma com que se relaciona com uma prostituta: tira-se proveito, paga-se e depois vai-se embora. Esses indivíduos não sabem reconhecer as coisas que têm e também não têm sentimentos nem se mostram íntegros para com a verdade. Para eles, os processos intelectuais e mentais se reduzem a uma espécie de diversão, de um jogo ou a uma forma de alcançar o sucesso. Se eles pressentem que podem obter algum lucro de alguma situação, eles abraçam a causa, mesmo que não acreditem nela. Uma ideia não passa, portanto, de um instrumento para se obter prestígio a serviço da vaidade pessoal.

Essas pessoas defendem uma opinião, não por convicção ou porque creiam que haja alguma substância nela, mas simplesmente para adicionar valor à própria inteligência. Usualmente eles despendem uma grande energia neste discurso intelectual sem que, no fundo, nada de valor possa ser encontrado. Isso é prostituição mental e é frequentemente assim que os sonhos tratam a questão. A *anima*, a alma do homem, é a prostituta que flerta com todo tipo de ideia filosófica ou teoria política sem, contudo, se desposar com qualquer uma delas e, por conseguinte, sem engendramento de filhos, já que o pensamento conduzido dessa forma é estéril. No século XVII, o alquimista John Dee entabulou uma conversa com Deus. Um dia, Deus o atacou chamando-o de prostituto. O pobre Dee não compreendeu o que Ele queria dizer e achou que isso talvez estivesse relacionado aos seus pecados e às suas fantasias eróticas. Mas sua prostituição, como disse Jung, consistia no fato de que ele não se mantinha fiel àquilo que percebia como sendo a verdade e também na falta de lealdade para com a tarefa espiritual que lhe competia.

Apuleio também "flertava" com, praticamente, todos os sistemas filosóficos e com todo tipo de culto de mistério que aparecia para ele, sem se ater a qualquer um deles. Sua instabilidade sexual e degradação de sua função do sentimento em relação às mulheres era algo real, mas também era real sua prostituição mental. Isso perdurou até sua visão com a deusa Ísis que ele nos relata em seu livro. Neste seu romance, por meio do seu personagem Lúcio, ele mostra "não ter vergonha de apresentar-se com a cabeça raspada". Ele, por fim, decidiu por uma atitude de lealdade para com sua verdade interior.

É evidente que Apuleio não tinha consciência dessas verdades profundas da forma descrita aqui. Como compreender, portanto, o fato de os mistérios de Ísis terem causado tal efeito redentor sobre ele de forma que, a partir deste momento, ele finalmente encontrou seu lugar no mundo, estabeleceu uma relação sóbria com o divino e com sua própria vida? Esta questão se mostra ainda mais pertinente se lembrarmos de todas as aventuras que ele faz Lúcio passar ao longo do romance. Assim, enquanto se mostrava puramente como um intelectual, um filósofo neoplatonista idealista, Lúcio-Apuleio estava identificado com Rá, o deus solar. Este era, literalmente, o caso, pois a concepção do bem e do belo reinava sobre as ideias platônicas como o sol reina no centro dos outros astros.

Se retornarmos à história do assassinato de Sócrates, é possível compará-la com um outro episódio da mitologia egípcia. Como o deus-sol Rá envelhecia, Ísis desejou apropriar-se do seu poder. Ela se transformou numa serpente venenosa e se colocou de tocaia no caminho do deus. Ela então o pica e ele passa a sofrer, mas, por ser um deus, ele não morre. Assim Ísis se oferece para curá-lo com a condição de que ele lhe revele seu nome secreto. Desse modo, para que pudesse ser curado, ele acaba por sacrificar seu poder. O princípio filosófico que envelhece, o *rei senil* da alquimia, o ego rígido, já ineficaz, é morto por uma força maternal sombria, uma imagem do inconsciente. A transformação de Lúcio em asno corresponde à morte de Rá para Ísis, ou de Osíris para Seth. Seu aspecto humano se tornou, então, mascarado sob a aparência animal, ou seja, pelo princípio asinino. Mas Osíris continua a sobreviver dentro dele, na medida em que ele sofre por estar vivendo como uma besta. Durante suas aventuras ele jamais foi um asno verdadeiro, e era justamente por isso que ele sofreu tanto por ter vivido assim.

Pode-se dizer aqui que o divino do ser humano está submerso na *sombra*, na sexualidade e todas as pulsões brutais que a acompanha. A humanidade de Lúcio encontra-se afogada no fundo dele próprio. A condição do "núcleo divino" presente na sua alma se compara com a condição de Osíris desmembrado. E é neste momento que Ísis surge porque, no mito, é ela quem recolhe os pedaços espalhados de Osíris possibilitando que ele renasça ou ressuscite. Ísis rouba o poder de Rá quando o envenena. Ela executa esta ação negativa que consiste em privar o ego consciente de seu poder exclusivo, mas isso também se revela positivo, pois encaminha a finalização do processo de individuação. Como Feiticeira Destruidora assim como Mãe Salvadora, ela é onipresente e sempre urdidora daquilo que é necessário. Ela personifica o princípio feminino que possibilita a regressão e depois a transformação. No universo de Rá, ela é a Mãe divina e eterna e, nesse sentido, podemos dizer que, ao se dispor a acolher Lúcio, ela faz com que Osíris nasça nele próprio. O que, na verdade, ela está interessada é em cuidar do núcleo psíquico divino que existe em Lúcio. Ela é um tipo de experiência calcada no sentimento cuja função é curar a dissociação psíquica, uma vez que ela traz à luz uma personalidade interior mais elevada. O sofrimento que se passa em consequência das complicações com a sombra é um dos mais penosos porque ela nos parece algo absurdo; entretanto, caso consiga ter alguma compreensão de seu significado, isto já é metade da cura. A iniciação na doutrina destes mistérios permitiu a Lúcio vivenciar o Mito de Ísis e Osíris, dando-lhe o sentimento subjetivo daquilo que seja seu destino, o que, numa escala bem menor, se assemelha ao desses seres míticos. Ele pôde apreciar o sentido mais profundo daquilo que lhe aconteceu além de perceber que havia um plano religioso ou um desígnio divino por trás da superfície das coisas. Se o indivíduo é capaz de enxergar seu sofrimento e suas complicações de forma mais ampliada, se toma conhecimento de sua origem e de suas razões mais profundas, isso tem um efeito curativo e deixa a sensação de que, no final das contas, todo o processo, a despeito de toda a dor, é algo impregnado de significação, devendo, portanto, ser aceito e transformado.

Lúcio teve de, primeiro, se tornar cônscio da *anima* (Ísis) e depois do Self (Osíris). Apuleio descreve o culto de Ísis com grande emoção poética, mas ele, praticamente, não diz nada a respeito da experiência por que passou em relação ao Mito de Osíris. O que ele vivenciou em relação a Ísis era de ordem afetiva e pôde ser traduzida em linguagem emotiva, mas, quanto à de Osíris, ele nada pôde dizer, já que ela implicava algo mais numinoso e guardava um mistério imperscrutável.

Mas o que aconteceu com o arquétipo da Deusa-Mãe quando o cristianismo passou a prevalecer após a derrocada do Império Romano? Foi dado à mãe de Cristo o título de *Theotokos* (Mãe de Deus) e de *Sofia* (Sapiência), sendo que, na Igreja Oriental, ela continua a desempenhar um certo papel; mas na Igreja Católica ocidental, *cum grano salis*, ela foi mais ou menos relegada a um segundo plano. Na verdade, pode-se perceber que localmente ela sobrevive em lendas e em contos de fada, portanto, o desaparecimento do arquétipo da Grande Mãe deve ser visto como algo relativo. Mas na Igreja Cristã observa-se uma forte tendência em não considerar esse problema muito seriamente, pois o culto à Virgem Maria não é o centro da atenção. No culto cristão ocidental, a deusa foi substituída pela própria igreja como *instituição*. Jung expôs esse problema no seu livro *Tipos psicológicos*[109], a propósito das visões de Hermas[110]. Nesse livro é dito que uma senhora idosa aparece para Hermas, a quem ele dá o nome de *Domina* (Senhora), a deusa, a amante, que o aconselha e mostra-lhe, numa visão, a torre que é uma igreja. Eu creio que esse material não seja de todo genuíno e que alguns elementos talvez tenham sido adicionados conscientemente. Mas a ideia de ser iniciado na Igreja Católica pela figura sombria de uma velha senhora é certamente autêntico e mostra para onde a deusa foi. Ela se transmutou na Eclésia, na mãe-igreja, e sua qualidade mística se manteve projetada sobre a institui-

---

109. JUNG, C.G. OC, vol. 6. Op. cit.

110. HERMAS. "O pastor de Hermas". In: VV.AA. *Padres apostólicos*. São Paulo: Paulus, 1995, p. 171-274 [Trad. de Ivo Storniolo] [N.T.].

ção eclesial, substituindo a figura de Ísis. Não obstante, no curso dessa transformação, dois elementos essenciais pertencentes à Deusa se perderam: primeiramente, seu caráter individual, já que a instituição, como tal, é sempre algo impessoal; e em segundo lugar, sua relação com a matéria. A *matéria cósmica* fazia parte de Ísis, mas esse aspecto desapareceu da igreja institucional. Em compensação, é possível identificar um certo concretismo: o papa é o representante de Deus enquanto a matéria, de certo modo, está contida na Igreja, na medida em que ela é algo visível. Mas a matéria é também um princípio cósmico, algo, aliás, redescoberto pelos físicos modernos. Pode-se dizer, portanto, que os dois aspectos sumiram da concepção coletiva consciente, enquanto os outros componentes da deusa sobreviveram, encarnados na instituição.

Se analisarmos os clérigos católicos, veremos que a *anima* deles se encontra projetada na Igreja. Ela é quem ancora a figura da *anima* materna e substitui, de algum modo, a mulher real. O padre elege a Igreja para ser sua Mãe-esposa, não apenas de forma alegórica, mas oficialmente e sem reservas. Por outro lado, o sacerdote passa a ser uma espécie de "esposa" de Cristo, ele se torna, desse modo, feminino, e é por isso que usa uma vestimenta feminina. Ele é ao mesmo tempo masculino e feminino, portanto, um hermafrodita[111]. Ao proceder assim, podemos compreender que a busca por uma experiência profunda da totalidade psíquica é alcançada por meio de um penoso e terrível sacrifício de sua vida sexual. E nesse sentido fica evidente o grave problema que se coloca quando uma instituição humana passa por um processo de deificação.

---

111. Cf. MAÏER, M. *Atalanta Fugitive*. Op. cit. Emblème XXXIII, p. 252-253 e XXXVIII, p. 282-287.

Mas aqui há também uma outra consequência. Se, como visto aqui no caso do aspecto humano e material da divindade, certos elementos do arquétipo desaparecem do campo da consciência, eles fatalmente irão ressurgir sob a forma de obsessão, porque, todas as vezes que algo essencial é retirado da consciência, ele forçosamente reaparece em algum outro lugar. Mais tarde, podemos ver a continuidade desse processo de projeção da sombra do desaparecimento da mãe no período da caça às bruxas. Uma outra obsessão, bastante típica da teologia cristã, e que acredito ser das mais importantes, é um certo concretismo das ideias presente na catequese cristã com suas fórmulas dogmáticas.

Se compararmos os conceitos da psicologia com os da teologia, independente se católica, protestante ou judia, sempre se esbarrará numa querela que, por ser uma questão essencial, necessita ser tratada com o devido cuidado, posto que é algo primordial. "Deus", dizem os teólogos, "não é *somente* uma imagem que se encontra na alma humana, ou no inconsciente. Vocês interpretam a Trindade *apenas com uma verdade psicológica*, e chegam até considerar que a Trindade seja uma possível realidade metafísica, mas nós, teólogos, falamos de uma realidade e não de seu aspecto psicológico". Esse raciocínio implica que esta "realidade metafísica" seja a única verdadeira.

Se consideramos a questão como colocada pelo teólogo, verificamos que, sob esse ponto de vista intelectual, subentende-se uma divisão de uma mesma ideia acerca da realidade, comparável à dos platonistas, em que nosso universo era tão somente uma analogia do outro. É como se uma realidade metafísica ou transcendental existisse, e fosse verdadeira de modo concreto. De certo modo, isso é o que aconteceu com o aspecto material de Ísis que, rejeitado, ressurgiria sob a forma de um tipo de materialismo das ideias. Os teólogos, geralmente, se permitem agarrar a esse materialismo intelectual considerando-o "um fato metafísico". Esta obsessão pela palavra e sua projeção estão em toda parte. A grande mãe Ísis, assimilada pela instituição da Igreja, não é mais reconhecida na sua porção material, e assim vemos aqui que se *provocou uma materialização compensatória e inconsciente das ideias*. A teologia cristã é bastante intelectual; é uma instituição patriarcal e, desse modo, o aspecto maternal se aloja no inconsciente, embora a convicção das ideias passam a assumir, de algum modo, uma realidade material. Por outro lado, a teologia fala de Deus como se fosse passível de descrição e de explicação. No processo de individuação, nós experimentamos Deus nas nossas próprias almas. A teologia cristã conhece a Deus, não como uma verdade psicológica, mas por meio da revelação, como as que se constatam na Bíblia. Deus, contudo, infelizmente interrompeu suas "publicações" há 2000 anos!

Um dos aspectos mais intrigantes da religião egípcia, já assinalado pelos gregos e romanos, não era apenas o *concretismo das ideias*, mas também um concretismo acerca do *processo psicológico*. De acordo com sua crença, o tratamento químico do cadáver era indispensável para o alcance da imortalidade e isso, do ponto de vista moderno, é um concretismo inverossímil, primitivo e mágico! No museu do Cairo existe um papiro com receitas de embalsamamento do defunto, em que se lê, por exemplo: "Tome cuidado para que a cabeça não caia para trás; retire os intestinos, pois eles apodrecem [...]". É uma descrição completa de todo o processo a que o cadáver foi submetido e, ao mesmo tempo, das fórmulas, da liturgia e dos textos que devem ser repetidos durante a execução do trabalho. As palavras eram acompanhadas de gestos; tudo era conduzido de forma bastante concreta de modo a fazer com o ser humano se tornasse, quimicamente, imortal.

Esse concretismo desapareceu apenas de modo aparente nos nossos tempos, já que ele existe secretamente de fato no que se refere o clérigo quando fala acerca das "realidades metafísicas". Este concretismo primitivo impede que as pessoas possam discutir os fatos religiosos de forma objetiva e empírica. Há uma espécie de obsessão fanática na esfera das ideias e opiniões, provocada pela *anima*, que se opõe a uma compreensão científica da questão. Há sempre uma esperança confusa de que, "em algum lugar", as ideias existam como uma realidade absoluta, onde não cabe uma abordagem psicológica. Desse modo, a experiência interior é tratada como se não passasse simplesmente de uma questão psicológica, considerada, consequentemente, como uma realidade menor quando comparada com outra "Verdade" concebida como absoluta. E é aqui que habita a depreciação da Deusa!

No judaísmo, o concretismo aparece, sobretudo, na Lei. Em certos locais, até mesmo a questão de se acender ou não a luz elétrica no sábado pode se constituir num problema ético sério, já que neste dia é proibido acender o fogo. A Deusa-Mãe não está mais presente na religião judaica. Ela desapareceu sob este aspecto material da Lei, assim como a ideia de que o reino messiânico anunciado "é deste mundo".

Os regimes políticos totalitários, independentemente de sua orientação, partem do mesmo princípio, também impondo crenças que se revelam bastante concretas. O "Reino do Céu" tem de ser realizado no nível material e não importa a que preço. A bem-aventurança, a felicidade e o equilíbrio psíquico, tudo são bens a serem realizados aqui na terra. Se você tiver fé na lei marxista, fascista ou em outra, você será salvo, caso contrário, você estará morto. O concretismo e o materialismo das ideias alcançam um nível paroxístico.

Nos nossos dias, o materialismo positivista se mostra ultrapassado. A física moderna tem admitido que ela tem que desistir da descrição da matéria *em si* e se contentar em criar modelos intelectuais matemáticos, portanto, *psíquicos*. A psique, como enfatizou Jung, é a única realidade que podemos alcançar pela experiência imediata. "Material", de um lado, "espiritual" ou "psíquico", de outro, não são mais que rótulos que damos às experiências psíquicas vivenciadas: a primeira diz respeito às experiências que nos vêm do meio externo e do nosso corpo, enquanto a segunda se refere àquelas que vivenciamos internamente. Esta dualidade da percepção é inerente à estrutura do nosso ego consciente, mas, no domínio do inconsciente, elas parecem não existir. Como disse Jung, quando se avança para além dessa dualidade, o mundo provavelmente se mostra *uno*, ou seja, é um *unus mundus*[112] que transcende nossa visão consciente. Por isso é que não é sem razão que a física moderna esteja começando a se interessar pelos fenômenos parapsicológicos[113]. De acordo com o que dissemos antes acerca do percurso em espiral, nós nos encontramos agora num ponto que corresponde a uma região em que a curiosidade (*curiositas*) de Lúcio-Apuleio já foi desperta.

---

112. Cf. VON FRANZ, M.-L. *Number and time*. Op. cit.

113. Cf. *Quantum Physics and Parapsychology* – Proceedings of an International Conference held in Geneva, 1974. Nova York: [s.e.], 1975.

XII A matéria e o vaso místico

A matéria, embora não tenha sido reconhecida como parte da divindade na Igreja Católica, nem mais tarde na protestante, sobreviveu de forma escondida na alquimia que é, no todo, uma tentativa de relacionar a alma ao mistério da matéria. Jung explorou a questão nos seus livros *Psicologia e alquimia*[114] e *Mysterium coniunctionis*[115]. Nessas duas grandes obras, ele investigou a relação da Deusa na sua condição de *Anima Mundi*, tentando trazê-la de volta à consciência. A Deusa sobreviveu, portanto, na alquimia, em que ela aparecia como *Materia* ou *Anina mundi* – a alma da matéria cósmica, a alma do mundo, ou ainda como *Mater alchemia* – Mãe alquímica[116], ou mesmo sob o nome de Ísis. Outro aspecto da Deusa que também se perdeu ao ser interpretada como Eclésia foi sua forma humana personalizada. O princípio de *eros*, ou seja, a relação individual e seu calor, foi substituído por uma organização coletiva, com suas leis e hierarquias. A perda da responsabilidade individual para as organizações

---

114. Cf. JUNG, C.G. OC, vol. 12. Op. cit.
115. Cf. JUNG, C.G. *Mysterium coniunctionis*. OC, vol. 14/1, 2, 3.
116. Cf. BERTHELOT, M. *Collection des Anciens Alchimistes Grecs*. Op. cit. Vol. I: "Isis a Horus", p. 28s.

anônimas e estatais se tornou tão evidente e catastrófica que não há mais como não discuti-la em profundidade. Este é um problema *par excellence* de nossos tempos.

Mas, voltando ao nosso romance, no dia seguinte, numa bela manhã de primavera, a procissão em honra à deusa Ísis se encaminhava na direção do mar. Considerando-se que a festa era uma celebração do retorno dos navegantes após o inverno, um barco, carregado de oferendas, era confiado ao mar. Durante a grande procissão, os fiéis portavam lanternas e tochas enquanto os sacerdotes dos mistérios traziam diferentes objetos consagrados à deusa. Eu gostaria de falar, brevemente, sobre alguns desses objetos para que possamos compreender o significado simbólico.

Um dos sacerdotes trazia uma lâmpada de ouro em forma de navio, indicando o meio seguro de se singrar as águas revoltas do inconsciente. Outros sacerdotes carregavam pequenos altares para serem mergulhados no mar, sendo uma alusão ao culto egípcio de se banhar os deuses no Nilo antes de retorná-los ao templo. Um deles trazia o caduceu de Mercúrio, símbolo da cura, e uma palma; outro, a mão esquerda de Ísis, emblema da justiça que remete a uma época bem mais antiga do que a civilização egípcia porque a mão sempre foi, em todos os tempos, um velho talismã apotropaico. Mais tarde, ela veio a ser a mão de Fátima, a filha de Maomé, que protege contra o mau-olhado. Depois temos um vaso de ouro em forma de seio, símbolo da deusa-mãe, provedora do leite e da nutrição. A libação com leite sempre foi realizada sobre o túmulo de Osíris porque o leite era tido como uma substância que podia nutrir e ressuscitar os mortos[117].

---

117. Cf. GRIFFITHS, J.G. *The Isis book*. Op. cit., p. 207.

Do ponto de vista histórico, é interessante notar que *Zósimo de Panópolis*, o alquimista greco-egípcio cujas visões foram analisadas por Jung[118], falava de um vaso em forma de seio utilizado pelos alquimistas nos seus trabalhos, tido como um "segredo da arte". Portanto, constatamos aqui a existência de um relato imediato e concreto de um símbolo pertencente ao mistério de Ísis e de um dos mais antigos documentos alquímicos[119]. Há grandes semelhanças entre estes dois mundos. De fato, Zósimo, sendo egípcio, fora iniciado nos mistérios de Ísis, o que explica que ele fez uso dos recipientes e dos instrumentos pertencentes à Deusa durante sua prática alquímica. O outro objeto referido era um cesto dourado com espigas de trigo. Isso se refere a um símbolo de Osíris, que morre e ressuscita como um grão. No museu do Cairo há um modelo de múmia feita de trigo, moldada no formato de Osíris e envolta em tecido. Essas múmias eram mantidas úmidas para que o trigo pudesse germinar e vir à superfície, sendo isso parte do ritual de ressurreição. No prosseguimento da procissão há um vaso que não é descrito e, depois, um sacerdote conduzindo a estátua de Anúbis. Esse deus com cabeça de cão presidia o ritual das mortes no Egito, pois era ele que, segundo o mito, teria ajudado a reunir os ossos de Osíris morto e a embalsamá-lo. Outro sacerdote trazia sobre os ombros a imagem de uma vaca; o símbolo de fertilidade maternal da deusa.

Podemos ver que todos estes objetos encerram um significado profundo. Alguns deles apontam para Ísis, enquanto outros para Osíris. O relato também enfatiza um objeto que,

---

118. JUNG, C.G. *Estudos Alquímicos*. OC, vol. 13.

119. Cf. BERTHELOT, M. *Collection des Anciens Alchimistes Grecs*. Op. cit. Vol. I, p. 199, 220; tb. p. 291: "Le livre de Comarius". Cf. tb. GRIFFITHS, J.G. Op. cit., p. 208.

como dito, era a representação da própria deusa: é uma pequena urna arredondada, feita em ouro brilhante, coberta de hieróglifos. De uma lado havia uma canaleta em forma de bico, e, do outro, uma alça em torno da qual se via uma serpente enrolada. Apuleio diz que a vasilha era incrivelmente sagrada e não se podia olhá-la sem que o indivíduo se contivesse em silêncio e na mais profunda veneração. O vaso redondo de ouro nos remete, primeiramente, ao *vas mysticum*, o vaso místico sagrado da alquimia, símbolo da totalidade cósmica. Zósimo, por exemplo, fala que o vaso alquímico é um recipiente redondo representando o cosmos, no qual acontece todo o processo sagrado da transmutação[120]. Ele representa o princípio que abarca a totalidade e o conceito daquilo que a tudo contém. Este contendedor está para uma atitude psicológica de recolhimento, de introversão indispensável para uma abordagem justa da matéria e do mistério cósmico. Tudo isso é simbolizado por esse vaso. Certos alquimistas disseram que o *lapis philosophorum*, a pedra filosofal, contida no vaso e o vaso propriamente dito, eram um e a mesma coisa; que eles eram, portanto, diferentes aspectos de um único mistério. Aqui, o vaso é um símbolo de Ísis, mas também podem ser encontrados no Egito inumeráveis jarros e vasos funerários com cabeças humanas feitas à imagem de Osíris. Esse deus era frequentemente representado por um jarro contendo a água do Nilo, constituindo-se assim num símbolo daquilo de mais sagrado, comparável com o mistério inefável da transubstanciação dos corpos presente na Igreja Católica.

---

120. Nos textos alquímicos mais antigos, o vaso da transformação das substâncias era comparado com o túmulo de Osíris. Cf. BERTHELOT, M. Op. cit. Vol. 1, p. 95.

Esta questão possui, entretanto, raízes primitivas mais profundas e parece ter origem na África Central, tendo de lá descido o Nilo até chegar ao Egito. Léo Frobénius descobriu, na região do Alto Nilo, tribos que praticavam, à morte do seu chefe, uma forma de inumação digna de ser relatada. O chefe era figura portadora de *mana* (poder divino) que nele havia encarnado. Quando ele morria, seu cadáver era colocado sobre uma espécie de jirau e deixado, à parte, dentro de uma cabana. Colocava-se um recipiente por baixo para se coletarem as secreções que exsudavam lentamente do corpo. Depois de algum tempo, o cadáver se desidratava e, dentro do recipiente, formava-se um líquido pouco apetecente, cheio de vermes e de larvas que eram percebidos como sendo a alma que havia abandonado o corpo. Esse material era colocado num outro recipiente todo fechado, apenas com um orifício por onde se introduzia um pedaço de bambu. O aparato era vigiado noite e dia e, quando um verme ou um inseto saía do vaso, acreditava-se que, naquele momento, a alma do morto partia. O recipiente era então fechado e colocado numa cova ao lado do cadáver dessecado. O recipiente contendo o líquido representava assim a essência espiritual do rei morto, e a crença era de que, quando a alma deixava o vaso, ela penetrava no corpo de seu sucessor que seria, portanto, a próxima encarnação do princípio divino. Entre algumas outras tribos, isso se passava de modo diferente, mas a ideia permanece a mesma, ou seja, a de que a essência espiritual de um velho rei e a transmissão da alma acontecem continuamente na série sucessiva de reis ou de chefes tribais.

O vaso protege, portanto, a essência psíquica do deus-rei durante sua travessia entre morte até o seu renascimento. Na mitologia egípcia, o vaso é *Osiris hydreios* (Água de Osíris) no curso do processo de sua metamorfose em Hórus[121]. Quando Osíris morre, Ísis carrega o vaso contendo sua substância psíquica, de onde ele renasce como Hórus, o novo deus solar, a criança solar. Do ponto de vista psicológico, este é um momento misterioso do processo de transformação que corresponde à morte da imagem consciente do deus que, na sequência, renasce sob a forma renovada na alma humana.

O mistério do vaso que contém o segredo da morte e da ressurreição da imagem divina, assim como o da possibilidade numinosa do renascimento do menino Hórus, do símbolo divino, é, na linguagem junguiana, um *símbolo do Self*, pois ele aloja em si mesmo, novamente, a totalidade da existência. Hórus, assim que deixa o vaso, é idêntico a Osíris renascido; é o momento do nascer do sol. Num tempo ainda não tão distante, podia-se observar, entre os membros da tribo africana do Quênia, os Elgonis, o hábito de dirigirem gestos de adoração ao Sol, mas não ao sol na sua qualidade de corpo celestial, mas no seu *momento de numinosidade que corresponde ao instante que ele começa a se elevar no horizonte*[122]. Quando, portanto, o sol já tinha ultrapassado a linha do horizonte, ele não era mais percebido como divino. A elevação do sol, a *Aurora consurgens*[123], é o momento em que a realização do Self se faz a partir da psique inconsciente. Essa condição tem nas mitologias africanas e nos mistérios egípcios antigos as suas melhores analogias.

---

121. Cf. GRIFFITHS, J.G. *Apuleius of Madaura*. Op. cit., p. 228s.

122. JUNG, C.G. *Memórias, sonhos e reflexões*. Rio de Janeiro: Nova Fronteira, 1986.

123. VON FRANZ, M.-L. *Aurora consurgens* – A document attributed to Thomas Aquinas on the problem of opposites in alchemy. Toronto: Inner City Books, 2000.

Em Abomey, na Nigéria, vivia um velho curandeiro que reverenciava um deus oracular de nome *Fa* que personificava a verdade que se exprimia pelos oráculos[124]. Segundo ele, esse deus representava aquilo de mais elevado no que concerne à possibilidade de autoconhecimento, disponível ao ser humano. Fa possibilitava que o homem se tornasse cônscio acerca de seu princípio *ye*, a alma invisível que continha seu destino. Um dos títulos empregados a Fa consistia numa frase inteira: "O sol se eleva e as paredes se avermelham". E o velho curandeiro dizia: "Quando Fa aparece, todos os elementos se iluminam; quando se compreende a verdade, é como se o sol se elevasse e todos os muros cinzas se colorissem de vermelho". Isto é Hórus-Osíris que desponta do vaso!

Lúcio, o asno, observa a procissão e, recordando-se de seu sonho, procura ao redor pelo sacerdote que deve estar carregando uma coroa de rosas. Tão logo ele o avista, ele se comprime em meio à multidão. O sacerdote, que havia recebido, em sonho, a ordem de oferecer as rosas ao asno, procede do modo que lhe fora revelado. Assim que as come, Lúcio perde sua forma animal:

> Ela não mentira, a promessa celeste. Minha deformada aparência de besta se desfez imediatamente. Primeiro, foi-se o pelo esquálido; depois, o couro espesso se amaciou e o ventre obeso abaixou; na planta dos meus pés, os cascos deixaram emergir os dedos: minhas mãos não eram mais patas, e se prestavam às funções de membro superior; meu longo pescoço chegou aos seus justos limites; meu rosto e minha cabeça se arredondaram, mi-

---

124. Cf. MAUPOIL, B. *La géomancie à l'ancienne Côte des Esclaves*. Paris: Institut d'Ethnologie, 1943, p. 24 e 89.

nhas orelhas enormes voltaram à sua pequenez primeira; meus dentes, semelhantes a tijolos, reduziram-se às proporções humanas; e a cauda, sobretudo, que me cruciava, desapareceu! O povo se espantou, os fiéis adoraram a potência manifesta da grande divindade e a facilidade magnífica com a qual se cumprira, conforme as visões da noite, aquela metamorfose. Em voz alta e em uníssono, com as mãos estendidas para o céu, testemunharam o espantoso favor da deusa.

Lúcio se encontra lá agora nu, no meio da multidão. O sacerdote solicita que lhe tragam uma túnica de linho e depois se dirige a ele na frente de todos, informando-o de como ele havia voltado a si e de como fora salvo pela deusa Ísis e que, portanto, de agora em diante, ele deveria servir à Grande Deusa. Todos se encontravam extasiados e, enquanto aclamavam a deusa, a procissão prosseguiu. Na Antiguidade, as rosas eram consagradas a Afrodite-Vênus e a Dioniso, e simbolizavam eros. Coroas de flores eram depositadas nos sepulcros representando, provavelmente, a "coroa da vitória" que o defunto recebia após a ressurreição[125].

O texto diz a seguir que Lúcio se volta para o aspecto benfazejo da Deusa e monta um *téménos sacré* – recinto sagrado – onde ele passa algum tempo antes de ser iniciado.

> [...] fui-me a fruir de novo à doce presença da deusa. Arranjei um alojamento no próprio pátio do templo e ali constituí um lar temporário, participando ainda, como leigo, do serviço da deusa, na qualidade de companheiro e comensal dos sacerdotes e de perpétuo adorador da augusta di-

---

125. Cf. GRIFFITHS, J.G. *Apuleius of Madaura*. Op. cit., p. 160s.

vindade. Não se passava noite, nem momento de sono, sem que eu não fosse agraciado com sua vista e suas advertências. Suas ordens, no entanto, muitas vezes repetidas, insistiam que eu não adiasse por muito tempo a iniciação à qual estava desde havia muito tempo destinado. Mas eu, por fervoroso que fosse o meu desejo, estava inibido por um temor religioso. Tinha tido o cuidado de me informar das dificuldades do santo ministério, do rigor de suas castas abstinências, do conjunto de precauções de que se deve cercar uma vida exposta a muitos incidentes, e, refletindo sem cessar a respeito dessas coisas, não sei como, apesar da minha pressa, diferia[126].

Essa passagem se refere à instituição largamente disseminada na Antiguidade denominada *Katochê*. Os *Katochoi* eram pessoas que, tendo sido tomadas, possuídas, por um deus ou deusa, decidiam passar a viver dentro do recinto de um templo onde elas se consagravam ao serviço da deidade por meses ou até mesmo por anos a fio. As pessoas eram isentas de pagar impostos e, caso tivessem sido condenadas à prisão, não se podia prendê-las no interior do recinto sagrado. É por isso que se dizia que nestes locais não existia nada de possessão extática pela divindade ou estados de transe, nem mesmo com a prestação de serviços, e que as pessoas se refugiavam nos santuários simplesmente para escaparem da polícia e dos perseguidores. Do ponto de vista psicológico, essas querelas são estéreis. O que interessa aqui é que esta condição significa tão somente que o indivíduo se encontra sob o domínio de um arquétipo, ou a serviço de uma figura arquetí-

---

126. GUIMARÃES, p. 231, 232.

pica, em estado de transe ou de transformação interior, e que ele se submete a um tipo de cativeiro voluntário, de reclusão, que pode durar anos. Um criminoso que eventualmente tenha se refugiado no templo estava aprisionado, pois, se colocasse o pé para fora do templo, ele seria preso. O indivíduo que havia cometido qualquer delito teria que escolher basicamente entre a prisão laica e uma prisão religiosa.

Foi encontrado um papiro escrito por um homem de nome *Ptolemaios*, que viveu no Katochê de um templo dedicado a Serápis. Ele registrou seus sonhos, o que, aliás, era obrigatório, e parece que os sacerdotes os interpretavam. Quando se lê *Artemidoro*, tem-se a impressão de que os antigos sonhavam de modo diferente do que nós na atualidade, produzindo apenas "grandes sonhos" ou sonhos prevendo eventos futuros. Mas, na verdade, o que acontecia era que, na Antiguidade, só se dava atenção a esse tipo de sonho. Mas o papiro nos fornece os sonhos de um homem ordinário, que sonhava sobre seu cotidiano, sobre seus problemas financeiros etc. Temos, portanto, uma prova de que os antigos sonhavam da mesma forma que nós, ainda que em outros textos antigos só se vejam os sonhos arquetípicos. Dentro de um mesmo têmeno no entorno do templo viviam sacerdotes especialistas na interpretação dos sonhos, de forma que os Katachoi se encontravam verdadeiramente em "análise". A forma como conduziam era bem semelhante à nossa, mesmo que as conclusões fossem diferentes. Vivia-se no Katochê num estado de completa introversão e de concentração no que diz respeito à própria vida onírica.

Numa certa noite, Lúcio teve o seguinte sonho:

> Uma noite, vi em sonho o sumo sacerdote que me apresentava, cheio de alguma coisa, o pano de suas

vestes. Perguntei-lhe o que era aquilo; respondeu que eram remessas para mim, feitas da Tessália, e que chegara, ao mesmo tempo, daquele país, um meu servidor chamado Cândido. Ao despertar, perdi-me em conjecturas sobre esta visão, e sobre o seu significado, tanto mais tinha certeza de não ter jamais possuído servo com tal nome. Qualquer que fosse o presságio a tirar desse sonho, a alusão às coisas trazidas era sinal certo de proveito, eu sabia. Foi assim que, na ansiosa expectativa de felizes proventos, aguardei a abertura matinal das portas do templo. Afastadas as cortinas brancas para os lados, adoramos a imagem venerável da deusa. O sacerdote fazia a volta aos altares dispostos aqui e ali, desincumbindo-se do serviço divino, e, pronunciando as preces consagradas, derramava com um vaso para libações a água apanhada no fundo do santuário, quando, cumpridos esses piedosos atos, ressoou, anunciando a primeira hora do dia, a voz dos fiéis que saudavam a volta da luz. Neste momento, chegaram, vindo de Hípata, os servidores que eu deixara lá, no tempo em que fui logrado com o funesto engano de Fótis. Tinham, como imaginais, ouvido contar minha história, e até me traziam o cavalo que sabeis. Passara ele a outro dono, mas reconhecido pela marca num dos flancos, tinham-se apossado dele. E eu não me cansava de admirar-me do feliz acordo entre a realidade e o sonho, que não somente anunciara um proveito, como fizera alusão, na pessoa de um servidor chamado Cândido, à cor do cavalo que me seria entregue[127].

---

127. Ibid., p. 323.

Quando perguntado, o sacerdote disse-lhe que um bocado de coisas maravilhosas haviam-lhe sido enviadas da Tessália, e Lúcio descobre que seus serviçais tinham chegado bem e que também traziam-lhe seu cavalo branco (Cândido). Após este sonho tão impressionante, o que acontece é que, na manhã seguinte, parte dele se realiza concretamente. De acordo com o modo clássico de compreensão de sonhos, Cândido foi interpretado como o serviçal anunciado no sonho. O restante do sonho não foi interpretado, já que, para ele, só o evento sincronístico parecia importante, sendo que ele o tomou como um sinal de que se encontrava sob a proteção da deusa e de que ele estava no caminho certo. Nós poderíamos dizer mais coisas acerca do sonho, mas creio que esta antiga interpretação seja correta num certo nível. Assim, o sacerdote oferece-lhe em sonho as coisas vindas da Tessália, país de sua mãe, para onde Lúcio havia se dirigido com a finalidade de aprender sobre magia e onde ele foi metamorfoseado em asno. Pode-se dizer que tudo o que aconteceu com ele, até este ponto, foi negativo, mas, agora, algo se modificou, e ele então começa a ver o outro lado da questão; ele recebe de sua terra materna as riquezas interiores que o auxiliarão a estabelecer contatos. Aqui se anuncia a transformação de seu complexo materno negativo. Ele está apto para estabelecer relações de comunhão com outras pessoas e para receber a nutrição do inconsciente (a terra materna), e, por fim, ele recupera seu cavalo branco.

Dissemos no começo que este é o cavalo do herói solar; aquela parte da libido que nos conduz mais para o reino espiritual do que para o ctônico. Mas, desde então, Lúcio havia perdido seu cavalo de cor clara; ele adentrara uma via exclusivamente telúrica. Agora, a luz e o movimento em direção à consciência, que até então estiveram obliterados, encontravam-se em franca rota de recuperação. Em latim, a palavra *candidus* significa branco, inocência na acepção de espontaneidade e sem sofisticação, o branco virginal. Lúcio se encaminha para retomar uma atitude simples e espontânea. Vemos que a maioria das pessoas neuróticas, e em particular os homens com um complexo materno negativo, demonstra uma grande dificuldade em ser espontânea, já que seu sentimento é ferido, susceptível e secreto. Um homem assim não se atreve a ser cândido, pois ele receia a mãe terrível. Podemos concluir que Lúcio descobre sua faceta sentimental e idealística que fora mutilada pela mãe negativa e que ele havia perdido completamente quando a escuridão o invadira. Nesse momento, ele se percebe como outra pessoa, de uma forma completamente renovada.

Podemos dizer que o *élan* sentimental mais inocente e espontâneo de Lúcio-Apuleio é agora dedicado ao culto de Ísis, de forma que, daqui para frente, seus sentimentos retornam à vida. Este é o significado da túnica branca recebida na sua metamorfose. A vestimenta branca usada no batismo servia também para os cristãos como símbolo de uma nova atitude, quando todos os pecados eram perdoados para que o indivíduo pudesse trilhar um novo caminho. A interpretação cristã está, contudo, mais concernida com questões morais e à condição de pecado. Entretanto, mesmo que padeçamos de alguma contaminação do inconsciente, isso não significa que não estejamos unificados ou que não sejamos verdadeiros com nós mesmos; se somos sinceros conosco, demonstramos uma nova atitude e impulso em direção à vida, ou seja, retornamos à espontaneidade e à naturalidade. O sonho nos mostra, portanto, que a Tessália, onde Lúcio foi enfeitiçado, coloca-se agora como algo positivo, e isso nos faz concluir que

Ísis esteve o tempo todo por trás destes desenvolvimentos negativos. Ela é o mesmo arquétipo que, após fazer desenvolver em Lúcio todo seu lado obscuro, apresenta agora sua outra face. Do mesmo modo, como descrito na estória de Sócrates, as duas feiticeiras assassinas, *Méroe* e *Pância*, também eram aspectos de Ísis. Depois que a forma negativa do arquétipo foi esgotada, produz-se uma enantiodromia que traz à luz seu aspecto positivo. A Grande Deusa, nos seus dois aspectos complementares, domina, no presente, a vida de Lúcio.

A expectativa do aguardo para dar entrada no processo iniciático pesava sobre Lúcio e o deixava bastante agitado. Mas o texto diz que o sacerdote o admoestara falando-lhe amigavelmente "como fazem os pais, quando moderam os desejos prematuros dos filhos [...]" (Situação comparável com aquelas em que, após três semanas de análise, o paciente deseja desistir do processo!).

> [...] ele (o sacerdote) opunha adiamentos à minha insistência, e, com consolos da esperança, serenava minha aflição. Pois, explicava, a deusa marca com um sinal da sua vontade o dia em que cada um pode ser iniciado. O sacerdote que deve proceder à consagração é, do mesmo modo, escolhido por sua providência. Enfim, as despesas necessárias à cerimônia são fixadas, com instruções semelhantes. Era preciso, então, dizia ele, submetermo-nos pacientemente às suas regras, pois eu devia me guardar com cuidado tanto da precipitação como da desobediência, e evitar a dupla falta de me mostrar lento, uma vez chamado, ou apressado, sem ter recebido nenhuma ordem[128].

---

128. Ibid., p. 233.

Toda precipitação, foi-lhe dito, é perigosa:
> Em verdade, as chaves do inferno e a garantia de salvação estão nas mãos da deusa[129].

Sabemos que um ritual de morte e ressurreição era encenado na maioria das iniciações. Mais tarde, soubemos que Lúcio teve outro sonho no qual a deusa lhe revela o dia em que ele deveria ser iniciado, o quanto ele deveria gastar na cerimônia, além do nome do seu iniciador: o sumo sacerdote *Mithra* em pessoa, que ela própria afirmou estar unido a ele por "uma divina conjunção de estrelas". Pela manhã, quando Lúcio aborda o sumo sacerdote, este o antecipa, pois também havia tido um sonho no qual lhe era indicado proceder a iniciação, e tudo foi arranjado.

Considerando que o nome do sacerdote era Mithra[130] e que o horóscopo de ambos era afeito entre si, significa que existia entre eles um parentesco psíquico, exatamente como deve existir uma certa afinidade "química" (psicológica) entre o analista e o analisando, de forma que a relação se construa por ela própria. Não é de bom alvitre insistir num processo analítico com alguém que se considera revoltante, mesmo que se, por detrás desse sentimento negativo existam pontos em comum.

Lúcio foi instruído por meio de textos sagrados, sendo que alguns deles eram hieróglifos desenhados em espiral. Esses textos escritos de maneira circular existem e podem ser encontrados em textos alquímicos bem antigos. A escrita começa na extremidade externa da espiral e se dirige para o

---

129. Ibid.

130. Mithra, de origem iraniana, era um deus solar. Seu nome evoca a luz, como o de Lúcio.

centro. As receitas alquímicas e as fórmulas mágicas eram também, algumas vezes, registradas dessa forma, o que mostra aqui, novamente, a estreita relação entre a alquimia e os cultos místicos. No entanto, uma vez mais, Apuleio não revela sobre o conteúdo desses ensinamentos, honrando o respeito devido ao mistério:

> Eu o diria se me fosse permitido. Tu o saberias, se te fosse permitido ouvi-lo. Mas teus ouvidos e minha língua sofreriam igualmente o castigo ou de uma indiscrição ímpia ou de uma curiosidade sacrílega[131].

Mesmo no caso dos textos cristãos dirigidos contra os cultos pagãos, os verdadeiros conteúdos nunca foram revelados, o que prova a extensão de sua numinosidade. Quando alguns dos iniciados se convertiam a outra religião, eles já estavam tão profundamente tocados pelo mistério que não lhes era possível trair seus segredos. Apenas os primeiros patriarcas da Igreja se permitiam algumas revelações menores desse assunto. Lúcio se contenta apenas em dizer:

> Escuta então, e crê: tudo que vou dizer é verdade. Aproximei-me dos limites da morte. Pisei a soleira de Prosérpina, e voltei, trazido através dos elementos. Em plena noite vi brilhar o Sol, com uma luz que cegava. Aproximei-me dos deuses do inferno, dos deuses do alto: vi-os face a face e os adorei de perto[132].

Isso é tudo que sabemos sobre a parte da iniciação: a visão do sol da meia-noite, ou seja, a luz que vem das trevas

---

131. GUIMARÃES, p. 235.
132. Ibid., p. 235.

do mundo de baixo, e o conhecimento acerca dos deuses do mundo superior e do mundo inferior. De acordo com a cosmografia egípcia, Rá percorre os céus durante o dia e, depois, desce a oeste onde, no transcorrer da noite, ele cruza o mundo de baixo numa barca. Todas as noites o deus Seth mata a serpente Apófis, de forma que Rá ressurge como *Khepera* (escaravelho), a leste, para, a seguir, recomeçar sua viagem diurna pelos céus. Ressaltamos que, num texto fúnebre, Ísis era chamada de "dona da luz das trevas"[133].

Os cultos de iniciação aos mistérios de Ísis e Osíris estavam relacionados com o mundo inferior no seu aspecto ctônico, e é por isso que Lúcio venera o sol da meia-noite. Isso corresponde, no plano psicológico, a um descenso ao mundo do inconsciente e uma concomitante iluminação em consequência do princípio de consciência agora nascido do seio do inconsciente, diferente daquele usualmente obtido a partir de uma consciência coletiva. Lúcio experiencia essa questão sob alguma forma simbólica a qual ignoramos, e adora a todos os deuses, talvez de acordo com as diferentes horas do dia e da noite que são personificações distintas do deus solar. O iniciado atravessa assim toda a noite e, depois:

> Veio a manhã e, acabados todos os ritos, apareci, tendo sobre mim doze roupas de consagração. Dessa roupa, apesar do seu caráter místico, nenhuma obrigação me proibia de falar, pois tudo se passou então diante de numerosas testemunhas. No meio da casa sagrada, diante da imagem da deusa, um estrado de madeira foi erguido. Fui convidado a subir. Em pé, e revestido de um tecido de fino linho, bordado de vivas cores, eu atraía os

---

133. Cf. BERGMANN, I. *Ich bin Isis*. Op. cit. p. 281, nota 2.

olhares. Dos meus ombros caía para trás, até os calcanhares, uma clâmide valiosa. E de todos os lados eu estava enfeitado com figuras de animais multicores. Eram dragões da Índia aqui, grifos hiperbóreos ali, engendrados por outro mundo, dotados de asas como pássaros. Os iniciados dão a essa roupa o nome de estola olímpica. Eu segurava com a mão direita uma tocha acesa e minha cabeça estava cingida por uma nobre coroa de palmas, cujas folhas brilhantes se projetavam para frente como raios. Assim paramentado, à imagem do Sol, expuseram-me como uma estátua e, quando as cortinas foram afastadas bruscamente, houve um desfile do povo, desejoso de me ver. Celebrei, em seguida, o dia feliz do meu nascimento para a vida religiosa com um repasto de festa, e outros alegres banquetes[134].

Isso sugere que sua iniciação não fez apenas com que ele próprio acompanhasse o caminho do deus-sol, mas contribuiu também para que ele fosse assimilado pelo princípio da luz e, pela manhã, tivesse se tornado ele próprio o deus solar. Ele está vestido com uma túnica decorada de grifos e de serpentes aladas. Ele se apresenta ao povo como um princípio solar e, como tal, aclamado pela multidão. Esse também era o costume praticado nos mistérios mitraicos; uma referência ao famoso *solificatio* que aludem os textos alquímicos[135]. Nesses textos é descrito o momento de aparição de um novo sol que se eleva no horizonte, indicando que uma nova forma de consciência acabara de nascer após ter submergido no in-

---

134. GUIMARÃES, p. 235-236.
135. Cf. BERTHELOT, M. Op. cit. Vol. 1, p. 118.

consciente. O *solificatio* marca, portanto, o fechamento do processo de individuação.

Mais tarde, após despedir-se do sumo sacerdote Mithra, "seu pai", Lúcio retorna a Roma:

> [...] ao cabo de longa ausência, em linha reta resolvi voltar para Madaura. Poucos dias depois, por inspiração da poderosa deusa, emalei às pressas minha pequena bagagem, embarquei num navio, e parti com destino a Roma [...]. Desde esse momento, não tive preocupação mais urgente que oferecer todos os dias as minhas preces à divina majestade da Rainha Ísis, que do templo em que está instalada tira o nome de Campense, e é objeto de grande veneração[136].

Ele permanece lá até que novos sonhos lhe acorrem urgindo que ele dê continuidade à sua iniciação:

> Ora, o grande Sol, percorrendo o círculo do Zodíaco, completara mais um ano, quando interveio de novo no meu sono a solicitude vigilante do nume benéfico, e ela veio conversar comigo ainda a respeito de iniciação e de consagração. Intrigava-me saber qual era seu plano e o que tinha em vista, tanto mais que eu me acreditava havia muito tempo plenamente iniciado [...] fiz uma surpreendente descoberta: estava eu bem iniciado nos mistérios de Ísis, mas faltava-me ainda a luz que vem do grande deus, o invencível Osíris[137].

Osíris, após descer ao mundo de baixo, ascende acima da linha do horizonte como um astro imortal e, portanto, assi-

---

136. GUIMARÃES, p. 237.
137. Ibid, p. 237-278.

milado ao novo deus-sol. Este é o caminho por que passam todos os iniciados nos mistérios. De certo modo, todo homem era assimilado por esse deus cósmico que, progressivamente, se tornou a divindade única.

Do ponto de vista do ensinamento cristão, aprendemos que o indivíduo é mortal, mas que, com a morte, ele se transforma num ser imortal com o Juízo Final. No cristianismo, a imortalidade é, pois, uma esperança ou promessa e, portanto, uma questão de fé. Nos cultos antigos, ao contrário, havia uma espécie de ritual simbólico cuja intenção era trazer essa experiência psíquica de transformação para a esfera terrestre. A mesma ideia estava presente na alquimia, pois cria-se que, ao se tentar produzir a pedra filosofal, estava-se também criando o próprio corpo incorruptível. Segundo a orientação do cristianismo, nós seremos convocados no dia do juízo final e, sob uma nova forma, adentraremos a vida eterna. Mas, para os alquimistas, essa era uma questão de experiência interior real e, por conseguinte, o corpo imortal ou glorificado deveria ser produzido aqui na terra por meio da meditação ou de um processo alquímico, exatamente como o fazem os orientais no que se refere ao "corpo diamantino", que deve ser produzido nesta vida[138]. A partir daquilo que é mortal, forma-se um novo corpo imortal de qualidade semimaterial. E essa mesma ideia estava presente nos cultos de mistério: a personalidade eterna era estabelecida nesta vida, em vez de se projetar essa transformação numa esfera *post mortem*.

Infelizmente não é possível aprofundar todos os aspectos concernentes a esse domínio, embora eu creia que a base

---

138. Cf. As meditações de C.G. Jung acerca do corpo diamantino oriental em *Comentários sobre a flor de ouro*. OC, vol. 13. Op. cit.. Cf. tb. VON FRANZ, M.-L. *Number and Time*. Op. cit.

da alquimia se encontre aqui. A alquimia acabou funcionando como uma transmissora das ideias antigas que o dogma cristão havia rejeitado e que, não obstante, reapareceram por volta do século XII. Essas ideias conseguiram persistir na civilização ocidental a despeito dos movimentos ideológicos que penetraram a Europa nos tempos das Cruzadas, quando os Templários, em particular, estabeleceram contato com as civilizações árabes. O simbolismo dos mistérios antigos e das tradições árabes sobreviveram assim, em grande parte, nos *ciclos de lendas do Santo Graal*, sem, contudo, jamais serem reconhecidos oficialmente pela Igreja.

Após ter retornado a Roma onde viveu normalmente, Lúcio-Apuleio teve outro sonho indicando-lhe que havia chegado o momento de se engajar nos mistérios de Osíris. Ele, entretanto, se mostra surpreso, como veremos, pois ele achava que esses mistérios não fossem tão diferentes dos de Ísis, nos quais ele já havia sido iniciado. Mas os sonhos insistem em lhe dizer que o âmbito desse outro era diferente. Tudo se passa também como na primeira vez:

> Na noite seguinte, vi em sonho um dos fiéis consagrados, vestido de linho, que levava tirso, ramos de trepadeira, e mais certos objetos que é proibido nomear, e que os depositou diante do meu lar. Depois, instalando-se sobre minha cadeira, anunciou um banquete em honra da augusta religião. E, sinal inequívoco pelo qual sem dúvida se tornava reconhecível, ele tinha o calcanhar do pé esquerdo um pouco desviado, e caminhava manso, com passo malseguro. A manifestação assim clara da vontade divina dissipava toda incerteza e toda ambiguidade. Logo que terminou a saudação matinal à deusa, examinei com atenção

se alguém, entre aqueles que via, tinha o mesmo defeito, ao caminhar, do que o homem do meu sonho. Não foi vã minha esperança. Reparei logo que um dos pastóforos tinha não só o sinal particular no pé, mas a estatura e o todo correspondiam exatamente à visão noturna. Soube mais tarde que se chamava Asínio Marcelo, nome que não deixava de ter ligação com minha metamorfose. Fui-me direto a ele, sem demora, e ele, da sua parte, não ignorava o que eu lhe diria, tendo sido avisado anteriormente por uma ordem semelhante que deveria me conferir o sacramento. Na noite precedente também tivera um sonho: enquanto dispunha coroas para o grande deus, este, com a sua própria boca, que dita a cada um o seu destino, informara-o de que um cidadão de Madaura lhe seria enviado, homem muito pobre, em verdade, e que ele deveria, sem tardança, iniciá-lo em seu culto, pois sua providência reservava àquele homem uma gloriosa fama literária, e um lucro considerável a ele próprio.

Desse modo, prometido ao sacramento, a exiguidade dos meus recursos me retardou muito além do meu desejo. Minhas despesas com a peregrinação tinham feito derreter-se o meu modesto patrimônio, e o custo em Roma era muito mais elevado que nas províncias, onde eu estagiara anteriormente. As duras exigências da pobreza, contendo-me assim, como diz um velho provérbio, entre a vítima e a pedra, me torturavam. E não eram menos prementes as instâncias do deus. Não foi sem uma extrema perturbação que o ouvi multiplicar primeiro suas objurgatórias, depois suas ordens.

> Enfim, vendendo até a roupa do corpo, por modesta que fosse, reuni mal e mal a pequena soma necessária[139].

Mas isso não é tudo! Lúcio não foi convocado apenas para se tornar um iniciado em Osíris, mas também para se tornar um dos seus sacerdotes, um *pastóforo* que, como vimos, era uma classe de clérigos incumbidos de carregarem os objetos sagrados nas procissões. Osíris aparece a Lúcio a fim de escolhê-lo para se tornar um de seus sacerdotes:

> E eis que, pouco tempo depois, inopinadamente, e perfeitamente miríficas, novas ordens dos deuses impeliram-me a submeter-me a uma terceira iniciação. No cúmulo da perplexidade, e extraordinariamente inquieto, perdi-me em reflexões. Que visaria essa insólita insistência da vontade celeste? Que faltava ainda para que fosse completa uma iniciação já repetida?[140]

> [...] a soberana conselheira me revelou em sonho o que a circunstância reclamava. Sem procrastinar, por preguiça, o que era mister fazer, fui contar ao sacerdote o que tinha visto[141].

Lúcio, estando ritualmente preparado para sua ordenação, acrescenta:

> Não lamentei, por Hércules, nem trabalhos nem despesas, porquanto a providência dos deuses me procurou de modo assaz liberal, pelos ganhos por meio dos estipêndios forenses. Daí a três dias, o deus que dos grandes deuses é o melhor, dos me-

---

139. GUIMARÃES, p. 238-239.
140. Ibid., p. 239.
141. Ibid., p. 240.

> lhores o mais augusto, dos mais augustos o maior, dos maiores o mestre soberano, Osíris, me apareceu em sonho, não sob qualquer figura de empréstimo, mas mostrando-se face a face, e se dignou fazer ouvir o seu verbo venerado. Incitou-me então, sob o seu patrocínio, a continuar resolutamente no fórum minha gloriosa carreira de advogado. Que não temesse as maledicências invejosas, provocadas naquele meio por meu trabalho erudito e minha cultura. Por fim, não me quis mais ver misturado ao comum dos mortais, no exercício de seu culto. Fez-me entrar para o colégio dos pastóforos, e me elevou até a classe de decurião quinquenal. Mandei raspar a cabeça completamente, então, e, nesse vetustíssimo colégio, fundado desde os tempos de Sila, sem velar nem proteger a calva, mas, ao contrário, expondo-a a todos os olhares, das minhas honrosas funções me desincumbi com alegria[142].

Osíris é o filho divino, o esposo e o irmão de Ísis, o que significa que Lúcio também havia se tornado ele próprio o esposo e o filho divino da grande Deusa-Mãe. Na sua vida anterior, ele havia sido possuído negativamente pelo deus *Puer Aeternus*, porque ele estivera identificado inconscientemente com essa divindade. Mas agora foi chegado o momento em que ele reconheceu conscientemente que esta é realmente a questão, ou seja, ele sim é propriamente o deus, o Filho Divino da Grande Mãe. O aspecto divino do indivíduo foi realizado de forma simbólica. Lúcio se encontra agora cônscio de sua condição divina superior. (Cristo mesmo disse: "Vós sois

---

142. Ibid.

deuses?"[143]) O culto de Ísis produziu em Lúcio-Apuleio uma tomada de consciência do princípio feminino, da *anima*, mas agora vem a realização do arquétipo do Self e de sua própria natureza divina interior. O valor dessa experiência que lhe permitiu, daqui em diante, estabelecer uma relação positiva com a deusa, também pôde ser constatada igualmente na sua vida concreta.

Após essa derradeira iniciação, Lúcio se percebe como um deus, mas também como um serviçal do princípio divino; ele é tanto patrão quanto servo.

Veremos que existe uma analogia do Mito de Osíris com o cristianismo, sob a forma das lendas do ciclo do Santo Graal[144]. Após a morte na cruz, Cristo foi sepultado num túmulo selado por uma laje de pedra. Entretanto, quando as mulheres vieram para preparar o corpo e ungi-lo com os unguentos apropriados, elas não mais o encontram no sepulcro; havia apenas um anjo que lhes informou que Cristo havia ressuscitado. De acordo com uma lenda do segundo ou do terceiro séculos, José de Arimateia teve uma visão de Cristo depois de morto e ele lhe entregava o cálice contendo seu próprio sangue. Cristo disse-lhe que havia escolhido a ele, José, para perpetuar a tradição secreta e o culto da veneração a seu túmulo. Aqui nos reportamos, portanto, ao símbolo do deus morto cujos sangue e substância vital encontram-se protegidos num vaso. Mais tarde, a lenda se modifica; o cálice fora perdido, atravessado os mares, indo parar então sob uma figueira em Marselha, de onde fora recolhido e trazido

---

143. Jo 10,34.

144. Cf. BOULANGER, J. *Les romans de la table ronde*. 4 vols. Paris: Plon, 1922-1932. Cf. tb. JUNG, E. & VON FRANZ, M.-L. *A Lenda do Graal do ponto de vista psicológico*. São Paulo: Cultrix, 1989.

até Fécamp. Foi assim que o Santo Graal teria chegado até a França. O vaso no qual o sangue do deus morto foi mantido e os cavalheiros que o atendem apresentam, portanto, alguma analogia com o jarro que contém a essência de Osíris e que era mantido sob os cuidados dos sacerdotes e dos iniciados.

Isso corresponde ao mito clássico do deus encarnado que, após desfrutar de uma breve vida humana, é morto, e depois continua a viver sob a forma de uma substância essencial anímica, que é conservada num vaso como relíquia. É daqui que ele ressuscita e de onde seu espírito continua a emanar.

Nas lendas do Graal, o auxílio necessário aos cavalheiros para que possam executar suas tarefas vem de uma voz que se produz no cálice. Qual o sentido, portanto, de ser necessário ter a posse dessa relíquia para que sejam realizadas as exigências da fé cristã? Se considerarmos a história das religiões, veremos que existem fases em que os símbolos religiosos, experimentados e vividos pelos indivíduos, são progressivamente institucionalizados passando a ser reconhecidos como imagens e fatos coletivos ratificadores de um ensinamento dogmático. Cristo, durante sua existência na terra, foi percebido empiricamente como um homem-deus por um pequeno círculo formado por seus apóstolos, sendo que São Paulo foi o único que pôde apreciar esse fato através de uma visão direta[145]. A difusão da fé cristã, que se espalhou tão rapidamente, foi devida, sobretudo, aos sonhos e visões de indivíduos. Os textos relativos às vidas dos monges, dos mártires e dos santos descrevem, por exemplo, uma figura de vestes claras, trazendo uma figura de rosas sobre a cabeça, ou um pastor gigantesco. Esses sonhos ou visões não precisavam se tal ima-

---

145. At 9,1-19.

gem tratava-se realmente de Cristo, mas toda figura masculina era imediatamente interpretada assim. Cristo, contudo, foi se tornando, progressivamente, entre os homens, o carreador de todas as imagens do Self, enquanto para as mulheres ele incorporava a imagem do *animus* positivo[146]. Àquela época, Cristo era um arquétipo *vivo* na consciência coletiva ao qual muitos indivíduos se conectavam a partir de uma experiência interna pessoal. O Cristo era para eles um ser real, visível, como qualquer outra pessoa que vivia e circulava no grupo. Mais tarde, o símbolo vivo evanesce e perde sua qualidade emocional. Mais e mais indivíduos dizem apenas que seus avós outrora lhes ensinaram da existência de um deus, mas que eles próprios não se sentem emocionalmente ligados a este ser divino. Eles, contudo, dirigem suas preces para essa figura, já que isso é o que lhes fora ensinado a fazer, mas não se pode dizer que se trata de uma experiência religiosa pessoal. Essa é a condição de morte do deus. É por isso que Nietzsche, num momento crucial de sua vida, anuncia que "Deus está morto!" Na verdade, Ele não está realmente morto; sua vida apenas retornou, invisível, ao seio da sua origem, ou seja, Ele regressa à sua forma arquetípica inconsciente. Sua vida secreta encontra-se agora de volta ao vaso.

Podemos dizer que o vaso redondo representa a psique humana que contém a essência do deus, essa realidade viva interior e imperecível. Embora o homem possa flutuar nos seus momentos de adoração a Deus e de crença na sua existência, sempre subsistirá na psique uma essência divina eterna que não morrerá. Cristo sempre esteve em perigo de

---

146. Cf. JUNG, C.G. *Aion*. Op. cit. • VON FRANZ, M-L. *A paixão de Perpétua*. Belo Horizonte: Privada, 2007.

se tornar um deus morto, mas, na medida em que ele é um arquétipo, ele é eterno. Ele é a experiência de uma realidade arquetípica e, nesse sentido, ele é imortal. Ele sobreviveu à própria morte e se retirou ao seio da psique inconsciente de onde ele se originou. O vaso contendo a substância divina é o símbolo de uma disposição psicológica do sentimento de que o sagrado pode ser experimentado interiormente pelo indivíduo, sem que nada se atenha às formas externas. Nada é passível de representação por meio de rituais ou por uma instituição. Esta é, sobretudo, uma experiência pessoal, numinosa, do ser humano como indivíduo. Nesse momento, o deus "morto" retorna ao vaso, onde ele volta a ser o que sempre foi, ou seja, uma substância psíquica eterna. É por isso que o símbolo do vaso contendo a essência do deus manteve sua importância até numa fase mais tardia do cristianismo. Quando surgem certas dúvidas acerca da figura de Cristo, as lendas relacionadas à ideia do Santo Graal, a partir da qual uma nova orientação tem possibilidade de vir a germinar, se propagam de forma muito rápida. A Igreja, contudo, vê nesta questão um certo perigo por causa do elemento de individualidade que ela encerra, e foi por causa disso que ela combateu essas tradições e as tratou como heréticas. Não obstante, essas ideias continuaram a viver correntemente na alquimia e também nas sociedades secretas, assim como a do *Fedeli d'amore*, um grupo do qual Petrarca, e, provavelmente, Dante, faziam parte. Mas até que ponto se compreendia que o recipiente do Graal simbolizava a psique inconsciente do indivíduo ou que o indivíduo era tão somente o receptáculo da divindade? Isso, entretanto, é impossível de se dizer, mas, em todo caso, havia uma intuição nesse sentido que pode ser claramente verificada em certos registros.

O progresso secreto desses movimentos que fizeram perdurar a experiência psíquica dos mistérios antigos acabou desparecendo quase que completamente por volta do século XII. Consequentemente, isso abriu caminho para o desenvolvimento unilateral de uma forma de consciência mais cristalina, para o racionalismo e para a evolução técnica e científica, preparando uma sociedade tal como a que hoje desfrutamos. Mas os valores irracionais, por não morrerem, eclodem anarquicamente por meio da proliferação de seitas, do entusiasmo por todas as formas de esoterismo, pelas drogas etc.

Além do mais, estes valores irracionais que momentaneamente desaparecem da consciência coletiva ressurgem de modo inesperado com a psicologia junguiana. Ao aceitar-se em ser aquilo que se deve ser e tendo topado o diálogo com as forças do inconsciente (os deuses do lado de cima e os deuses do lado de baixo), Jung nos acena uma nova via existencial. Uma via na qual a consciência necessita fazer-se mais forte, mas suave e modesta o bastante para acolher o que o inconsciente – os deuses – tenha a dizer, para que seus desígnios sejam realizados. Há uma deidade que insiste em se constituir no próprio indivíduo, sendo, portanto, necessário que ele se coloque a serviço dessa divindade, sem se esquecer, contudo, dos limites individuais da sua condição humana.

Não foi à toa que Jung deixou registrado acima da porta de entrada da sua residência em Küsnacht este antigo oráculo: *"Vocatus atque non vocatus deus aderit"*[147]. Mesmo que estejamos inconscientes, o deus sobrevive no cálice de nossa

---

147. "Convocado ou não, deus está presente."

alma, de nossa psique, como o jarro de Osíris ou o cálice do Graal[148]. Cabe a nós prestar atenção e permitir o desenvolvimento daquilo que, em nós, clama por se fazer.

---

148. Cf. JUNG, C.G. *Psicologia e religião*. OC, vol. 11. Op. cit. As ideias aludidas aqui foram desenvolvidas por M.-L. von Franz em *C.G. Jung*: seu mito em nossos tempos. São Paulo: Cultrix, 1992.

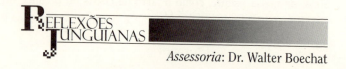

Assessoria: Dr. Walter Boechat

Veja todos os livros da coleção em

livrariavozes.com.br/colecoes/reflexoes-junguianas

ou pelo Qr Code

Conecte-se conosco:

f facebook.com/editoravozes

⊙ @editoravozes

𝕏 @editora_vozes

▶ youtube.com/editoravozes

🕻 +55 24 2233-9033

www.vozes.com.br

Conheça nossas lojas:

www.livrariavozes.com.br

Belo Horizonte – Brasília – Campinas – Cuiabá – Curitiba
Fortaleza – Juiz de Fora – Petrópolis – Recife – São Paulo

EDITORA VOZES LTDA.
Rua Frei Luís, 100 – Centro – Cep 25689-900 – Petrópolis, RJ
Tel.: (24) 2233-9000 – E-mail: vendas@vozes.com.br